André Richard
9 février 1937 — 13 septembre 1996

Le lundi 9 septembre 1996, j'attends André Richard qui doit passer au bureau pour y prendre les épreuves de son livre. À 10 heures, il ne s'est pas encore pointé, ce qui n'est pas dans ses habitudes. Un de ses amis m'apprend alors qu'André a été victime d'un infarctus et qu'il repose aux soins intensifs de l'hôpital Notre-Dame de Montréal. À peine quelques minutes plus tard, je reçois un coup de fil, en direct de la salle des soins intensifs ; c'est André Richard qui me dit : « André, tout doit continuer, n'arrête pas la machine. » Le vendredi 13 septembre, en fin d'après-midi, j'apprends avec stupeur qu'André est décédé des suites d'un autre infarctus...

Depuis plusieurs années, André Richard menait le grand combat de la langue française au Québec. Il avait déjà publié un premier pamphlet, *Les Insolences du bilinguisme*, en 1987. Près de dix ans plus tard, il revenait à la charge avec *Insolences II*, pour démontrer que le temps n'avait pas arrangé les choses, au contraire... Le destin a voulu qu'il ne voit pas son ouvrage « en chair et en os »...

Franco-Ontarien d'origine, André Richard s'est amené au Québec, au début des années 80, avec une vision peu réjouissante du sort de la langue française en Ontario. Il y a vu les plaies béantes de l'assimilation. Il constate que la situation, sous des dehors encourageants, n'est guère plus reluisante au Québec. Mais personne ne l'écoute. Il se met donc à la rédaction de ses *Insolences*, pour démontrer la justesse de ses propos. Il fait des démonstrations, non pas comme un froid clinicien, mais à la manière des grands pamphlétaires québécois, d'Arthur Buies au Frère Untel, en passant par Valdombre... à grands coups de hache et d'émotions, à grands cris du cœur !

Il n'aura pas eu l'occasion de sillonner le Québec avec son bouquin sous le bras. Il n'aura pas eu l'occasion de revoir son Québec et ses Québécois qu'il aimait tant. Mais parions que les Québécois entendront en très grand nombre le message de fierté qu'il leur lance maintenant de l'au-delà.

André Couture
éditeur

Insolences II

DU MÊME AUTEUR

Les Insolences du bilinguisme, Hull, Éditions Asticou, 1987.

ANDRÉ RICHARD

Insolences II

Lettresplus
Hull (Québec)

Données de catalogage avant publication (Canada)
Richard, André, 1937–1996
    Insolences II
    Comprend un index.
    ISBN 2-922134-00-8
    1. Bilinguisme - Canada   2. Bilinguisme - Québec (Province)
3. Canada - Langues - Aspect politique.   4. Québec (Province) -
Langues - Aspect politique.   5. Responsabilité (Droit) - Québec
(Province).   I. Titre   II. Titre : Insolences deux.   III. Titre :
Insolences 2.
    FC145.B55R522 1996   306.4'46'0971   C96-940926-5
    F1027.R522 1996

Lettresplus
81, rue Doucet
Hull (Québec) J8Y 5P2
Téléphone : (819) 771-1852

Production   • Conception graphique et typographie : Lettresplus
                 • Illustration de la page couverture : Francine Couture
                 • Montage de la 4e de couverture : Pierre Bertrand
                 • Films : Imprimerie Roger Vincent ltée
                 • Impression : Imprimerie Gagné ltée

Distribution   DIFFUSION PROLOGUE
                    1650, boul. Lionel-Bertrand
                    Boisbriand (Québec)   J7H 1N7
                    Téléphone : (514) 434-0306 / 1-800-363-2864
                    Télécopieur : (514) 434-2627 / 1-800-361-8088

Dépôt légal   Dernier trimestre de 1990
                   Bibliothèque nationale du Québec
                   Bibliothèque nationale du Canada

Les situations et les personnages décrits dans ce livre ne sont pas
nécessairement fictifs. Toute ressemblance avec des personnes vivan-
tes ou décédées pourrait donc ne pas être une coïncidence.

 **IMPRIMÉ AU CANADA**

À la mémoire de mon père,
sans laquelle je n'aurais pas pu terminer ce travail...

Merci papa !

Et à ce Québec que j'aime tant,
composé de ses francophones, comme moi,
de 49,4% de ses électeurs au référendum de 1995,
des 51,6% autres,
de ses bons autochtones,
de mes concitoyens anglophones et des membres des
différentes communautés culturelles !

Avant-propos

En 1987, arrivé depuis à peine 6 ans au Québec, je publiais mon premier ouvrage, *Les Insolences du bilinguisme*. Attiré par ce *goût du Québec* qui avait fleuri dans la Belle Province durant les années de la révolution tranquille, j'avais transporté mes pénates en Abitibi-Témiscamingue pour commencer une vie nouvelle, une vie *en français* !

Ayant connu les ravages de l'assimilation des francophones en Ontario, ravages qui envahissaient sur les plans culturel et psychologique d'abord pour en arriver à l'assimilation linguistique pure et simple, c'est avec des yeux tout à fait particuliers que j'ai vu ces mêmes ravages s'en prendre sournoisement au déracinement de l'âme même du Québec. C'est aussi avec des yeux tout à fait particuliers que j'ai vu la loi 101 s'effriter tranquillement. Tout en adorant le Québec, tout en étant fier d'être porteur à mon tour de l'identité québécoise, c'est avec beaucoup de déception que j'ai constaté trop souvent, autour de moi, une nette insouciance à l'endroit de la langue française, principe même de mon identité, principe même de mes nouveaux concitoyens. Le besoin de dire quelque chose d'important et d'urgent à tous les Québécois s'est donc vite fait sentir... D'où *Les Insolences du bilinguisme*.

Quelques semaines après sa parution, je recevais cette lettre, écrite à la main, en provenance de l'île d'Orléans.

À André Richard

Cher Québécois libre,

Un coup de fouet au-dessus de l'attelage qui court demi-conscient, le secoue et le réveille. L'arrivée de votre livre survient à chaque 10 ans, mais le vôtre est bien le plus délicat, le plus serein et le plus pétillant !

On se claque dans les mains et le français se cache, mais il faut se le claquer souvent jusqu'au jour où il comprendra que ce n'est pas à lui à prendre son trou !
(Pages 93-94, trouvailles exemplaires, bravo !)

Faites en 10 volumes, une encyclopédie de la bêtise et de l'ignorance en pays québécois pour référence à ces temps-là !

Félix Leclerc

Parmi toutes les autres bonnes lettres que j'ai reçues, se trouvait celle-ci, de ce dynamique professeur de français que je connaissais comme un être fortement engagé, œuvrant à la polyvalente La Mosaïque d'Amos. Son contenu m'avait très ému puisqu'il venait dire, bien candidement, à mon avis, ce que plusieurs Québécois n'avaient pas osé me dire.

À André Richard
Pour te remercier de la dédicace. Pour avoir eu la joie de te lire. Pour répondre à ta demande. Se faire dire l'évidence par un étranger, franco-ontarien par surcroît... Maudit que c'est enrageant. À vrai dire, ce fut ma pensée spontanée, tout au long de la lecture. Une chance que tu y as mis de l'humour. L'unilinguisme ontarien et le bilinguisme québécois. Ben oui ! C'est exactement ça ! Il me semble que j'aurais pu trouver cela tout seul ! Faire défendre notre propre langue, nos droits les plus absolus par un Franco-Ontarien plus québécois que bien des Québécois... Se faire montrer la beauté d'une langue par quelqu'un qui la manie si bien malgré ses origines franco-ontariennes...

Je dois bien l'avouer, la lecture de ton livre, j'ai aimé cela beaucoup. C'est un coup de pied au cul qui réveille. Ça fait mal de voir qu'on s'était endormi à l'ouvrage. C'est un coup de patriotisme. Ça, c'est plus doux au cœur. C'est un coup de fierté. Ça, c'est motivant.

Merci... beaucoup !
Georges Perreault

Croyant toujours que vivre en français, ce n'est possible qu'au Québec, que ça ne se fait qu'au Québec, il ne faut donc pas emprunter cette utopie du fédéral, pour y implanter le rêve du bilinguisme, discréditant et diluant ainsi notre langue et notre culture françaises.

... Pour vous donc, Félix.

Et grâce un peu beaucoup à toi Georges, ainsi qu'à des gens de ta trempe, la cause se poursuit.

Peut-être hélas, Félix, avec un peu moins de délicatesse cette fois. D'autre part, comme dirait sans doute Georges, un deuxième coup de pied au cul, eh bien ! ça demeurera toujours un maudit et douloureux coup de pied au cul !

... Mais puisque c'est nécessaire !

Scène 1

Quelque 9 ans plus tard...

D ans le cadre de la campagne référendaire de 1995, un personnage bien connu de la région d'Ottawa, Laurent Isabelle, faisait publier un texte dans le quotidien *LeDroit*, ayant comme but de promouvoir l'option du NON. Ce texte, intitulé *Lettre d'un Fransaskois devenu Franco-Ontarien par adoption*, était une apologie quasi poétique, fort bien tournée, à partir du poème *Mon pays* de Gilles Vigneault. Prenant des extraits de cette chanson de notre Québécois préféré de Natashquan, l'auteur y extrapolait diverses pensées, divers messages, tantôt à l'intention des séparatistes, tantôt à l'intention des fédéralistes, toujours bien entendu, en faveur de l'option du NON, c'est-à-dire en faveur du maintien du Québec dans le giron fédéral.

L'élection référendaire s'est passée, le OUI a hélas perdu (de justesse). Je me suis permis toutefois de faire suite aux propos de monsieur Isabelle, considérant que le projet souverainiste, grâce peut-être à l'arrivée de monsieur Lucien Bouchard et grâce aussi à ces 49,4% de vaillants Québécois convaincus... que ce noble projet d'un Québec bien à nous vivait toujours et ce, plus fortement que jamais.

Le jeudi 9 novembre 1995

Lettre d'un Franco-Ontarien devenu Québécois par adoption

La position prise et si bien défendue en tant que Fransaskois devenu Franco-Ontarien par adoption ne m'a pas surprise, elle était digne de son auteur. Elle m'a d'ailleurs fait réfléchir, comme me faisaient réfléchir tous les autres commentaires en provenance de l'Ontario français et du reste du Canada anglais. Peut-être que si j'étais encore en Ontario, je n'aurais eu d'autre choix que de pencher vers le NON. Je me souviens qu'en 1980, alors que j'étais depuis toujours à Ottawa, je souhaitais un résultat à l'image de celui du 30 octobre 1995, c'est-à-dire

11

très serré et en faveur d'un NON. Un vote substantiel du OUI aurait été, à mon avis à l'époque, favorable à un meilleur équilibre politique.

Mais on ne naît pas «séparatiste», on le devient. On le devient forcément si on a à cœur la vitalité et l'épanouissement du fait français, en constatant, difficilement malgré tout, qu'à l'extérieur du Québec, c'est malheureusement peine perdue. Le fait français n'est en fin de compte que du folklore (lire : « une langue d'entre nous autres »). Oh ! je sais qu'il y a des exceptions, des témoignages fort heureux et vivifiants, des réalisations des plus louables et bien honorables... Mais que dire du phénomène de l'assimilation ? Un fait tellement dévastateur et fatal ! Cette triste réalité est, à mon avis, d'ordre psychologique, culturel et finalement linguistique...

*Lors d'une édition de **Panorama en ligne** (TVOntario / TFO – Lyne Michaud), on a entendu le commentaire d'un Franco-Ontarien de Prescott-Russell, qui critiquait avec véhémence les membres du Bloc québécois pour ne parler qu'en français à la Chambre des communes...*

Et lorsque j'écoute les parcimonieuses interventions téléphoniques de certains auditeurs franco-ontariens à cette même émission, des auditeurs qui ont tellement, mais tellement de mal à s'exprimer, je me demande si ce ne sont pas plutôt des anglophones qui parlent un peu français. On se targue d'être des «bilingues» alors que la contrepartie française est souvent en grande perte de maîtrise.

*...À l'automne 1995, on a vu à l'émission **Enjeux** à la télévision de Radio-Canada, un reportage sur la situation scolaire à Sturgeon Falls où la majorité des étudiants de l'école secondaire Franco-Jeunesse avaient laissé cette école française pour s'inscrire à l'école anglaise qui pavoise maintenant avec son titre d'«institution bilingue» pour palier son problème de clientèle... On sait bien ce que ça veut dire une école «bilingue» en Ontario : c'est une institution où les matières importantes sont enseignées en anglais et où les matières secondaires sont, en option, enseignées en français... Tout un statut accordé au français, n'est-ce pas ? Pour ce qui est du reste, c'est en anglais que ça se passe. Et j'écoutais les étudiants (des deux écoles) tenter de s'exprimer en français... C'était, pour la majorité d'entre eux, une langue étrangère. Pour avoir jadis participé*

12

moi-même à la dure lutte visant l'établissement de l'école française à Sturgeon Falls, ville qui a déjà été à modeste majorité francophone, ce sont des constatations qui font mal. Dire que la grande partie des énergies du mouvement franco-ontarien ont été orientées vers la création et le maintien du système scolaire français pour assurer sa survivance et qu'on n'entend pas de français dans les cours et dans les corridors de ces institutions ! Croit-on que cette clientèle se transformera en francophones plus tard ? Car, ce qui nous fait français n'est pas la sonorité de notre nom ni la couleur de notre peau mais bien la langue que nous parlons, la langue que nous parlons **instinctivement**.

Votre texte, monsieur Isabelle, en faveur du NON, tiré de la chanson **Mon pays** est beau, il est touchant. Vous semblez dire toutefois dans votre conclusion que tout le monde la connaît. Pourtant, combien d'anglophones au Canada anglais connaissent vraiment ce mémorable poème de Gilles Vigneault ? (Ce même Vigneault qui a dû annuler un concert à Sudbury après que les organisateurs eurent reçu des menaces de bombes et de mort à son endroit... Mais, on nous aime ! On nous aime à la condition que l'on ne dérange pas !) Pour ce qui est de la chanson **Mon pays**, le seul contact qu'en a eu le monde culturel anglophone a été cette version travestie « à la rock » qu'en a faite jadis Patsy Gallant et qui avait comme titre **From Boston to L.A.**... Pas tellement fleurdelisé, ni canadianisé en fait !

Combien de ces NON vociférateurs hors Québec s'acharnent à réclamer constamment du français à l'extérieur du système scolaire pour se faire dire « Speak white », se faire traiter de « séparatiste » ou encore se faire lancer « If you want French, go to Quebec » ? Combien de ces fédéralistes francophones tiennent, par principe, à communiquer en français auprès des compagnies situées au Canada anglais, compagnies qui s'affichent quand même dans les deux langues, pour ne recevoir tout simplement aucune réponse, aucun suivi, par après ? Le Canada ne demeure-t-il pas toujours un pays « bilingue » ? Ou n'est-ce que façade ? Façade à l'image de cette pompeuse cérémonie que dirigeait le premier ministre du Canada avant l'élection référendaire, et ayant pour but de nous démontrer, selon ses dires, l'« harmonie » entre les deux groupes *linguistiques. Comme pièces de résistance, l'on exhibait une dizaine de hockeyeurs canadiens, cherchant à bien refléter la réalité de cette « harmonie ». On y voyait d'une part des joueurs unilingues anglophones et, d'autre part, deux bilingues pour assurer l'équilibre ! Imaginez, on y voyait un certain Frank Mahovlich, franc « Canadien »... Pendant combien d'années a-t-il vécu à Montréal celui-là ?... Même pas capable de dire un seul petit mot en français, pour le bénéfice des téléspectateurs du Québec ! Voilà donc le bilinguisme à la canadienne où l'application du concept n'est que maquillage au Canada anglais alors qu'il dilue la valeur et la crédibilité du français ici au berceau du Québec. Le Canada bilingue : l'anglais d'un côté et le bilingue de l'autre. Voilà !*

Enfin, je constate que le phénomène d'assimilation, sous l'un ou l'autre de ses trois aspects, est parfois bien ancré au Québec. Malheureusement, ceux qui défendent la vigueur du français ici même, eh bien ce ne sont pas habituellement les libéraux ou les tenants du NON, ce sont essentiellement les souverainistes, à savoir les tenants du OUI... Aujourd'hui, je me méfie bien de ce Daniel Johnson, ex-cadre de la société Power Corporation, pour défendre le statut du français au Québec, à le valoriser concrètement auprès des communautés ethniques. Oui, cher compatriote, on ne naît pas « séparatiste », on le devient.

Enfin, je me permets d'en partager davantage avec vous pour dire que le résultat de 49,4% en faveur du OUI m'a quand même beaucoup surpris. C'est sans doute une grande victoire morale car, pour avoir vécu ici au Québec pendant plus d'une quinzaine d'années déjà, je n'ai jamais constaté le nationalisme québécois, voire la fierté québécoise, comme étant si forts ou si vigoureux que ça. Ici, et partout au Québec, à titre d'exemple, l'Halloween mobilise beaucoup plus la société (y compris les écoles) que la fête nationale. S'il y a quelques activités de la Saint-Jean (tels le défilé de Montréal et les fêtes champêtres locales), c'est d'abord parce qu'elles sont en partie subventionnées par l'État et promues vigoureusement par des organisations nationalistes. Mais à part ça, c'est absolument mort. Y'a des masses de gens ici qui malheureusement s'en foutent comme de l'an quarante de la fleur de lys, de la distinction québécoise et du statut de la langue

14

française. D'autre part, je ne connais pas d'anglophones de souche qui ne manifestent pas un attachement juste et honorable à l'endroit de leur langue. Pour revenir à nous, c'est Marcel Tessier, professeur d'histoire bien connu et très coloré, qui disait : « Un peuple colonisé, c'est un peuple qui reste colonisé longtemps. » Malgré tout ça, on a obtenu 49,4% des voix !

Le peuple québécois, mis à part les anglophones et les groupes ethniques (qui sont aussi des Québécois, j'en conviens), demeure un peuple vaincu. Il souffre toujours, consciemment ou non, du syndrome des plaines d'Abraham. C'est un peuple qui a été écrasé en 1760, que l'on a encore écrasé en 1837 et aussi lors de la promulgation de la Loi sur les mesures de guerre... et que l'on tente encore d'écraser par ce discours tellement « anti », oral ou écrit, en provenance du Canada anglais... Mais on nous aime !... d'un amour bien éphémère et complètement dépourvu de désintéressement, à mon avis. Comment ne pas constater toute la haine et le mépris que messieurs Chrétien, Ouellet* et compagnie tentent de susciter autour des mots « séparatiste » et « séparation » pour en faire des termes tellement péjoratifs ! Quelle basse tactique ! À bien y penser, qu'y a-t-il de plus sain et de plus noble que de vouloir se prendre en main, que de vouloir se responsabiliser ? Qu'y a-t-il de plus sain et de plus noble que de vouloir être ? C'est le cheminement le plus normal, n'est-ce pas, de toute entité qui se distingue et qui se respecte. N'est-ce pas ce que chacun de nous a fait, un jour ?

En veut-on aujourd'hui aux États-Unis qui se sont séparés (par la force) de l'Angleterre ? Qui ont osé « partitionner » l'empire britannique ?... Bien au contraire, on les respecte beaucoup, ces Américains !

Et c'est ça dont les Québécois ont besoin : un pays, un pays bien à eux. Une véritable identité, quoi ! Ne parlons pas conséquemment de divorce, il n'y a jamais eu de mariage... Du moins, il n'a jamais été consommé. Nous

---

* A-t-on remarqué comment celui-ci levait légèrement les yeux vers le ciel, ou encore les rabaissait vers l'intérieur de lui-même, avant d'adresser ses « patarafes songées » à l'endroit des Québécois ou du Québec ?... Comme si ces dernières venaient de lui être transmises par le Ciel en personne !

sommes un peuple vaincu et nous demeurerons de tristes subalternes, des complexés, des assimilés psychologiques, tant que nous n'accéderons pas à une **vraie** souveraineté. D'ailleurs, n'est-ce pas uniquement lorsque le Canada anglais a constaté que nous nous affirmions, qu'il y aurait un vote « serré », que l'on nous a accordé toute cette attention, toute cette affection ? N'est-ce pas à ce moment que messieurs Chrétien et compagnie ont cessé leur campagne de peur et de futiles menaces, pour mettre de l'avant un tout autre thème ? (Leurs menaces d'ailleurs n'étaient encore une fois que l'expression d'un comportement tellement condescendant, d'un comportement « parent / enfant » à notre égard (pour emprunter le modèle de l'analyse transactionnelle.) Enfin, ce n'est qu'en s'affirmant qu'on se fera respecter par le Canada anglais... et par les francophones hors Québec, même s'ils refusent pour l'instant de s'en rendre compte et de l'admettre. Le faire, d'ailleurs, blesserait leur orgueil, car eux aussi ont développé un sentiment de supériorité, allant même jusqu'à l'arrogance à notre endroit.

Comment donc a-t-on réussi à obtenir 49,4% des voix ? Peut-être que dans l'intimité de l'isoloir, on a pu discrètement formuler cet espoir de vie dormant dans son cœur. Peut-être que dans l'intimité de l'isoloir, on a osé vraiment se parler d'amour ! De toute façon, si l'on avait gagné par une aussi faible majorité, cela aurait créé une province, en transition ou non, vraiment ingouvernable. J'ai lieu de croire que Jean Chrétien n'aurait jamais accepté le verdict. Il aurait tout fait pour contester, pour détourner, pour annuler, y compris – mais j'en doute fort – nous envoyer l'armée. N'oublions toujours pas que ce dernier est un grand disciple de Pierre Trudeau, le premier ministre élu pour « mettre le Québec à sa place », et maintenant auteur de **The Canadian Way**, livre qui a été écrit – fidèle à son titre – uniquement en anglais. À la rigueur, Jean Chrétien aurait nié les résultats, en se basant encore sur la pseudo-ambiguïté de la question, en dépit de leurs milliers de **SépaNONration** placardant la province. Non, je n'ai pas l'impression que Jean Chrétien et Daniel Johnson auraient accepté, comme ils ont voulu que l'on accepte si indubitablement cette pseudo-victoire de leur camp.

Je reviens au phénomène de l'assimilation. Je me suis amusé dernièrement à faire un genre de tableau généalogique de l'évolution linguistique de ma propre famille à partir de mon grand-père et de ma grand-mère, fiers fondateurs, comme tant d'autres, d'une famille franco-ontarienne. Quatre générations plus tard, sur treize arrière-petits-enfants, deux seulement **vivent** en français. Les onze autres sont devenus unilingues anglais et parlent à peine ou rarement le français.

Certains de mes anciens amis, tous issus du système scolaire franco-ontarien, sont aujourd'hui incapables de m'écrire en français. Quelques-uns d'entre eux, plus particulièrement, ont œuvré ou œuvrent encore pour le gouvernement fédéral (institution bilingue)... à Hull !

Tout ça pour dire que le Canada « bilingue », c'est d'la foutaise !

Le « pays » du Québec réglerait-il ces problèmes ? Pas à l'extérieur du Québec sûrement. Les choses resteraient, à la satisfaction de tous, telles qu'elles sont. Le darwinisme, de son côté, poursuivrait peut-être, plus rapidement encore, son cours. Mais au Québec, le français aurait un tout autre statut. Il deviendrait **la** langue officielle d'un **pays**, la langue officielle d'un **peuple**. Cette langue serait plus crédible au centuple. Si les immigrants ne s'y assimilaient pas au premier abord, leurs progénitures le feraient forcément et sûrement. Et ce serait un phénomène normal, comme sont normales et souvent compréhensibles l'assimilation des francophones hors Québec et celle des ethnies au Canada anglais.

Hélas, on pourrait aussi parler de la catastrophique dette fédérale, de la futilité du sénat, de ces véritables balivernes que sont les postes de gouverneur général et de lieutenant-gouveneur dans chaque province (et de leurs coûts inhérents, bien sûr), des ingérences du gouvernement fédéral dans les compétences provinciales, etc. Mais c'est le dossier de la langue qui me passionne, c'est le dossier de la langue qui me préoccupe le plus. D'ailleurs, c'est pour pouvoir vraiment vivre en français que j'ai décidé un jour de transporter mes pénates au Québec.

Que le rêve québécois se poursuive !

André Richard

17

P.S. Oui j'ai eu honte des propos de mon premier ministre
le soir du référendum. Ce n'était pas à lui à dire ça.

Le texte précité est une version quelque peu déperson-
nalisée, préparée à partir de la lettre originale expédiée à
monsieur Isabelle, un bon ami à moi. Celui-ci demeure
une personne que j'aime bien et que je respecte beaucoup,
peu importe son allégeance politique. Or je sais en plus
que ces sentiments sont probablement des plus réciproques.

LES GÉNÉRATIONS PEPSI

AVIS
Ce chapitre n'a rien à voir avec l'art culinaire, ou quelque recette que ce soit. D'ailleurs, on ne le retrouvera dans aucun livre du cuisine – du moins je l'espère... Il ne cherche pas à vanter les mérites d'une boisson gazeuse plutôt que d'une autre, ni à identifier les avantages psychologiques, si subliminaux soient-ils, en se faisant l'apôtre ou le disciple de l'un ou de l'autre des plus populaires élixirs non alcoolisés de cet énorme marché.
Toutefois...

Mais quelle guerre se livrent les compagnies Coca-Cola et Pepsi-Cola ! Sachant bien que la plupart des consommateurs ne peuvent, du moins verbalement, distinguer la subtile différence entre les deux (sauf pour s'en remettre au concluant « Moi j'aime mieux... »), les deux géants de l'industrie des boissons gazeuses ont recours au phénomène psychologique de l'« identification » pour gagner l'adhésion des assoiffés potentiels, si ce n'est que pour maintenir l'allégeance de leurs fidèles. « À qui ressemblerai-je, voire quel style de vie sera le mien si je bois "x" plutôt que "y" ? » Et on ira chercher, à coups de millions, les Céline Dion, Michael Jackson, Ray Charles, le Père Noël, des représentants de tous les enfants du monde, les trois filles Ha-Ha !, le Père Noël (encore lui !), Madonna ou Ding ou Dong pour percer le cœur de la masse... et de son porte-monnaie.

Et ça fonctionne !

Et cela a toujours fonctionné, du moins la plupart du temps.

S'il y en a parmi vous qui se souviennent encore du fameux prix de 5 cents jadis payé pour des gorgées froides de bons Coke ou de Pepsi, plutôt rares toutefois seront ceux qui pourront remonter aussi loin que 1886. C'est à cette époque, dans la ville d'Atlanta aux États-Unis, qu'un pharmacien-créateur du nom de John Pemberton inventa par accident un nouveau breuvage à partir de feuilles de coca, d'extrait de noix de kola et, bien sûr, d'eau carbonisée. Alléluia, le Coca-Cola venait de voir le jour! Si sa chimie se voulait prête pour le monde, le monde, lui, n'était pas nécessairement prêt pour sa chimie. Hélas, sa popularité durant les premières années n'ayant égalé son effervescence, le bon père Pemberton et le président de sa compagnie, Asa Candler, ont dû se résigner à vendre leur franchise et ce, pour la modique somme de 1,00 $. À d'autres le défi!

Or, en 1902, un autre pharmacien, Caleb Bradham, de New Bern en Caroline du Nord, découvrit lui aussi une boisson aussi pétillante et, semble-t-il, aussi délicieuse. Il baptisa sa trouvaille Pepsi-Cola en raison de son effet apaisant sur la *dyspepsie* – la digestion difficile. Hélas, si les premières années ont été difficiles pour son rival Coca-Cola, elles l'ont été davantage pour le tout nouveau Pepsi.

Malgré tout ça, au début de 1930, on comptait plus de mille boissons similaires dûment brevetées ayant apparu à travers l'Amérique et, pour la plupart, ayant aussitôt disparu du marché. Coca-Cola et Pepsi-Cola, de leur côté, subsistaient toujours, péniblement parfois, mais avec une certaine ténacité. Pepsi, selon les annales, tirait de l'arrière et dut même déclarer faillite à deux reprises.

En 1933, Pepsi eut une idée géniale. Dans le but de solidifier son marché et de livrer une meilleure concurrence à son compétiteur, il introduisit une nouvelle bouteille contenant **deux fois** la quantité de Coca-Cola, c'est-à-dire **12 onces** (355 ml). Et on l'offrait pour le même prix, soit cinq cents la bouteille. Un nouveau triomphe s'annonçait. On lança une campagne publicitaire massive, mettant en relief la double quantité de l'un, martelant par le fait même la chiche demie de l'autre.

D'un bout à l'autre de l'Amérique anglophone, la ritournelle ou plutôt la ganzonnette suivante se fit entendre ... et entendre encore :

Pepsi-Cola hits the spot
Twelve full ounces
That's a lot !

Sauf que la stratégie n'a pas fonctionné... Du moins pas pour Pepsi .

Cette nouvelle étincelle a malheureusement produit un contre-allumage à la défaveur de ce dernier et a élargi l'écart, bien à l'avantage de Coke. Et avec les années, Pepsi-Cola ne pouvait plus se permettre d'offrir aux mêmes conditions la double quantité de son produit. Pire encore, la réputation de Pepsi s'est mise à chuter. La réputation de Pepsi s'est ternie, sans pour autant disparaître des lèvres de ses fidèles partisans. Mais on a toutefois identifié Pepsi :

- à la boisson des pauvres,
- à celle de la basse classe,
- aux communs,
- aux malappris,
- aux gens grossiers,
- aux non-connaisseurs,
- aux gens vulgaires,
- aux non-raffinés,
- à tous ceux qui ne connaissent pas mieux,
- à la classe sociale inférieure,
- aux gens qui le servent en le transvidant dans des bouteilles de Coke,
- aux ennemis que l'on méprise,
- à tous ceux sur lesquels on crache.

Hélas ! La popularité et les ventes de Pepsi ont chuté de façon dramatique un peu partout en Amérique du Nord, sauf (apparemment) à **un** endroit : **AU QUÉBEC** !

* * *

Et c'est ainsi que l'on a pu alimenter préjugés et mépris à l'endroit des Québécois et des Canadiens français en les identifiant à des buveurs de Pepsi, en les désignant tout simplement de « pepsi » !

Et c'est ainsi que bien des Québécois, ayant hérité consciemment ou non cette espèce de honte d'« être ce qu'ils sont », ont tout fait et feront tout encore pour ne pas se montrer ou s'identifier comme des pepsis ! Il en va de même pour ce qui est de son synonyme « frog », qui l'a remplacé avec les années.

Pour ce qui est de cette autre expression, qui fut « nôtre » elle aussi et le demeure pour certains, soit « pea

21

soup », on doit savoir que son plus grand fabricant fut la compagnie Habitant, société bien québécoise, bien de chez nous à l'époque. Si la « pea soup » avait été produite par Campbell, elle ne serait certes pas devenue une expression péjorative à notre égard.

Pour en revenir à l'expression « pepsi », il va sans dire que cette association frontale est à toutes fins utiles disparue. Mais ce n'est pas nécessairement vrai pour ce qui est de son germe premier puisque son héritage demeure bien vivant, si inconscient soit-il, chez plusieurs. À l'instar du syndrome des plaines d'Abraham, ce virus est malheureusement demeuré ancré dans le sang de plusieurs même si, aujourd'hui, une publicité massive a eu en partie pour but de donner au Pepsi et à ses partisans une identité beaucoup plus digne, une identité beaucoup plus honorable.

D'autre part, il existe aussi un genre de névrose psychologique que l'écrivain américain Shelby Steele baptisa de « choc de l'intégration » (que j'appellerai dorénavant le « choc-de-lin ») et dont sont touchés un grand nombre de Noirs de son pays. Il s'agit en fait de ce phénomène causant des sentiments d'infériorité raciale et d'incertitude que ces derniers ont à leur égard, lorsqu'ils sont plongés dans le monde des autres, à savoir celui des Blancs.

Comme symptôme, on peut y reconnaître un fort vouloir émotif d'identification avec les Blancs, allant jusqu'à un véritable syndrome de blanchissage par l'entremise duquel ils renient toute identification ou association avec leurs origines. Atteints de ce désordre, certains Noirs, bien parvenus dans le monde des Blancs, en voulaient et en veulent encore, de manière agressive, à toute tentative d'épanouissement de la part de leur groupe. « Si plus de Noirs étaient comme moi, disent-ils, c'est-à-dire intelligents au lieu de stupides et paresseux, éduqués au lieu d'ignorants, le progrès de la race serait imminent. »

Steele a reconnu parmi ces « atteints » un des juges de la Cour suprême américaine, Clarence Thomas. On se souviendra sûrement des tribulations à sa nomination, lorsque jaillirent des accusations de comportements abusifs de la part d'une de ses anciennes subalternes de même race. Plus récemment, on reconnaîtra sans doute l'ex-vedette de football et de cinéma, O.J. Simpson, qui, de toute évidence — du moins avant son procès et son acquittement —, se comportait beaucoup plus comme un Blanc avec la peau noire qu'un véritable Noir à la peau d'ébène.

Vous voyez le lien ? Vous y voyez le même genre de transfert ?

Au Canada et au Québec, plus qu'une simple intégration, c'est l'assimilation que l'on vise, l'assimilation psychologique, culturelle ou linguistique... la plus totale.

Pour plusieurs, le seul fait d'être ou de se dire « bilingues » plutôt que « francophones » ou « québécois » en est une première manifestation. Il est très facile de reconnaître ces nombreux « parvenus ». En tête de liste, bien sûr, on retrouve Pierre Elliott Trudeau, suivi assurément de l'actuel premier ministre du Canada et de certains de ses illuminés. Viennent ensuite tous ces autres farouches assimilés qui nous ont fait et qui nous font toujours plus de tort encore que bien des anglophones pure laine, dont plusieurs demeurent malgré tout, toujours bien intentionnés à notre égard.

Voici un bel exemple encore... Durant les années 60 et 70, il y avait à Ottawa un illustre francophobe (bien noter le « b ») du nom de Ken Boucher. Ce dernier s'acharna toujours à bien prononcer son nom de famille à l'anglaise, soit « Bow-tcher ». Et il y tenait ! Ce monsieur était membre du Conseil scolaire d'Ottawa (écoles publiques) et, en compagnie d'un autre « pareil », qui était directeur d'école, a mené toute une guerre contre des Franco-Ontariens, une guerre qui visait à contrer leurs légitimes aspirations.

Pour l'Afro-Américain, il est impossible de changer la couleur de sa peau. De là, les modestes limites de la maladie. Le virement doit se faire d'autres façons. Chez certains Canadiens français, par contre, la simple maîtrise de mots anglais peut très facilement donner naissance au virus précité.

Ces deux phénomènes étant saisis, on comprendra davantage l'origine de toute cette haine et de tout ce mépris qui nous sont si souvent dirigés, lors de toute tentative de consolidation et d'épanouissement linguistiques ou politiques de notre part.

On notera, enfin, que ces ignobles guerriers portent, pour la plupart, des noms dont l'orthographe est bel et bien française et que certains d'entre eux peuvent encore très bien s'exprimer dans leur langue d'origine.

L'assimilation, alors, et la lutte se poursuivent.

Scène 3

L'ENCYCLOPÉDIE DE LA BÊTISE

« *F*aites *en 10 volumes, une encyclopédie de la bêtise et de l'ignorance en pays québécois, pour référence à ces temps-là »*, me disait le grand Félix, dans sa lettre du 16 novembre 1987... Et l'encyclopédie se poursuit... Encyclopédie donc il y aura !

* * *

La réalité du Canada « anglais » et du Québec « bilingue » se poursuit. Le phénomène Trudeau du Canadien anglais d'une part et du Québécois bilingue d'autre part (malgré les exceptions, j'en conviens) est toujours vivant.

* * *

Un citoyen de la petite ville de Laker au Québec (dans l'Outaouais) fait la queue pour commander, à la beignerie Joe Norton de l'endroit... Cet incident est arrivé en l'année 2092, après Jésus-Christ.

(Notez que le nom de certains personnages a été changé, afin de bien protéger certaines innocentes et certains innocents, et que nous avons apporté une légère modification à l'une des dates, afin de ne pas replonger la petite et maintenant sereine municipalité de Laker, dans une autre guerre civile.)

— Bonjour madame ! Je voudrais...
— Pardon me sir, I don't speak French !
— Mais je voudrais...
— Could you speak in English please !
— Mais je voudrais, madame, être servi en français !
— This is Canada, sir !
— Mais je voudrais être servi en fr...
— This is Canada, sir ! ... This is Canada over here !

25

Et le citoyen a dû forcément se placer au bout d'une autre ligne pour se faire servir dans sa langue, dans la langue officielle de son Québec, pour ne pas dire dans une des langues officielles de « son » Canada.

N'étant pas prêt à s'en faire imposer pour autant, le citoyen a par après réagi à l'épistolaire. Lettres aux journaux, interviews, interventions auprès du siège social Joe Norton, etc... Conséquence : révolte à Laker ! C'est la serveuse (Elsa Devil-In de son nom) qui est glorifiée, c'est la pauvre maritorne qui se fait passer comme une martyre. Pauvre petite, une innocente adolescente, elle qui n'était arrivée au Québec que depuis plus de cinq ans ! ... Une Canadienne anglaise ! Cou' donc ! Où allait-elle à l'école, cette petite ? Sûrement dans une école de langue anglaise, bien institutionnalisée du Québec ! Elle a dû y suivre des cours de français langue seconde ? Après tout, elle avait quand même quinze ans. Elle n'était certes pas en maternelle !

Le citoyen ? On le fait tout simplement passer pour un fanatique, un intransigeant, un « séparatisse », quoi ! On le traite de toutes sortes de choses. C'est de bonne guerre dans cette guerre-là... Séparatiste, toutefois, Jean-Pierre Pedneault ? Impossible ! Je connais trop bien ce monsieur. Comme moi, il achète toujours son essence chez Petro-Canada ! À mon avis, c'est un homme beaucoup trop doux pour être « séparatisse »... Guy Bouthillier, par contre ! ... Lui c'est un séparatiste ! De un, il est beaucoup plus mauvais ; de deux, on pense que c'est lui qui écrit des lettres anonymes remplies de fautes dans les journaux et de trois, j'ose croire enfin, qu'il achète toujours son gaz chez Ultramar !

Le président de l'Association des gens d'affaires (l'ÉPIQUE), Tancrède Dôron de son nom, se permet, en bon conciliateur, d'envoyer une grosse gerbe de fleurs à cette petite Jeanne-d'Arc-à-l'envers... Bouquet de lys qu'il lui remit personnellement en lui disant : « I love you as you are... » De quoi réparer quelque peu cet horrible affront à la paix sociale, dans la petite ville toujours très accommodante de Laker, en banlieue québécoise d'Ottawa, capitale bilingue de ce pays qui ne l'est pas... Pour les fleurs enfin, peut-être vinrent-elles plutôt du député provincial libéral, Robert Middlemiss, grand défenseur du droit des autres, même si ses croisades se font au détriment des nôtres... Souviens plus trop trop enfin d'où elles sont venues ces fleurs. Elles ont fané !

C'est vrai que Laker n'a que 65% de sa population de francophone... Pas nécessairement tous de cœur et d'âme, mais quand même ! Hélas, au prochain référendum, ça nous prendra 115% pour pouvoir « être » !

De ces vrais « locuteurs français », par contre, tels les Rock Paul, Germain Roy, Éric Savard, Gilles Paquette, S. Goldman, Gilbert Lavoie etc., un grand nombre se sont bien rangés du côté de Jean-Pierre Pedneault. Ils réagirent en bon appui. Plusieurs précisèrent qu'il ne s'agissait assurément pas d'un incident isolé dans la petite ville toujours très accommodante de Laker, en banlieue québécoise d'Ottawa, capitale bilingue de ce pays qui ne l'est pas.

Peut-on se demander où se trouvent les véritables beignets ? Le caricaturiste du quotidien *LeDroit* d'Ottawa crayonnait dans ses pages, un ensemble de beignes bien carrés, pour y faire référence... Touché !

Une porte-parole locale de la maison Joe Norton (Patsy Mélanger de son nom) se déculpabilisa en écrivant combien il était difficile de se trouver du personnel « bilingue » à Hull et à Laker... Ah bon ! Pourquoi ne pas tout simplement embaucher du personnel unilingue français, aussi unilingue qu'est anglais son personnel dans les succursales de Carleton Place et de Kirkland Lake ? On pourrait voir avec le temps que nos concitoyens apprendraient à commander : « Dou beignes ou chocohlay et un keffay, s'il voo play ! »... Et on les servirait au galop avec notre sourire coutumier... Tout en s'étant obligatoirement délié la langue pour se la sucrer agréablement par après, ces derniers apprécieraient comment leurs concitoyens franco-ontariens en sont venus à si bien parler la langue de la majorité en Ontario.

Voilà ce que c'est que de vouloir vivre en français encore de nos jours, dans certains endroits du Québec !

Il faut quand même, en toute justice, fièrement ajouter que nous, ici à Rouyn-Noranda, avions deux restaurants « Joe Norton ». En 1992, ces franchises ne portaient pas le nom de Joe Norton, l'entreprise ayant été achetée par un richissime groupe québécois. On se faisait servir en français en tout temps, spontanément, aux deux endroits.

L'affichage était unilingue français (comme il se devait) et l'ambiance, créée par une discrète musique, était essentiellement francophone aussi... Et, écoutez bien ceci : une des deux franchises était signée Nora & Clifford... À nous l'honneur ! Monsieur Tancrède y aurait été même gracieusement bienvenu car, sur la porte d'entrée, une mignonne petite affiche (unilingue) disait : « Ici, on sert le beurre. » ... Traduction de : « We love you as you are ! »

À nous l'honneur encore plus, car chez nos deux restos Joe Norton, je crois n'avoir jamais vu d'autos-patrouilles de la Sûreté du Québec dans le stationnement. Mais... je pense y avoir reconnu une voiture à la portière « GRC » à quelques reprises... Ah ben !

Répétons : Un unilingue francophone pourrait-il se trouver du travail chez un Tim Horton, par exemple... en Ontario... ou dans n'importe quel autre établissement commercial du Canada anglais ? Pourtant, « There too is Canada » !

* * *

Je comprends fort bien comment nos concitoyens anglophones réussissent à imposer leur langue à la minorité, à l'extérieur du Québec, mais je n'en viens jamais à comprendre (à vrai dire, je le comprends malheureusement trop bien !) pourquoi il est si difficile pour nous, d'imposer notre langue à la minorité anglophone, chez nous, ici, au Québec.

Comment se fait-il que l'on s'en sauve aussi facilement au Canada anglais avec une politique (non écrite quand même) assimilatrice à l'endroit de la francophonie ? Se souvient-on, par exemple, que Orléans, Vanier et d'autres municipalités en banlieue d'Ottawa ont jadis rayonné en français ? Se souvient-on aussi que le Manitoba a déjà été une province francophone ? En effet, à la naissance de la Confédération canadienne, 50% de la population de cette province était d'origine métisse francophone. Or, en 1996, ces derniers ne comptaient que pour 5% de la population. Qui osera prétendre ensuite que le Canada anglais, à l'image des USA, n'exerce pas une politique de « melting pot » ?

Et nous de notre côté, avec toute cette peur que l'on a à imposer notre langue, voire avec cette honte, que l'on a de s'afficher en français... rien qu'en français !... Question de crédibilité.

Lorsqu'un unilingue anglophone se présente à un comptoir quelconque, pas question pour lui de tergiverser en français. Bang ! En anglais ! Et on saute, on se plie, on sourit, on rampe, on se démantibule la bouche et les lèvres ... de quoi ne jamais montrer notre « pepsisme ». L'anglophone, lui, est habituellement chez lui partout. Nous ? Eh bien, il ne nous reste que le Québec pour nous sentir chez nous en français... du moins, dans une majorité d'endroits au Québec.

Comprendra-t-on enfin pourquoi certains veulent balkaniser le Québec, plutôt que de le voir vraiment distinct, plutôt que de le voir souverain et complètement français ?

* * *

Faut-il se scandaliser des propos de l'ancien joueur-capitaine du Canadien de Montréal, Mike Keane qui, en dépit de son poste de prestige au sein de l'équipe, déclarait bien candidement qu'il ne voyait pas la nécessité ni l'importance d'apprendre le français pour fonctionner comme capitaine de l'équipe, pour fonctionner comme « vedette » à Montréal. Les Corey, Savard, Demers, Tremblay ainsi que tous ses collègues se sont toujours bien accommodés à lui... y compris tout l'entourage montréalais, médiatique et autre. Pourtant, ses propos ont fait scandale, du moins à la haute direction de l'équipe. Par la suite, on s'en est débarrassé à la première occasion. Parce qu'il disait faux ou parce que ses paroles étaient trop vraies pour notre confort et notre indifférence ? Parce que ses mots dérangeaient, nous donnaient des maux ? De quoi nous faire trop mal pour devoir l'admettre ?

* * *

Qui ne se souvient pas de cette publicité d'une école de langues de la région de Montréal, qui placardait nos petits écrans de télé il y a quelques années ? La présentatrice, y vantait les mérites des nouvelles techniques d'apprentissage

de la maison pour l'anglais, mettant la cerise sur le gâteau de son discours en proclamant à la fin : « Eh bien, c'est parce que j'ai un nouveau voisin. C'est un anglophone ! »
... Réalité sociale quand même ! C'est dans nos mœurs.

On blague souvent sur le dos des anglophones en disant qu'ils ne sont pas « bilingues » comme nous, qu'ils ne sont pas intelligents puisqu'ils ne parlent pas français... Têtus, oui, mais « pas intelligents », non ! À vrai dire, pourquoi me casserais-je les méninges à apprendre le chinois en sachant bien que tout le monde me parlerait en français si j'allais travailler en Chine ?

*   *   *

On retrouve, même parmi nos soi-disant nationalistes, des gens qui font preuve de cette crainte de s'afficher, de se montrer québécois et français. Ainsi, on a souvent vu dans les journaux, dans l'affichage même de la raison sociale, des références à la maison Québécor. Cependant, ce n'est pas Québécor qui est écrit mais bien Quebecor. Monsieur Peladeau semble y tenir beaucoup. Et surtout, que l'on ne vienne pas m'ennuyer avec ces histoires de non-utilisation d'accents, quand il s'agit de majuscules ! Lorsqu'on écrit en majuscules, celles-ci prennent la valeur orthographique de minuscules et devraient contenir tous les accents... Vous avez déjà essayé de lire tout un texte en majuscules, démuni d'accents ? Ça se lit bien, non ? De toute façon, QUÉBÉCOR en majuscules devrait toujours s'écrire ainsi... et « Québécor » itou !

Mais non ! minuscules ou majuscules, M. Peladeau ne tient pas à écrire le nom de sa compagnie ainsi. Après tout, il fait affaire au Canada anglais... aux États-Unis... Il se propose même de le faire ailleurs à travers le monde... Au risque de passer pour un Québécois ? Un frog ?... Quebecor donc ce sera. Quebecor donc ça restera ! Tenez bon, Pete !

On a sans doute remarqué, d'autre part, combien la compagnie McDonald's tient à la graphie avec « apostrophe "s" » dans sa raison sociale... On aura beau dire « ...chez McDonald », ça s'écrit bien « McDonald's ». Enfin, quand on n'a pas peur de s'afficher, quand on tient à ses racines, quand on n'en a pas honte, quand on tient à ce que l'on est, eh bien ça va de soi.

* * *

Saviez-vous que le directeur général du Parti québécois se nomme Bob Dufour ? Ce Bob est-il inscrit sur son acte de naissance ou est-ce ainsi qu'il préfère se faire appeler ? À chacun sa façon de se distinguer, non ?... Surtout lorsque les valeurs d'identité prônées par le Parti québécois ne suffisent pas !

* * *

Un jour, à la télévision de Radio-Canada, j'ai capté une entrevue portant sur le succès d'un certain agriculteur du Bas-du-Fleuve qui avait réussi à exploiter un assaisonnement préparé à partir des herbes salées particulières qu'il cultivait. « La recette est un succès, disait-il, en plus du Québec, et de l'Ontario, même les États-Unis en réclament. » Un frisson de fierté m'a aussitôt envahi, suite à ce rayonnement de l'entreprise et du produit québécois. Et l'animatrice de lui demander : « Et comment ça s'appelle, en fait, vos fameuses herbes salées en bouteilles ? » « ... Granny's Own ! » ajouta-t-il en toute naïveté.

Adieu fierté !... Une autre douche d'eau froide sur ce désir de m'associer à un Québec français, à un Québec qui ne devrait pas avoir peur de s'afficher tel qu'il est !

J'ai quand même écrit à ce monsieur de Sainte-Flavie pour le sensibiliser à ma déception. Il m'a répondu, tout en m'expédiant un bocal de ses bons assaisonnements, qu'il avait consulté, à prix fort, une agence de mise en marché montréalaise pour savoir comment s'y prendre. Ces experts lui avaient bien conseillé d'utiliser un nom à consonance anglophone afin d'en garantir le succès... Probablement ces mêmes conseillers auxquels aurait eu recours un certain Yves Thériault, de son bureau de l'avenue Christophe-Colomb, à Montréal, avant de mettre sur le marché, son fameux Puzz-3D ! Ribbit, ribbit, ribbit, comme disaient si bien, jadis et naguère, tous les frogs du monde !

Lorsque la compagnie Budweiser a décidé de mettre en marché sa bière au Québec, on ne s'est pas cassé la tête du fait que le nom du produit n'avait pas une sonorité francophone... Et les Québécois l'ont achetée et bue quand même. Ainsi en est-il pour les Molson Dry, les Krazy Glue, les Magic Karpet, les Roto-Static, les Whoppers, les didi Seven et les chicken chow mein... entre autres !

Comment donc vient-on à bout de vendre la Laurentide, le champagne, le Mouton Cadet, le Kawasaki, les vins Kressmann, le Cirque du Soleil, le Nescafé, l'université Notre Dame, le diazépam ? Comment donc la lambada, avec un nom étranger comme ça, a-t-elle pu percer la puissante hégémonie anglo-américaine ?... Danser, c'est pas pareil, dira-t-on !

Imaginez ! Un établissement local a osé se donner comme raison sociale le pur et très original titre de « Morasse Poutine » pour faire concurrence à nos Mcdo et Burger King... Succès fulgurant ! Et bonne guerre il leur fait, sur tout le territoire de la communauté urbaine de Rouyn-Noranda, malgré ses humbles et évidentes limites en publicité et en mise en marché ! Je suis bien content que les dirigeants de la belle famille Morasse (de bons chanteurs en plus) n'aient pas eu recours aux grands experts en blanchissage de la métropole pour se promouvoir. Ces derniers auraient peut-être osé leur suggérer d'appeler leur humble commerce « More Ass Put In » !

Y a-t-il des produits plus québécois, des produits pouvant le plus s'associer au Québec que ceux reliés à l'érable ? Et ce, qu'ils soient naturels ou artificiels. Comment donc Ernest J. Carrière, franc Québécois, a-t-il fait refléter cette réalité ?... En créant et en baptisant sa fameuse tartine « Map-O-Spread » !... « C'est une langue belle, à l'autre bout du monde », dit Yves Duteil, ce beau chansonnier et poète français

Vive le bon vieux sirop Maurice-7 de l'Abitibi ! ... Un simple sirop de poteau, mais en Abitibi, nos poteaux sont spéciaux.

Il en est ainsi pour Bombardier, qui aurait pu, par la mise en marché internationale de sa motoneige, y ajouter une allure bien de chez elle, une marque de commerce bien québécoise, de quoi faire rayonner notre langue et notre culture, en l'ayant bien plutôt nommée *Ski-dou* ! Les Beaudoin et compagnie auraient certes trouvé ça plutôt quétaine, voire anti-*Canadian*.

* * *

À un moment donné, le Québec français pouvait se distinguer, à chaque carrefour de la province, par la consigne « Arrêt » plutôt que par celle du « Stop ». Dieu sait qu'il y en avait qui en étaient mal à l'aise. Certaines municipalités, dont Lachine, ont préféré mettre au rancart les « Arrêt » pour les remplacer par des « Stop ». D'autres en ont fait des « Arrêt / Stop »... de quoi s'assurer que nos pauvres compatriotes comprennent et que l'on ne les assomme pas trop brusquement avec notre langue... Après tout, ils nous ont bien dit : « Don't shove French down our throats », mais je croyais que c'était uniquement pour chez eux, au Canada anglais.

... Mais ce n'était pas assez. Des bolés ont bel et bien trouvé le mot « stop » dans le dictionnaire *Larousse*. En dépit du fait qu'il soit bien indiqué comme mot anglais, on a donc décidé de franciser le mot « stop » pour le parsemer un peu partout dans nos discours. On stoppe l'immobilisme ... on va stopper le chômage, et enfin on va se stopper de trop paraître pepsi.

Le dictionnaire *Larousse*, en fait, est-il la norme pour l'acceptation d'un mot en français ? De grâce, on y retrouve « starting gate », « rocking-chair », « star-system », « self-service », « feeder »...

En vrai conciliateur, le gouvernement libéral, sous l'influence de Claude Ryan, a reconnu l'usage des deux mots, ajoutant ainsi à l'imbroglio des nombreuses consignes routières québécoises.

Mais qu'est-ce que l'on avait tant contre l'expression « arrêt » ? Était-elle trop française ? Pourquoi ce faux débat autour de l'utilisation nécessaire d'un mot d'origine anglaise qui voudrait être accepté comme étant français ? Si nous voulions, pour quelque raison que ce soit, employer le mot « arrêt », n'en avions-nous pas autant le droit que les pays ou les provinces utilisant le mot « stop » ? Mais « arrêt » est un substantif, ont dit certains, alors que la consigne est de forme impérative. Qui dit ? Mais voyons ! Que sont les « no parking zone », « passing lane », « no stopping on bridge », « Welcome to Texas » que l'on voit ailleurs ? Vient-on nous consulter ? Et si nous voulions dire « arrêt », ne sommes-nous pas chez nous ?

33

Incapables de nous distinguer, incapables de nous affirmer, voici qu'on vient d'ouvrir la porte à un autre débat futile au sein des municipalités québécoises, les unes optant pour le fort correct « arrêt », les autres pour le plus « dans l'vent » « stop ». On vise l'unité dans la diversité !

La vraie raison, enfin, on la connaît... Quand certains sont complexés, quand certains se sentent coupables d'être, on trouve des raisons pour refouler tout ça. À quand hélas notre actualisation ?

C'est ce même Claude Ryan, jadis ministre de l'Éducation, jadis responsable du dossier de la loi 101 et sans doute de son application, qui voulait remplacer les consignes de l'affichage routier québécois, par l'adoption d'un système hiéroglyphique. Il s'agissait de substituer les indications et les consignes, par de petits dessins, parfois stylisés à l'instar de ceux que l'on trouve dans les épreuves olympiques. « ... Question de sécurité », rationalisait-il !

... Comme si les cours de français dans nos écoles devaient être consacrés à faire des dessins et des caricatures ! ... De même que les cours de français des écoles (encore) françaises parsemées ici et là au Canada anglais, ainsi que ceux de français langue seconde dispensés dans les écoles anglophones du Québec et du Canada. Mais est-elle vivante ou non cette langue ? A-t-elle encore de la crédibilité ?

Il était ministre de l'Éducation, ce monsieur Ryan. Tout un éducateur ! ... Et responsable de la loi 101 en plus ! ... Au moins, il se sera repris comme ministre de la Sécurité publique lors de la rébellion des Mohawks. D'ailleurs, les Américains se proposent de s'inspirer de sa sagesse et de sa patience si jamais les Mohawks du nord de l'État de New York décidaient de bloquer le pont de Brooklyn pendant 5 semaines.

* * *

La compagnie ferroviaire Ontario Northern, dont le siège social est situé à North Bay en Ontario, prolonge son réseau de transport jusqu'en périphérie québécoise. Aux abords de ses voies ferrées dans les secteurs du Québec, là où se trouvent des passages pour piétons et des passages à niveaux, on y a installé des consignes, toutes bien exemplairement bilingues, avec l'anglais en priorité. Je me suis permis, par un beau dimanche après-midi, de suivre le parcours de la Ontario Northern, jusque dans son coin natal... Y aurais-je vu encore des affiches, exemplairement bilingues... et, peut-être cette fois, comme bon voisin, avec le français en priorité? Voyons donc! En Ontario, c'est uniquement en anglais que ça se passe. Le bilinguisme, ce n'est que pour le Québec.

Bien sûr que je leur ai écrit. On m'a répondu, en bon français, pour me dire que des changements dans l'affichage s'annonçaient... Sept ans plus tard, cette métamorphose se fait toujours attendre.

* * *

Ayant remarqué que mes livrets de reçus étaient tous libellés « à la bilingue », j'ai tenté d'en obtenir des unilingues français dans les diverses papeteries de Rouyn-Noranda... Idem partout!

— Mais pourquoi les voudriez-vous uniquement en français? m'a-t-on demandé.

— Parce qu'à Toronto, ceux que l'on y vend sont tous unilingues anglais, répondis-je.

— Ah bon! Ça semble une bonne raison, me dit la jolie préposée chez Larouche. Je vais quand même m'informer.

Et elle s'informa auprès des grandes compagnies (Blue Line, etc.) qui confectionnent ce genre de livrets. Elle me revint pour me dire que toutes les compagnies ne font les reçus qu'en deux formats : le format unilingue anglais et le format bilingue. Au Québec, on achète les bilingues parce qu'on est francophones, je suppose!

* * *

Avez-vous remarqué comment, en Ontario, on a anglicisé la prononciation de certains prénoms (des Donald qui s'appellent plutôt Don), de certains noms (des Cuillerier devenus des Spooner), de certains noms de villes, tels Sault-Sainte-Marie (Soo-Saint-Murry), Mattice (Mattaice), Jogues (Djôgue), Belle Rivière (Belle River), des Joachims (da Swisha!), Pointe-Roche (Stoney Point), etc.? Or, dans ma belle région francophone de l'Abitibi, se trouve un très beau lac s'étendant à la périphérie sud et dépassant même la frontière du Témiscamingue. Cette dernière est une région à son tour bien francophone du Québec, à part certains îlots où le choc-de-lin a pris l'allure d'une peste collective, en raison probablement de sa situation frontalière. Pour en revenir au lac en question, il s'appelle le lac Roger. Mais ses usagers l'appellent-ils Roger ? Non, on dit plutôt le lac « Rawdjurr » (... comme dans « Brulotte »), c'est beaucoup plus à la mode. Et on le prononce fort à part ça ! J'ai souligné le fait à Bob Dufour, mais celui-ci n'y a rien vu d'*a*culturel.

Il en est ainsi au Québec alors que des noms de famille bien français, bien québécois – les Lapensée, Boudria, Beaudoin etc. – sont maintenant coiffés, à l'instar de notre loufoque Elvis Gratton, par des Steve, des Sharleen, des Cindy, des Dave, des Sue, des Mike, des Kevin et des Celine, etc. Plusieurs ont bien ri d'Elvis Gratton, saugrenu personnage du cinéaste québécois Pierre Falardeau, mais combien, ayant trop ri, sont complètement passés par-dessus le message ? Hélas, malgré la force de ce message, on a été aveugle. Enfin, il n'est pas toujours facile de se regarder, de se regarder bien en face, n'est-ce pas ?

Que j'aimerais donc, un jour, avoir le privilège et l'honneur de parler à Mme Celine Dion de ce fameux Kunta Kintay (*Roots / Racines*) qui a tant résisté à s'appeler Toby pour se faire accepter par la société blanche américaine... à se faire appeler Toby tout en devant forcément parler anglais aux États-Unis, car Kunta Kintay, ça faisait trop « distinct »... car Kunta Kintay, ça chatouillait l'impérialisme culturel du groupe dominant... Que j'aimerais bien, un jour, pouvoir échanger avec Mme Dion, ou à la rigueur avec son gérant d'affaires, René Angelil, à ce sujet. Que Mme Dion, notre super diva, notre super ambassadrice, puisse percer le marché américain et anglophone en chantant en anglais... c'est tout en son honneur, c'est tout en **notre** honneur. Mais pourquoi doit-elle prostituer son nom « Céline », nom que ses parents lui ont solennellement donné lors de son baptême... pour « Celine », pour pouvoir ainsi le faire ? Céline Dion, chantant si bien son *Because You Love Me* en anglais, ne l'aurait-elle pas aussi bien chanté que ne le fait Celine Dion ? On a sans doute remarqué que c'est son **accent** (lire : son « identité » ;

lire : son « origine », voire son « essence » ; lire : son « appartenance » ; lire : son « âme », sa « couleur » !) qu'on a enlevé à ce nom ! ... Qu'on a enlevé à SON nom ! ... Some ambassadrice ! Pour avoir vu la façon dont elle signe son nom, l'accent hélas y est, mais bien discrètement. « Oui, je suis fière Québécoise », dira-t-elle avec conviction à la télé de chez nous... Mais, chez les autres, il ne faudrait pas que ça paraisse trop, pensera-t-elle plutôt à voix basse ... Que l'on se demande le nombre de ses enregistrements français qui tournent aux États-Unis ? Sait-on là-bas que madame Dion chante en français aussi ?

Imaginez qu'au Saguenay–Lac-Saint-Jean, la progéniture de la très grande et illustre famille des Tremblay soit quelque part assurée par un dénommé « Bryan »... Bryan Tremblay ! Pauvre lui, ce ne serait pas de sa faute. Mais ses parents, alors, n'ont-ils pas déjà étudié leur histoire ? ... Pas tellement brillant de leur part, n'est-ce pas ?

Je regardais l'annuaire de fin d'année d'une école de Matagami, petite ville bien francophone située à la frontière de la région de la baie James. Dans une classe en particulier, 26% des élèves bien québécois portaient des noms anglais... Des noms qui ne reflétaient plus leur identité francophone... Des noms qui ne reflétaient plus et pas LEUR IDENTITÉ.

Au Canada anglais, à part l'écrivain Pierre Berton, qui n'est ironiquement pas francophile, telle réciprocité n'existe pas... Mais on nous aime ! Il n'est qu'à lire les vomissures d'une certaine Diane Francis du *Financial Post* pour voir jusqu'à quel point on nous aime... Ou encore, après avoir été gâté par notre Danielle Ouimet, on s'efforcera à regarder la voie rectale de cette imbécile qui, lors d'une manifestation « pour » un Canada uni, montra le sommet postérieur de sa jambe pour nous dire **où** l'on devait se mettre notre Québec français. Car, on le sait bien, on nous aime mais on le veut « bilingue » ce Québec, de quoi ne pas menacer son unilinguisme anglais. On le veut toujours dans ses mains, ce Québec, de quoi pouvoir le manipuler à sa guise. À défaut de quoi, c'est dans l'cul qu'on devra se le mettre... Et c'est entre les fesses des gens de cette trempe que Daniel Johnson veut mettre son Québec ?

Sur les bords du majestueux lac Témiscamingue, toujours du côté québécois, on y voit des chalets, avec des panneaux comme : « The Tremblay's », « The Pepin Family », « No Trespassing », etc. En Abitibi, sur les bords du lac Opasatika, j'en ai vu un qui disait « The Gervais' ». À ma connaissance, il s'agissait de gens en provenance de la localité mentionnée dans le paragraphe qui suit.

Dans les environs de la petite municipalité de Senneterre, toujours en Abitibi francophone, se trouve le beau et merveilleux lac Parent. Sur ses bords, à l'instar d'une rose atteinte d'une chiure d'oiseaux, on y retrouve un établissement nommé « Parent Lake Lodge » !

... Excusez mais... comment se prononce « Morin Heights » encore une fois ?

En Ontario, on anglicise tout simplement les mots français. Ne voulant pas s'en laisser imposer, au Québec (pas trop souvent, heureusement !), on anglicise les mots français itou.

*　*　*

Toujours dans cette optique voulant qu'au Québec, confronter les étrangers et les anglophones à quoi que ce soit de français est absolument à proscrire, voici quelques perles.

Je recherchais dans l'annuaire téléphonique de Rouyn-Noranda, l'inscription d'une maison de courrier afin d'envoyer un colis. J'y ai retrouvé **deux** inscriptions. Suivant le respect de l'ordre alphabétique, s'y trouvait en premier lieu :

Purolator Courier Ltd
Pick up.

Immédiatement sous elle, apparaissait :

Purolator Courrier Ltée
Cueillettes.

Imaginez ! Devoir mettre un pauvre compatriote anglophone en face du mot « courrier » écrit avec deux « r ». Et l'expression « Ltée », quelle énigme ! C'est vrai que « cueillettes », ce n'est pas facile à découvrir... ni à écrire correctement. Ça ne voudrait quand même pas faire référence à des parties anatomiques de certains animaux mâles ! Suis donc allé chez Dicom ! Quelle déception là aussi. Cette dernière m'envoya plus tard, depuis Montréal, une facture exemplairement bilingue et aux renseignements particuliers uniquement en anglais.

Pensez-vous que dans l'annuaire téléphonique de Toronto ou de North Bay, l'inscription de Purolator se retrouve deux fois ? Vous demandez-vous pourquoi j'ai appris l'anglais lorsque j'étais en Ontario ? Aujourd'hui, je suis quand même bien content d'avoir une très bonne maîtrise de cette langue seconde. « Sometimes, learning has to hurt ! » Serait-il possible que Dicom envoie ses renseignements particuliers en français à ses clients de l'Alberta ? Hélas, on blâme toujours l'informatique dans des situations comme ça, mais ces machines errent toujours dans une même direction, jamais dans l'autre

*   *   *

Dans un établissement fort populaire et prestigieux de la belle petite ville francophone pure laine d'Amos en Abitibi, on y voit l'affiche suivante dans le vestibule :
Hall / Lobby
Toujours dans cette même Abitibi, le grossiste en alimentation Ben Deshaie distribue un peu partout dans les restaurants de la région, de fades napperons portant la salutation « Bienvenus / Welcome ! »... Comme si notre seul mot « Bienvenus » ne pouvait pas tout purement saluer tout le monde ! Au Canada anglais et aux USA, on nous accoste bien avec des « Mmmornin », des « Hi », avec des « Hello » et des « Welcome » unilingues et on les comprend bien. On ne les juge pas impolies, ces bonnes gens. On se donne même la peine de leur répondre dans leur propre langue, ce qui est fort bien !

Par contre, beaucoup plus au sud, en bordure de la route 105, j'ai déjà vu, de mes propres yeux – je vous le jure – l'écriteau suivant :
Camping
BOUCHETTE
Camping
Où de grâce se trouve Bouchette, me demanderez-vous bien ? Assurément en plein territoire du NON... quelque part entre Gracefield et Grand-Remous... Mais enfin, c'est où au juste, Gracefield et Grand-Remous ? Voyons donc !... Juste entre Kazabazua et le réservoir Cabonga !

...Et la route 105, alors ! Peut-on deviner dans quel territoire elle se trouve, avec ses nombreuses autres affiches bilingues qui la parsèment en plus de celles qui sont entièrement unilingues anglaises ? Et je n'ai pas osé me promener trop trop dans le comté d'à côté, soit celui que protège avec tant de vigueur l'ancien ministre des Transports, Rawburt Middlemiss.

* * *

De même, doit-on essayer de comprendre pourquoi la chaîne hôtelière québécoise, bien de chez nous, Auberges des gouverneurs, a pu oser changer le nom de ses auberges en **Hôtel** des gouverneurs ? On s'est sans doute mis à la place de ce pauvre Américain tout perplexe, croyant que l'auberge en question aurait pu être un gigantesque rival à son Burger King préféré ! « French is so easy, aurait-il dit... they only took away the "r" at the end. »

* * *

Le répondeur téléphonique est un bel instrument pour connaître l'identité linguistique d'un individu, voire d'une famille ou d'un commerce... Bien moins coûteux et cent fois plus franc que tous les recensements fédéraux, que tous les sondages excessifs du genre. Pour connaître en fait si son bon cousin ontarien, par exemple, est bel et bien francophone ou s'il est devenu anglophone, il suffit de l'appeler durant son absence. En toute franchise, le médium sera le message.

Ici, plusieurs maisons d'affaires s'en remettent à ces abusives boîtes vocales pour accueillir « à la McLuhan », leurs nombreux clients. (Le service est-il plus rapide avec ces bébelles ?) Plusieurs, dont Télébec, font la preuve qu'il ne faut jamais jamais confronter l'anglophone au français, encore moins le faire attendre indûment pendant notre verbiage. On se préoccupe de lui d'abord, en lui demandant dans sa langue : « If you want service in English, press 1 ! » Francophones, patientez quelque peu, on vous servira... après ! Les maîtres d'abord, non ? (Relire la citation de M. Tessier dans *Lettre d'un Franco-Ontarien devenu Québécois par adoption*, p. 15 du présent volume. Ou, pour

40

mieux comprendre, lire les onze premières lignes de la page 18 des fameuses *Insolences du bilinguisme*.)

* * *

À l'été 1995, mon épouse et moi avons fait le tour de la Gaspésie... en «camping»! (Vous m'avez avec le mot «camping», chers lecteurs.) Nous y avons vu des «office» unilingues partout à l'entrée des campings et des motels (le mot «office» dans ce sens n'est pas français!), en plus de nombreux «ouvert / open», des «bienvenus / welcome», des «bonjour / good morning», etc. Comme si notre unique et beau «bonjour», bien québécois, ne valait pas encore une fois pour tout le monde!

Une petite parenthèse au sujet de la géographie de la Gaspésie, très beau coin de pays. Qui pense Gaspésie pense sitôt Percé, le point culminant! C'est vrai, le rocher à Percé est toujours aussi attrayant (quoiqu'un trou ça demeure toujours un trou!), alors que c'est plutôt à une dizaine de kilomètres à l'ouest de Percé que la vue est la plus saisissante et la plus spectaculaire. Hélas, le village lui-même est devenu commercialisé à l'américaine, avec ses trop nombreux restaurants à gogo, ses innombrables boutiques de souvenirs et ses musiques rock et western anglophones qui claironnent d'un coin à l'autre. (Cela explique probablement pourquoi on y retrouve tant de Français!)... Sans oublier un de ses plus grands campings muni de ces insultantes et ennuyeuses «douches à trente-sous»!... Mais ce sont plutôt les sites et les villages tels Bic, Sainte-Luce-sur-mer et Mont-Saint-Pierre que nous avons trouvés beaucoup plus pittoresques, beaucoup plus coquets, beaucoup plus québécois... Dans leur paisible silence, on y dormait beaucoup mieux!

* * *

Vous voulez visiter un Québec distinct? Rendez-vous aux Îles-de-la-Madeleine. Beaucoup plus québécois que Old Orchard et les plages sont encore plus belles. Pour ce qui est de la température de l'eau toutefois, je ne peux rien garantir aux frileux.

Vous voulez encore visiter un Québec distinct? Que l'on se rende à Havre-Saint-Pierre avant qu'il ne perde son statut de « bout de la route ». Prenez la croisière « le fils du poète ». Savourez l'air salin, la mer, les îles Mingan et non moindrement, le bel accent et la poésie spontanée du fils en question. Comme dessert, on pourra se réjouir de la poésie plus songée et plus pénétrante de son père... Le saisissant poème « La goutte d'eau », de Roland Jomphe, devrait être enseigné dans toutes les écoles françaises et anglaises du Québec !

* * *

Comme vous me l'avez prescrit, je continue hélas votre encyclopédie de la bêtise, cher Félix. Au risque de vous voir trembler dans votre tombe...

Elliott Trudeau, voulant contribuer à la francisation de la fonction publique fédérale à Ottawa, eut la brillante idée d'en établir une partie à Hull, banlieue culturellement bien distincte, située immédiatement du côté nord de la rivière des Outaouais, juste au sud-est de Campbell's Bay. Sont nés Place du Portage et Les Terrasses de la Chaudière, *infrastructurés* entre autres par le centre commercial Place du Centre. Comme la bilingue Ottawa est plus qu'anglaise, il était bien évident que plonger ces fonctionnaires unilingues anglais dans un bain de français, malgré leurs primes au bilinguisme, les aspergerait quelque peu. En guise de preuves, on n'aura qu'à visiter les nombreuses boutiques de la Place du Centre, on n'aura qu'à s'asseoir dans cette agora entourée des nombreux comptoirs à manger à la haute cuisine franco-québécoise tels les Gino Pizza, Treats, Cuisine du coin, Wellington, Taco Mexico, ainsi que des sosies de Mikes, Ding & Ling Mets chinois? Chinese food, et A&W Hamburgers, etc. pour évaluer le génie du projet... On ne peut pas manquer ces restos, ils se situent juste à côté de chez Ralph's Taylor Shop et du magasin de vêtements Suzy Shier[1], à quelques portes à peine de Wrightville Cleaners... toujours au Québec.

---

[1] Fantastique, n'est-ce pas, comment tous ces bons francophones et francophiles prononcent sans vulgarité aucune cette raison sociale.

42

Pour en revenir enfin aux conversations émanant de notre agora, savourons les effets de ce bain culturel... Écoutons les nombreuses conversations, toutes en français assurément, portant sur le dernier invité de Denise Bombardier à *Raison Passion*, sur les dernières recettes de Daniel Pinard à *Consommaction*... de la délicieuse trouvaille voulant que *Alerte à Malibu* rende les rondeurs aussi bien en version française qu'en version anglaise... ou encore du prochain Lauzon, pour ne pas mentionner la parution espérée d'un intéressant ouvrage qui aurait comme titre *Insolences III* ! ... Cessez donc de rêver, chers lecteurs ! Il n'y avait que Pierre Elliott Trudeau et ses néolibéraux qui rêvaient. Tout se passe en anglais : essentiellement et fonctionnellement **en anglais**. Ces nouveaux francophiles n'osent même pas dire un beau merci bien français après s'être fait servir dans leur langue dans les diverses boutiques. Et les boutiquiers eux jouent bien le jeu. On reconnaît bien la majorité des fonctionnaires pour les accueillir en anglais. Idem pour les inconnus — on ne court tout simplement aucun risque. Si ce n'était de la loi 101 — même de ce qui en reste —, l'affichage serait probablement unilingue anglais... Exception faite de notre bonne vieille Société des alcools, où l'ambiance française n'est malheureusement pas encore assez forte pour motiver ces parasites publics à acheter leur grande cuvée Saint-Georges préférée... en français.

Cette situation est, à mon avis, du genre « attrape-22 »[1], c'est-à-dire une sorte de piège en cercle vicieux, un piège au mouvement perpétuel. Les marchands accueillent les clients en anglais parce que ceux-ci, pour la plupart, ne parlent pas français et les clients, d'autre part, s'adressent en anglais parce qu'ils sont toujours accueillis dans cette langue.

Bilinguiser davantage la ville de Hull, grâce la machine fédérale, aurait-il fait partie du grand plan Trudeau ? Après tout, ne fallait-il pas justifier, d'une façon quelconque aux yeux des anglophones, l'ajout des mots « femmes » et

---

[1] Autre exemple d'une « attrape-22 » : Pourquoi a-t-on construit la tour Eiffel ? Réponse : Pour pouvoir y installer une petite lumière rouge au-dessus afin que les avions ne l'écrasent pas ou ne s'y écrasent pas. (P.S. Dans *Insolences III*, j'en aurai une autre !)

« hommes » sur les portes des toilettes du parc national de Jasper ? Le *think-tank* de Trudeau avait sans doute pensé à tout. Il avait sûrement un autre but que de franciser juste un petit peu quelques brebis de ses troupeaux. Chassez aussi de vos idées la possibilité qu'on ait planifié le fait que l'implantation de ministères fédéraux à Hull (au Québec) rende plus compliquée et difficile encore, la séparation de cette province. Que ce projet ait servi davantage à angliciser la ville de Hull plutôt que de franciser les nombreux fonctionnaires catapultés de la ville d'Ottawa est sans importance. C'est l'intention qui compte ! Il sera canonisé, ce Trudeau, surtout si, à sa mort, le pape est un Irlandais. On en parlera comme du « dear old St. O'Truedough » !

$$* \quad * \quad *$$

Je suis toujours tout à fait débobiné de constater combien les journalistes anglophones peuvent œuvrer avec aisance ici au Québec, sans devoir apprendre un peu de français. Ces derniers n'ont qu'à braquer leurs micros sous le menton de tout bon Québécois... qui ne voudra certes pas « se faire botter l'cul » (explication à venir !) et on se tortille fièrement dans la langue de l'autre. Plusieurs s'en tirent fort bien quand même, mais tel n'est pas le propos. D'autres, par contre, ont beaucoup plus de difficultés. Monsieur Bourassa d'ailleurs étaient un de ceux-là, lui qui éprouvait quand même certains embarras avec son image médiatique... surtout du côté anglophone. Vous l'avez déjà vu donner une entrevue en anglais ? Je me demande si **lui** ne s'est jamais vu après une entrevue ponctuelle donnée en anglais ? Mais ses conseillers ne l'auraient-ils jamais avisé ? Peut-être que oui mais l'anémie intestinale était trop avancée.

Des exemples du genre ont plu durant la crise d'Oka. Des journalistes se sont d'ailleurs permis d'envahir les parvis de certaines de nos écoles secondaires, pour tenter d'exploiter quelque incohérence possible dans les propos de nos plus jeunes Québécois... Jeunes Québécois qui, faute de savoir mieux, ont facilement joué le jeu.

On voit aussi de nos commentateurs sportifs qui réalisent des entrevues « à la bilingue » avec des vedettes unilingues anglaises. Je n'ai d'autre mot pour décrire ce dont ils ont l'air (ces commentateurs) que de véritables « téteux » ! De toute façon, ces « unilingues anglais » contrebalancent bien tous ces « unilingues français » qui œuvrent sans inquiétude aucune de devoir apprendre l'anglais... qui œuvrent (ce n'est pas un synonyme de « jouent ») dans la NHL et dans la National Baseball League... Me vient à l'esprit cet entraîneur des Flyers de Philadelphie (et il y en a probablement d'autres), Fred Shero de son nom, qui avait formellement défendu à ses joueurs québécois de parler français entre eux, en tout temps, sur la glace et dans les vestiaires. Si on l'avait interrogé au sujet de la loi 101 au moment où son équipe venait de rosser nos glorieux à Montréal, il aurait probablement dit : « Rrrrreeeepreshive ! ... Mmmmosht represhive inndeed ! ... »

Lorsqu'un journaliste, anglophone ou francophone, accoste un politicien ou le porte-parole d'une agence gouvernementale, ou encore celui d'une compagnie, c'est souvent pour lui lancer une colle, pour l'embêter. Lorsque ce premier maîtrise parfaitement la langue de la question, alors que l'autre, déjà sur la défensive, la maîtrise beaucoup moins... qui a l'avantage ? Qui peut marquer plus facilement des points ? Qui, en fait, marque des points ?

Enfin, si nos compatriotes, tels Robert Libman et compagnie, ont toujours ce noble droit et privilège de pouvoir s'adresser à nous dans leur propre langue, pourquoi de grâce n'en aurions-nous pas le même ? Pourquoi ne répondrions-nous pas **en français** ?... En français ! monsieur Bourassa, monsieur Johnson junior, monsieur Ménard, monsieur Bouchard, etc. C'est prévu pour quand l'arrêt de notre soumission spontanée ? C'est prévu pour quand notre à-plat-ventrisme ?

* * *

La gaffe de monsieur Parizeau, le soir du 30 octobre 1995, nous a coûté très cher et elle continuera à nous coûter chèrement. Hélas, elle a réussi à donner des tranchantes armes à tous ces cavaliers dormants, qui en ont toujours du mépris sur le cœur à l'endroit du Québec et des Québécois, qui en ont à la tonne des préjugés à notre

45

égard. D'ailleurs, des déclarations et des discours « Québec raciste » ont vite refait surface.

Mais ça n'a pas été la seule bévue de notre ancien premier ministre... On se souviendra de cette entrevue portant sur le Québec, qu'il accordait en avril 1992 à la revue américaine *Time*, où il déclarait : « By God, I'll boot the rear end of anyone who can't speak English. A small people like us must speak English. »... Et la revue *Time* de relever ce camouflet à notre endroit, en pleine manchette.

Qu'un très grand nombre d'entre nous ait une connaissance relative de la langue anglaise, c'est une chose. Mais de se le faire dire ainsi, de se le faire ordonner ainsi, par un des nôtres, par l'entremise d'un médium américain en plus, ça prend une tout autre dimension. Je lui ai tout de go écrit à monsieur Parizeau. Voici des extraits de ma lettre :

Monsieur,

... Au sujet de votre énoncé : « Oh Dieu ! je botterai le cul de quiconque (au Québec) ne sait pas parler l'anglais... Un petit peuple comme nous, doit parler anglais ! » J'éviterai d'emprunter un langage similaire au vôtre (pour ne pas dire « réciproque ») pour répondre à votre triste et indigne incartade, en m'abstenant également d'être aussi cinglant que le nécessiterait la présente situation.

Tout d'abord, et non pour m'éviter toute ruade de votre part, j'ai pris connaissance, dans sa version originale, de l'ensemble de vos propos rapportés dans le magazine **Time**, *pour apprécier bien objectivement que dans la phrase suivante, vous affirmez toujours tenir à un Québec français. Et Dieu merci pour ça ! Il reste que votre préambule choc demeure, et a été mis en exergue par les éditeurs de la revue. Et c'est probablement ce que retiendra le plus cette proportion des 7 millions de lecteurs toujours curieux du phénomène « distinct » québécois, dont la majorité s'avère plus ou moins francophobe, lorsque devient menacé leur unilinguisme anglais. Dieu merci toujours que vous teniez à un Québec français mais quelle crédibilité a bien la langue française dans son propre pays lorsque mérite un bon coup de pied, celui qui ne saura plier l'échine devant sa majesté la langue anglaise... chez lui ! Porteurs d'eau nous étions, porteurs d'eau hélas nous resterons !*

Ce n'est pas ce que vous avez dit, vous direz ? Dans quelle langue allez-vous expliquer à celui qui en pensera autrement ? Le médium étant le message...

Ne sommes-nous pas assez complexés au sujet de la valeur de notre propre langue et devant parfois nos bien justes, normales et raisonnables incapacités de maîtriser de quelque façon que ce soit la langue minoritaire du Québec, pour devoir entendre par la voix de notre plus éminent porte-parole et par la voie en plus d'un discours chez les étrangers que notre unilinguisme français mériterait la plus basse des conséquences ? Être sensible et ouvert aux avantages de l'anglais ou de toute autre seconde langue est une chose, mais se faire traiter de niais pour en être inhabile est, vous en conviendrez, tout autre chose. Ne sommes-nous pas assez tiraillés et inquiets au sujet de la valeur et de la portée de notre distinction, dont la pierre d'achoppement est la langue française, pour nous faire dire par celui qui en dirige la plus salutaire destinée, que cet élément distinct doit comme toujours, brutalement prendre son trou devant l'anglais ? Sans quoi, l'Anglais pourra s'en prendre à notre trou. Peut-être, encore une fois, que ce n'est pas ça que vous avez dit exactement, mais c'est ce qui a été interprété par tous ceux qui tiennent comme toujours à nous imposer leur langue chez nous ! « If you don't speak my language, you should get your ass booted... » Ce sera sans contredit le discours que tiendront spontanément tous ceux pour qui l'idéal linguistique se traduit par l'existence du monde anglais d'un côté et du monde bilingue de l'autre.

Et quel coup meurtrier avez-vous porté à tous ceux qui, comme moi, se battent quotidiennement pour défendre le statut et la crédibilité du français au Québec ? Avez-vous aussi pensé à tous ces enseignants promoteurs de la langue de Molière qui doivent constamment justifier l'importance et la valeur d'apprendre le français à tous nos jeunes déjà enivrés de culture anglo-américaine ? Mettez-vous à la place de nos enseignants dont la tâche est de motiver leurs étudiants, à divers degrés assimilés culturellement et psychologiquement, pour devoir se soumettre à l'apprentissage des complexités de la langue française ? Avez-vous aussi pensé aux francophones hors Québec, lorgnant ce Québec qui se veut et se dit fonctionnellement français, et pour qui

*la langue française n'est en fin de compte que folklore ?
Hélas, dans ce Québec français ce sera, selon vos dires,
tout comme chez eux : Sans anglais, on crève ! Sans
anglais, on se fait botter... Enfin, quel bel argument avez-
vous donné à nos farouches adversaires qui se refusent
comme toujours de nous accorder dans notre propre
milieu le respect et les services à l'image de notre langue
officielle ! Et quelle belle arme leur avez-vous donnée pour
nous en imposer la rigueur !*

*Si la connaissance de l'anglais est des plus avanta-
geuse, c'est qu'elle est porteuse d'attributs qui lui sont
exclusifs dans les milieux qui en sont dynamisés. D'autre
part, on dilue la crédibilité de la nôtre en la plaçant toujours en deuxième place derrière l'anglais... chez nous !*

*Vous avez hélas, par cette malheureuse boutade, réduit
la valeur de nos luttes linguistiques aux simples caprices
d'une basse classe ignorante.*

*Encore une fois, nous n'aurons pas eu besoin de nos
plus farouches adversaires pour dévaloriser notre langue.*

*Si ma réaction vous semble dure et désordonnée,
imaginez comment aurait réagi l'anglophonie si vous aviez
dit : « By God, I'll boot the rear end of anyone who (while
in Québec) can't speak French ! »*

Avec le regret circonstanciel de devoir intervenir ainsi.

André Richard

Son attaché de presse m'a promptement et dignement
répondu, m'assurant que le premier ministre accorderait
toute l'attention due à mes propos.

Je n'en veux quand même pas à M. Parizeau. Il a été et
demeure toujours un grand Québécois. Ce qu'il a fait pour
son parti, ses connaissances, ses habiletés, la droiture de
sa recherche et de son cheminement, sa prestance, son flair
pour le décorum, sa détermination, la place qu'il a accordée
aux femmes... demeurent et demeureront toujours, des
atouts enviables. Et puis, il a toujours bien eu la volonté et
le courage d'arrêter de fumer, ce noble monsieur !

Ce même M. Parizeau, que tous surnommaient toujours
« Monsieur », qui a toujours su tenir tête, assez facilement,
à Daniel Johnson, dont les convictions et le courage ont
habituellement manqué quand il s'agissait bien de s'adresser tout naturellement en français lors de ses rencontres
avec nos communautés ethniques... Déformation ou plutôt

corruption sans doute de ses habitudes de travail, du temps qu'il œuvrait dans la gigantesque boîte d'un certain Desmarais. Soyons rassurés, toutefois, ce dernier n'influence aucunement les éditorialistes et chroniqueurs de *La Presse* dans leur façon de penser. Lysiane Gagnon, entre autres, ne souffre aucunement du syndrome du choc-delin. C'est tout simplement que cette dernière tient toujours à pouvoir assister aux soirées sociales à Desmarais... Ça fait chic ! ... Ça fait « in » !

Pour ce qui est des erreurs de M. Parizeau, eh bien, on en fait tous ! Moi le premier. Hélas, il faut parfois péniblement devoir vivre avec elles.

Mon épouse Lilianne lui écrivait une honorable lettre à l'aube de son départ. Avec sa permission, je vous la transmets des plus fièrement.

Cher Monsieur Parizeau,

Je m'en voudrais beaucoup de ne pas venir, avant votre départ, vous exprimer mon appréciation et ma reconnaissance pour la tâche que vous avez accomplie à la tête de notre pays en ces temps plus que difficiles. En effet, malgré toutes les critiques qu'on n'aura pas manqué de vous faire de toutes parts, vous resterez celui qui n'a jamais oublié le but, celui qui lui a tout sacrifié, celui qui nous a convaincus de cesser de tergiverser, celui qui nous a demandé clairement : « Voulez-vous être un peuple normal ? Voulez-vous vous gouverner vous-mêmes ? » L'idée des commissions régionales était géniale et nous étions fiers de nous y exprimer. Surtout, l'option souverainiste a réellement progressé... sous votre gouverne.

De plus, chaque femme du pays s'est redressée de fierté, s'est davantage sentie concernée par la politique, du simple fait que notre première dame à nous pouvait prendre une vraie place auprès du premier ministre, y jouer un rôle très actif même. Mes félicitations s'adressent donc à elle aussi.

Bon, le référendum n'a pas été gagné malgré tant d'efforts concertés ! Mais je suis de ceux qui sont certains que le mouvement est irréversible ; nous continuerons et je veux croire que vous continuerez aussi avec nous, cette marche enthousiasmante vers le PAYS. Les troupes auront encore tellement besoin, à mon avis, de votre claire vision de ce pays, de votre calme, de votre loyauté indéfectible et surtout, de votre solide assurance que l'on a tout ce qu'il faut pour y arriver.

Le deuxième objet de ma lettre est de vous demander de nous offrir encore un cadeau : j'aimerais voir et revoir sur nos petits écrans, un super vidéoclip sur le Québec dont le but réel serait de promouvoir la fierté d'appartenir à cette nation créative et dynamique qu'est la nôtre. Avec le recul en effet, nous nous disons ici que l'on n'a pas assez joué cette carte pendant la campagne référendaire. Les messages : « Nous avons le droit d'être différents » étaient parfaits ; ils en ont touché plusieurs et nous ont sûrement fait marquer des points, mais nous nous disons que faire mousser davantage notre sentiment d'appartenance et tabler sur le besoin de respect auraient pu aider un plus grand nombre à surmonter leur peur légitime du changement et à apprivoiser les épouvantails économiques trop bien alimentés par les fédéralistes...

Une production artistique de cette envergure coûte cher et il ne faut pas dépasser les normes budgétaires prescrites par la loi ? Qu'à cela ne tienne ! Contournons ! et concevons un clip « apartisan », disons au nom du ministère du Tourisme, pour inciter par exemple, à des vacances au Québec. (Le fédéral se le permet bien !)... Ou encore au nom du ministère de l'Industrie et du Commerce pour encourager l'achat ici. Surtout, commençons la diffusion de ces messages sitôt prêts, référendum ou pas.

Quel genre de vidéoclip ? Des vues de Montréal, de Québec et des régions bien sûr ; un panorama de tout ce qui se fait de beau chez nous ; des Québécoises et des Québécois de tous âges, de toutes occupations et de toutes origines... Des images de nos grands politiciens : Lesage avec son « Maîtres chez nous » ; Lévesque et son « Je n'aurais jamais cru pouvoir un jour être si fier d'être Québécois » ; vous et Madame Lapointe...

Je pense à un document vraiment **rassembleur** où l'on verrait passer aussi Félix, Alys Robi, Maurice Richard et les autres... Bernard Derome, Michelle Viroli, Foglia, Grégory Charles etc. Enveloppant le tout, une chanson comme seuls les nôtres savent en inventer, un nouveau **« À partir d'aujourd'hui, demain nous appartient »** et qui pourrait s'appeler « Nous sommes le Québec »... qui serait composée par Piché, Beau Dommage, Séguin,

50

Vigneault, Linda Lemay... et que tous nos interprètes entonneraient en chœur : de Mario Pelchat à Laurence Jalbert... Le tout ponctué d'un « Le vois-tu comme c'est beau ? » par la belle Pascale Bussières (à la manière dont elle le faisait dans une publicité Sico). Cette partie chantée devrait évidemment tourner aussi fréquemment à toutes les radios... Oui ! nous avons raison d'être fiers ! Un jour, nous l'aurons notre pays et vous y serez pour une très bonne part.

Pour terminer, je vous souhaite un recul (pour ne pas dire une retraite) des plus paisible et des plus gratifiant. Profitez bien de la vie; vous le méritez.

Recevez, Monsieur Parizeau, l'expression de mes meilleurs sentiments,

Lilianne Gravel

*   *   *

Aujourd'hui, c'est monsieur Lucien Bouchard qui est à la barre du Québec. Et avec quelle classe sait-il piloter ! Que dire aussi de son courage, de sa détermination, de son esprit démocratique ! Mais avec quelle verve, mais avec quel verbe réussit-il à s'exprimer ! Ses disciples l'adulent, ses ennemis blêmissent... Lors de son arrivée à l'Assemblée nationale, j'écrivais à une amie franco-ontarienne :

P.S. Hé — — —! Notre Lucien Bouchard vous donne la frousse ?... De la classe non ! Nous aimons beaucoup mieux nous retrouver avec notre Lucien ici au Québec que vous avec votre boucher de North Bay, à la barre de la vôtre, votre province. **Notre** *premier ministre, c'est un pays qu'il veut bâtir,* **le vôtre,** *c'est une* **province** *qu'il est en train de détruire.*

Mais à vrai dire, je me permets certaines réserves au sujet de monsieur Bouchard. Elles touchent sans doute certaines anicroches quant à l'aspect linguistique, cible du présent chapitre.

Retournons à ce jour mémorable de juin 1992, lors de la fondation officielle du Bloc québécois. Une fois élu à la tête du parti, ce même monsieur Bouchard prononça un éloquent discours... Je me replonge dans l'ambiance du jour. Nous étions tous chez nous, dans notre monde bel et bien français, tous solidaires, tous nous baignant dans la même atmosphère. Le texte de ma missive explique ce qui s'ensuivit :

Cher Monsieur Bouchard,

J'étais un parmi ces six cents samedi dernier qui vibrait à son tour à l'intensité du moment et non moindrement à l'intensité de tous les autres, lors de la lecture du manifeste du « nouveau » Bloc québécois. J'ai en plus été de ceux-là qui se sont alignés patiemment au micro pour en endosser la teneur. Encore une fois, lors de votre entrée et, bien sûr, lors de votre allocution, j'ai maintes fois jailli de mon siège à la cadence de cette foule quasi frénétique pour goûter et partager pleinement la réalisation et le vécu du présent et pour me joindre à l'espoir de demain... Mais jusqu'au « moment » seulement ! ... Jusqu'au moment où vous êtes mis à parler en anglais !

*Mais pourquoi, ô pourquoi en anglais, pourquoi pas en français ? Pourquoi pas en français tout l'temps... à cent pour cent ? Pourquoi pas en français pure laine ? Voici que l'élite même de l'élite québécoise, prenant solennellement les rênes d'un autre moyen pour assurer son devenir, s'abstenait, aussi réellement que symboliquement, à ce moment dramatique, d'ÊTRE ! ... D'être **pleinement**, à cent pour cent, jusqu'au bout ! Quelle crédibilité accordions-nous à notre langue lorsque, pour parler au Canada anglais, le français comme d'habitude prenait son trou ? Était-ce en Alberta ? À Ottawa ? Bien non ! Chez nous, à Tracy, au Québec, lors de la réaffirmation dans toute sa grandeur et dans toute sa noblesse de notre vouloir **être** !*

L'ironie du geste s'est davantage manifestée par l'entremise de vos propres mots quand vous déclariez aussi majestueusement : « On nous a légué une langue universelle... » Pauvre statut « universel » lorsque vous-même y apportiez de piètres limites, même dans ce pays québécois qui en est le berceau et la seule forteresse nord-américaine. Vous y avez en fait maintenu le même statut que le régime fédéral lui a toujours accordé, à savoir celui d'une « langue d'entre nous autres » ! À partir de ce moment de l'événement, je n'ai guère vu le progrès, je n'ai guère vu le nouveau jour.

Il semble toujours qu'on soit loin d'être sorti de ce marasme têtu, de cette névrose enracinée voulant que l'on ne doive jamais exposer nos compatriotes à notre langue, à cette soi-disant belle langue que nous proclamons vouloir conserver. Mais n'est-elle pas aussi fonctionnelle, cette belle langue, que nous devrions à chaque instant valoriser ? Il en est ainsi comme conséquence, par exemple, que des unilingues anglophones (des journalistes parmi tant d'autres) sont capables de venir gagner leur vie au Québec sans devoir apprendre un seul mot de notre belle langue et ce, grâce à notre pleine complicité. Peut-on se payer le même luxe chez nos amis anglophones à l'extérieur du Québec ? Pourtant, on ne les voit ni ignorants, ni impolis. Ils SONT tout simplement... et ils demeureront ainsi.

Enfin, devant le phénomène toujours menaçant de l'anglicisation, lorsque l'on veut sensibiliser nos jeunes à privilégier le français dans les cours d'écoles françaises de Montréal, lorsqu'on voudrait que nos propres commerçants affichent (pour tout le monde) en français... sans loi, et alors que l'on tiendrait à ce que nos immigrants adoptent le français plutôt que l'anglais, comment les en convaincre lorsque nos chefs de file les plus nationalistes, eux mêmes, à l'instar de tous les bons Québécois accommodants, plient, pour ne pas dire rampent, devant l'anglophonie !

Le rosier ne devient pas pissenlit en leur présence, pourquoi de grâce le lys se prostituerait-il ?

...Un geste à mon avis des plus regrettable !

En tout respect et en toute amitié.

André Richard

Monsieur Bouchard ne m'a jamais répondu, ni son attaché politique, encore moins son secrétaire. J'avais quand même pris la peine de lui faire parvenir la lettre, aussi bien à son bureau de comté qu'à celui au Parlement d'Ottawa... Qui est donc ce quidam de l'Abitibi ? aurait-il pu se dire... Filière Z !

Je me demande encore aujourd'hui jusqu'à quel point sont ancrées les convictions linguistiques de monsieur Bouchard !

Lorsque j'ai exprimé tout haut mes doutes, mon épouse m'a pris le bras, l'a serré chaleureusement en me disant : « Confiance André ! ... Monsieur Bouchard, comme moi, est un bon Québécois en provenance du Saguenay–Lac-Saint-Jean. » J'ai sitôt respiré mieux, même si mes doigts sont demeurés et demeureront encore quelque peu croisés.

Je sais que notre nouveau premier ministre n'a pas et n'aura pas la tâche facile. Combien l'attendent avec un arsenal empoisonné? Ayant officiellement appuyé sa candidature, je lui serai solidaire... tant qu'il ne flanchera pas sur le plan linguistique.[1]

* * *

Clôturons ces scènes de bêtises avec nulle autre que celles de Guy Bertrand. Vous connaissez?... Les expropriés de Mirabel (monumentale nigauderie du fédéral cette fois, signée PET)? Guy Bertrand, l'avocat des pauvres, des braves gens, l'avocat des Québécois.

Aujourd'hui, il est parti en guerre contre les siens. Je dis bien «les siens» car, en 1985, monsieur Bertrand s'était présenté à la direction du Parti québécois, suivant la formule du vote populaire. Il était venu à Rouyn-Noranda pour défiler à côté de ses collègues, Pierre-Marc Johnson, Pauline Marois ainsi que d'autres braves aspirants.

J'y étais.

Mais qu'il m'avait impressionné ce monsieur Bertrand! Il était très impressionnant. Ses convictions m'ont fait frissonner. Applaudissements à tout rompre d'un bout à l'autre de la salle bondée. Ovation debout de la foule.

Plusieurs années plus tard, quelle mouche l'a piqué?... Virage à 180 degrés! Serait-ce dû à une conversion subite au système fédéral? Son nouveau discours est beaucoup plus antisouverainiste que profédéral. Aurait-il été pris d'un amour frénétique pour le Canada anglais, Sharon Carstairs, Clyde Wells, Elijah Harper, Gary Filmon, Sault-Sainte-Marie, les «leurrantes» Rocheuses à Jean Chrétien? Pourtant pas, on dirait plutôt que c'est un véritable cancer qui le ronge.

Je lui ai écrit en janvier 1996 pour lui souligner mon enthousiasme d'antan à son égard et pour lui faire part de mes tristes déceptions... et encore pour lui demander un petit service... Des extraits :

---

[1] En pleine rédaction de ce livre, *Le Devoir* publiait la réponse intégrale de monsieur Bouchard à l'odieux «J'accuse» de Pierre Elliott Trudeau... Touché, monsieur Bouchard! Vous avez été à la hauteur de nos attentes... et plus encore! Bravo!

... Déception : Vos élans, voire votre diatribe des dernières années contre la loi 101 ! Mais qu'est-il arrivé à vos convictions d'antan ? Qu'en est-il de cette fidélité que devrait manifester tout bon Québécois pour le maintien et l'épanouissement de la langue française au Québec ? Vous ne couchez toujours pas avec Claude Ryan ou encore avec Julius Grey, j'espère ?

... Déception : Votre diabolique croisade de ces dernières années contre le mouvement de la souveraineté du Québec.

Que j'aimerais donc avoir en main le texte de votre fameux et éloquent discours livré lors de cette manifestation électorale chez nous en 1985 ! Je voudrais bien dans un premier temps pouvoir vous le mettre sous le nez, ce qui vous aiderait peut-être à vous libérer de cette malveillante torpeur. Dans un deuxième temps, j'ose croire qu'il pourrait encore contribuer à convaincre quelques-uns de nos indécis à une cause qui s'avère toujours des plus noble et salutaire pour l'avenir du Québec... Pourriez-vous donc m'en envoyer copie ?

Salutations cordiales.

André Richard

Maître Bertrand m'a répondu... à peine deux semaines plus tard. Très poliment, en fait, sans vouloir reprendre les éléments de mes déceptions, mais en incluant copie du timoré manifeste de son mouvement CDN – Les Citoyens de la nation. Avec une copie de ce fameux discours de 1985, si passionnément attendu ? (Voir l'annexe 5, p. 241)

*   *   *

« Faites en 10 volumes, une encyclopédie de la bêtise et de l'ignorance en pays québécois, pour référence à ces temps-là », me disait le grand Félix, dans sa lettre du 16 novembre 1987.

Pour mes lecteurs qui ont horreur des textes trop longs... Pour mes lecteurs qui ont sauté la lecture de la présente scène, parce qu'ils ont commencé par la fin (comme dans la revue *L'actualité* !)... Pour mes lecteurs qui n'ont peut-être que lu en diagonale les pages de ce chapitre... A ces derniers... A ces derniers qui préféreraient lire un extrait de *Sélection du Reader's Digest* plutôt qu'un bouquin de La Pléiade, voici un résumé en **10 lignes** de cette « encyclopédie de la bêtise et de l'ignorance en pays québécois, pour référence à ces temps-là » :

- le fédéralisme canadien !
- le bilinguisme au Canada !
- le bilinguisme pour le Québec[1] !
- l'assouplissement de la loi 101 !
- l'à-plat-ventrisme pour mériter le respect de nos compatriotes !
- croire au renouvellement éventuel de la constitution du Canada !
- croire au « We love you... Quebec ! »
- croire en Alliance Québec parce que son président peut baragouiner en français !
- se laisser influencer par le venin d'un Mordecai Richler !
- mettre son sort entre les mains des autres !

Vous croyez que telles conclusions viennent trop vite ? ...Vous croyez que c'est franchement et vachement trop raide ?... « Read on »... d'abord !

---

[1] ... et au Forum (l'ancien et le nouveau) de Montréal !

Scène 4

L'ONTARIO ET LE RESTE DU CANADA ANGLAIS

« J'y ai cru au Canada bilingue, au Canada biculturel, au Canada multiculturel ! », disais-je à la Commission Bélanger-Campeau sur l'avenir politique et constitutionnel du Québec, lors de la présentation de mon humble mémoire, à Val-d'Or en 1990. J'ai cru au rêve de Pierre Elliott Trudeau jusqu'au jour où j'en ai découvert l'impossibilité, pour ne pas dire la supercherie.

Le français, en réalité, n'y a de statut que dans les institutions relevant du gouvernement fédéral. Et, la plupart du temps, il n'est que façade alors qu'il faut quêter, quémander, insister pour y avoir droit.

Constatant que l'application du concept du bilinguisme canadien devait irrémédiablement porter atteinte à la distinction française du Québec (puisque l'appliquer à Terre-Neuve voudrait dire qu'on l'applique aussi au Québec — comme pour équilibrer une balance en apposant des poids égaux sur les deux balanciers), j'ai donc renoncé à cette chimère canadienne. D'où le titre de mon premier ouvrage : *Les Insolences du bilinguisme.*

Je n'ai pas été, hélas, le seul Franco-Ontarien à vouloir mettre les Québécois aux aguets devant le phénomène sinueux de l'assimilation... Je n'ai pas été le seul à lancer un véritable cri d'alarme. Un certain Jean-Paul Marchand, originaire de Penetanguishene, publiait chez Stanké, en 1989, *Lettre ouverte aux Québécois d'un Franco-Ontarien indigné*... ouvrage dénonçant, entre autres, les manœuvres d'Alliance Québec et la faiblesse du gouvernement Bourassa. Cette contribution envoyait un vibrant appel afin que non seulement la loi 101 soit restaurée intégralement mais qu'elle aille encore plus loin. Plusieurs autres Québécois, dont le Valdorien Jean Simoneau (*Le Temps d'agir*, éditions D'ici et d'ailleurs), l'ont aussi fait... et d'une façon aussi convaincante. Que faudrait-il faire, parbleu, pour que le message se rende ?

Par contre, tant que le Québec fera partie du Canada, tant que ce même Canada se dira bilingue, je continuerai à avoir des attentes. Je continuerai à dénoncer les flagrantes impuretés. Un Canada aux institutions fédérales bilingues, en fait, sera un Canada où les usagers, anglophones et francophones, pourront transiger dans leur propre langue. Les deux langues seront officiellement et fonctionnellement reconnues, non ?

Je foudroierai donc encore tous ces soi-disant Canadiens français qui ne se donnent même pas la peine de remplir leurs déclarations de revenus sur des formulaires français, ces francophones qui écrivent en anglais aux agences du gouvernement canadien, ces francophones qui ajoutent les mots « From : » et « To : » aux noms et adresses de l'expéditeur et du destinataire sur leurs envois postaux. Pour ma part, en passant, je ne mets même pas de « De : » ni de « À : » et dans 96% des cas, ça se rend, même quand j'expédie aux USA et en France.

Que dire des agissements de notre feu ministre du Patrimoine canadien, Michel (le précieux) Dupuis qui, lors d'une de ses ingérences personnelles auprès du Conseil de la radiodiffusion et des télécommunications canadiennes (CRTC), toujours sur son papier avec en-tête ministériel, écrivait en anglais à Keith Spicer, lui-même parfait bilingue ? En voilà bien une autre, Félix !

Que dire aussi du gouvernement du Canada, employeur, dont les agissements ont presque toujours anglicisé les francophones, ces derniers ayant perdu avec les années tout usage vraiment fonctionnel de leur langue maternelle ? Et ce, malgré les rapports Spicer, Goldbloom, etc. qui y revenaient à chaque année.

Enfin, le Canada « bilingue » n'aurait-il pas dû rayonner aussi dans d'autres facettes de la société canadienne ? N'aurait-il pas dû rayonner dans d'autres provinces ?... À part le Nouveau-Brunswick ! ... Et ce, l'instar de son rayonnement soutenu dans la vie économique, sociale et culturelle du Québec.

Ce qui rayonne, toutefois, c'est un organisme comme l'Alliance for the Preservation of English in Canada (APEC) – relève des ignobles Bulldogs des années 60 –, organisme, tenez-vous bien, voué à la préservation de l'**anglais** au Canada... Mais quel euphémisme ! Devoir préserver l'anglais au Canada anglais, à l'ombre du géant américain, avec son impérialisme culturel... Vouloir préserver l'anglais, la langue la plus répandue sur le globe. En France, par exemple, même l'institut Louis-Pasteur y adhère ! L'APEC ! Ce n'est en fait qu'un Ku Klux Klan d'un autre ordre : Au lieu de se cacher la face derrière une cagoule, on camoufle sa véritable nature derrière l'hypocrisie de son nom... L'APEC ! Des paranoïaques d'une autre espèce, quoi !

Pour en revenir au rayonnement du français ailleurs au pays, allons donc voir...

L'ONTARIO

L'Ontario est peut-être la plus fonctionnellement bilingue des provinces (à part le Québec, malheureusement) avec son Association canadienne-française de l'Ontario (ACFO), avec son excellent système et réseau d'écoles et de collèges français, avec ses universités Laurentienne et d'Ottawa, avec TFO, avec ses propres écrivains et chansonniers, avec une certaine élite francophone qui tient à son caractère français. Avec tout ça, qui s'est obtenu non pas par cadeau mais bien par acharnement, par batailles, par batailles et par batailles encore. Mais l'assimilation ! Vouloir vivre en français en Ontario, c'est soit se conditionner à le vivre d'une façon compartimentée, soit céder tout simplement et ne vivre qu'en anglais à l'extérieur de son foyer.

Mais, combien de ces 100 000 Franco-Ontariens connaissent l'ACFO ? Combien la soutiennent ? Combien parmi ces 100 000 Franco-Ontariens se battent encore pour se faire reconnaître, pour s'affirmer en français, pour se faire servir en français ?... Car c'est ce qu'il faut toujours faire pour pouvoir « être » en français, en Ontario.

En Ontario, on appelle les établissements administratifs qui régissent les divers réseaux d'écoles primaires et secondaires, des **conseils** scolaires. Au Québec, on dit plutôt « commissions scolaires », comme les désignaient jadis les Franco-Ontariens. Laquelle des deux expressions est la bonne ?... L'ontarienne ! Une « commission » est une entité ponctuelle, formée par un gouvernement dans le but d'accomplir une tâche spécifique sous sa tutelle (les commissions Bélanger-Campeau ou Laurendeau-Dunton, par exemple). Un « conseil », d'autre part, est une entité permanente, autonome et se régit par elle-même, selon les balises d'une loi.

Le Québec n'a donc pas de leçons à donner dans ce sens. C'est lui que traîne de la patte dans ce domaine. L'erreur lui a été soulignée d'ailleurs (... je vous défie de deviner par qui) en citant toujours l'Ontario en exemple. La réponse était quand même acceptable... Il faudrait, entre autres, changer toutes les lois, modifier ceci, modifier cela, etc. Trop de problèmes ! Vaut mieux s'occuper des casinos, ça c'est plus payant.

*   *   *

Un jour, je me suis acharné à écrire aux ateliers de réparation Sears à Belleville en Ontario [Sears Canada Ltée 500, rue College Est, Belleville (Ontario) K8N 5L3] qui m'ont retourné un colis que je leur avais parvenir, accompagné de leurs « excuses » uniquement en anglais. Dans ma lettre, je leur avais entre autres suggéré de bien vouloir embaucher, parmi leur armée de travailleurs, quelques bons Franco-Ontariens, tous parfaitement bilingues (pour ne pas leur faire peur) afin de répondre à certains besoins. Après tout, chez Sears au Québec, ça saute à bras ouverts lorsque quelqu'un s'adresse en anglais... Des catalogues anglais, il y en a et il y en aura toujours de dissimulés parmi les excellents catalogues français... On ne m'a même pas répondu voyons !

J'avais en main un autre de produit de Sears qui nécessitait réparation. Cette fois, je me suis adressé au préposé des réparations d'appareils domestiques Sears, ici à Rouyn-Noranda. Pour bien décrire les pièces défectueuses, j'avais fait une liste par écrit, en m'appuyant sur la très pratique « Notice technique de Sears », rédigée en excellent français. Lorsque l'appareil, fort bien réparé me revint, accompagné de sa note, comprenant un relevé de sa propre commande chez Sears pour les pièces à réparer, j'y ai lu :

1 Handle release	1 Indicator block
1 Swivel	1 Switch pedal
1 Cam indicator	

... Tout ça, sur du papier au libellé bien français, sous le titre d'une raison sociale bien francophone de chez nous.

Je peux comprendre pourquoi Sears ne se donne même pas la peine de me répondre. On avait simplement affaire à une espèce de fou.

Mais à quoi donc servent ces documents si bien faits par de nombreuses maisons d'affaires canadiennes (et américaines), telles Sears, Eaton, Canadian Tire, Black & Decker, etc. ? À bien y penser, ce ne sont pas toujours les anglophones qui ont été mes et nos pires ennemis.

Et les cours de formation professionnelle au Québec ? Ne faut-il pas toujours au moins un secondaire IV en français pour y entrer ? Et l'apprentissage du français, comme l'apprentissage d'autres matières, ce n'est pas seulement la saisie de concepts et l'assimilation d'éléments de connaissances, c'est d'abord et avant tout le développement de **valeurs** et d'**attitudes**, non ?

Ô rage, ô désespoir, ô vieillesse ennemie, n'ai-je donc que tant vécu que « par » cette infamie !

* * *

À deux reprises à l'automne 1995, j'écrivais à la société Melitta (oui ! les fameux cafés et produits...) [Melitta Canada Inc. 75, Westmore Drive, Rexdale (Ontario) M9V 3Y6] afin d'obtenir un de ses produits que nous ne venions pas à bout de trouver ici... Aucune réponse de sa part, pas même un accusé de réception en anglais. Il est vrai que le mot « café », ce n'est pas ce qu'il y a de plus facile à traduire ! ... Mais je ne les perds pas toutes quand même. Je réussis parfois.

Je faisais souvent affaire avec MacWarehouse, compagnie située aux États-Unis, pour l'achat de certains produits informatiques. Je faisais toujours mes commandes en anglais. (Aux États-Unis, je n'ai aucune fausse attente, je vis donc en conséquence.) Mais voici que MacWarehouse ouvrit une succursale à Toronto... Là par exemple ! Commande par télécopieur, **en français**... Réception **à la lettre** de ma commande. Plus tard, j'ai télécopié un autre envoi, où je posais une série de questions au sujet d'un achat possible de produits non inscrits dans le catalogue, malheureusement toujours unilingue anglais. Quelques heures plus tard, un préposé (Richard de son nom) me rappela et répondit à mes interrogations, dans un français très compréhensible et de manière très efficace... [MacWarehouse, 651, rue Queen Est Toronto (Ontario) M4M 1G4 ; télécopieur : (416) 466-3729.]

Il reste que, dans la mesure du possible, j'encourage toujours notre bon Intralogic-Plus, ici à Rouyn-Noranda.

*   *   *

Un triste mot sur la langue d'usage, entre les élèves et les étudiants, dans les corridors et les cours d'écoles de langue française en Ontario... Triste réalité puisque, la plupart du temps, on n'utilise que l'anglais. Triste phénomène peut-être mais phénomène néanmoins normal quand on a lu Darwin, McLuhan et autres... Quand on sait ce que regardent et lisent de nombreux jeunes franco-ontariens... (Est-ce que l'APEC sait ça ?)...

Ce qui nous fait francophones n'est ni la couleur de notre peau, ni la sonorité de notre nom mais bien la langue que nous parlons... comme celle en laquelle Louis Raby de l'Université d'Ottawa célébrait la messe... la langue que nous chantons... à l'instar du fameux groupe 2-Saisons de la région de Cornwall avec son très beau *Tome-di-toudi – tome-di-touda*, ou encore celle de la talentueuse Annie Berthiaume de Hawkesbury... enfin, c'est la langue que nous aimons, du moins, celle que nous devrions tous aimer et aimer davantage !

Combien de ces 100 000 Franco-Ontariens ont su loyalement appuyer le Québec dans ses revendications linguistiques ? Car un Québec vraiment français, un Québec plus français, sera toujours à leur avantage.

Or, j'ai surtout entendu cet auditeur d'Ottawa, qui intervenait à l'émission *Panorama en ligne* de TFO, et qui se vantait (peut-être se plaignait-il plutôt) du fait qu'il préférait suivre ses cours **en anglais**, car dans les cours français, il s'y trouvait tout simplement trop de Québécois ... Ça gâtait l'atmosphère, selon ses dires, on ne se sentait plus « chez nous ». Sans doute, étions-nous trop polluants pour lui... Le lendemain, Dieu merci, il y avait Jacques Bensimon pour nous présenter un bon film français, question de se changer les idées un peu. La semaine suivante, je suis quand même retourné aux entrevues avec Adrien Cantin.

Quelques jours après le référendum du 30 octobre 1995, j'échangeais avec un bon ami franco-ontarien pour lui glisser que je verrais d'un bon œil notre Bernard Landry comme nouveau chef du Parti québécois. Je l'aurais même peut-être vu à la direction du Bloc québécois à Ottawa, advenant le départ du roi du Saguenay–Lac-Saint-Jean, pour Québec... Il se mit à rire... Bernard Landry? Toujours le sourire débordant de ses lèvres : « C'est lui qui a osé écrire au président des États-Unis durant le référendum pour lui dire de se mêler de ses affaires. (Ce n'était pas au président mais bien à Warren Christopher, secrétaire d'État américain, en raison de son ingérence dans les affaires politiques du Québec.) À vrai dire, il avait bien raison ce monsieur Landry. D'ailleurs, connaissant son tact et sa diplomatie, je suis sûr que sa lettre fut fort bien tournée et à point... Mais pour en revenir à l'attitude de mon ami franco-ontarien, n'est-ce pas là l'expression de la façon dont on nous perçoit, de la façon qu'on on nous voit, de la façon qu'on nous considère, nous les Québécois ? Petit peuple ! Inférieur ! ... Vouloir donner de la merde au président des États-Unis ! Quelle audace ! Vaudrait mieux laisser ça aux Newt Gingrich ou aux Fidel Castro !

* * *

Faut quand même dire qu'il y a du sentiment anti-Québec, du véritable mépris à notre égard un peu partout en Ontario. J'en ai été directement témoin pendant plus de quarante ans de ma vie. Souvent, de tels propos venaient de mes propres confrères aussi... Mais que voulez-vous ? Plusieurs d'entre eux ne lisaient que l'*Ottawa Citizen*, le *Toronto Sun* et l'*Ottawa Sun*, le *Star*, jusqu'à une certaine petite feuille de chou de Cornwall. Et dire que souvent, ces quotidiens puisaient leur venin à partir de la *Gazette* de Montréal.

... Ce qui explique, en partie, pourquoi la Banque Nationale du Canada (d'origine québécoise) aurait même refusé, en se baptisant « National Bank » à Toronto, d'embaucher comme vice-président un excellent candidat, parfaitement bilingue, parce que son nom de famille (Soulliere) avait une consonance francophone.

* * *

Hélas, ce n'est pas que la Banque Nationale qui pense et qui agit comme ça! Le virus est bien généralisé. Il y a quelques années, une coopérative bien de chez nous, Natrel, créa un excellent produit qu'elle baptisa Ultra'Lait. Bravo pour nous! Lorsque cette société prit de l'expansion vers l'Ontario, Ultra'Lait est devenu Ultra'Milk. On s'est donc servi des deux titres. Imaginez! devoir confronter nos compatriotes au mot «lait»! Comme si ce n'était pas assez... Au Québec, puisqu'on le tourne habituellement vers soi, le bouchon d'ouverture (superbe patente!) se trouve du côté de Ultra'Lait. En Ontario, par contre, on le plaça sur la face Ultra'Milk afin que ces amis qui nous aiment tant n'aient pas à regarder de face le mot «lait» pendant trop longtemps. Pour ce qui est des Franco-Ontariens, on ignore sans doute leur existence. Pour les anglophones toutefois, c'est vrai que des mots français (lire: maux), ça peut devenir frustrant pour eux à la longue! Et puis, apparemment, ça peut occasionner des cataractes. Plusieurs de nos amants, soudainement *cataractés*, s'en sont plaints d'ailleurs à monsieur Golbloom, responsable de l'application de la Loi (fédérale) sur les langues officielles.

Drôle quand même que, lorsque Canadian Tire est venu s'établir au Québec, il ne soit pas devenu «Canadien Pneu». Et les Québécois n'ont pas boudé leurs nombreuses succursales pour autant... Et Bell Canada n'a pas changé sa raison sociale pour «Cloche Canada»; Burger King ne s'est pas déguisé en «Roi bourgeois»; Journey's End n'a pas opté pour «Au boute de la journée», John Deere, pour Jean Chevreuil, etc. À bien y penser, c'est peut-être sous des pressions de l'Office de la langue française (OLF) (à l'époque sous l'habile contrôle de Claude Riant) pour que Caramilk devienne «Caralait» au Québec, que Cadbury's a tout simplement préféré plier bagage vers Toronto!

Niaiseux, n'est-ce pas, ce hockeyeur Mario Lemieux? S'il avait été assez intelligent pour changer son nom à

« Merryo Thebest » en allant jouer à Pittsburgh, il serait sans doute devenu plus populaire. Ses oreilles auraient entendu d'autres sons que ces myriades de « Lemyoooo », rimant avec « booh ! »... Da beeeeeest ! Mais enfin, les échos de « Lemyoooo » sont, pour lui, musique aux oreilles et danse aux patins !

Le « fait Mario Lemieux » démontre que ce malheureux virus, issu de notre esprit colonisé réside d'abord et avant tout dans notre tête. En Ontario, il y a plusieurs années, il se vendait très bien d'excellents produits sous le nom de « La Belle Fermière ». Et les Anglo-Ontariens les achetaient, non pas à cause de leur nom, mais à cause de leur qualité. Ils étaient bons ! Voilà ! C'est aussi simple que ça. Dieu de Dieu, si Céline Dion ou peut-être mieux encore, son ami-gérant, pouvait comprendre ça, cette dernière nous serait une bien meilleure ambassadrice. Elle n'aurait même pas besoin de chanter en français à l'étranger, la bonne prononciation de son nom dirait tout ! « Seleen Deeyahn »... à la poubelle !

Cou' donc ! Si Natrel avait eu une certaine confiance, une certaine conviction, une fierté d'« être », quoi ! on aurait continué à l'appeler Ultra'Lait, son fameux lait. À la rigueur, nos grands amis les anglophones l'auraient prononcé « Ooltrah'Lay » ! ... Et puis après ? Est-ce que ça dérange les héritiers des frères Billes ce que les Québécois ont fait de la prononciation de Canadian Tire ?

*   *   *

Certains de mes bons collègues franco-ontariens ont bien voulu me préserver du déluge lorsque je leur annonçai fièrement mon désir de quitter l'Ontario pour le Québec en 1981. C'est peut-être vrai qu'il fallait atténuer quelque peu mon enthousiasme, jeter un peu d'eau sur ce feu qui me brûlait. Il fallait quand même me prévenir, devant mon exaltation débordante. Certains m'ont dit : « Tu auras tes déceptions au Québec, tous les Québécois ne sont pas aussi mordus de la langue que toi. » Hélas, ça s'est avéré exact ! « Toi, avec tes sentiments antisyndicalistes, pour ce qui est des abus du moins, vaudra mieux faire bien attention plus souvent qu'autrement ! »... Ça, c'est un fait avéré aussi ! « Toi qui aimes tant la chanson française et le

cinéma français, tu te trouveras souvent esseulé là-dedans. »
Ça aussi, ça s'est avéré juste. « Et tu sais, André, des
zozos et des nouilles qui se veulent connaisseurs ou
dirigeants, tu en trouveras là aussi. » Hélas !... « Tu sais
André, toi, rouquin comme tu es, il se peut que tu te
fasses accoster encore en anglais dans certains endroits
publics de Montréal et de Québec. Comment vas-tu réagir ? »
J'ai réagi, et je réagis encore, **très mal**... « Puis les
Québécois, ils conduisent tellement mal ! »... Touché !...
« André, toi qui ne peux endurer le tabac et les fumeurs
indisciplinés, comment vas-tu faire ? C'est au Québec que
ça fume le plus au Canada ! » Oh ! que ce fut dur ! Oh !
que ça demeure difficile parfois ! « Enfin, André, les
services hospitaliers... eh bien au Québec, ce ne sera pas
comme en Ontario, ils sont bien moins bons là-bas. » (Je
suis malheureusement, comme le savent plusieurs de mes
proches et de moins proches, un grand dépressif... de
nature « réactionnelle » plutôt qu'endogène... et j'ai dû, au
cours de mon existence, avoir recours à des interventions et
à des soins professionnels pour y remédier, pour continuer.)... Ça toutefois, ça s'est révélé absolument faux.
Depuis mon arrivée, j'ai toujours reçu des soins
hospitaliers et médicaux de tout premier ordre, ainsi que
des soins dentaires... absolument hors pair... Chapeau
Québec ! « Enfin, André, toi Franco-Ontarien venant de
l'extérieur, tu ne seras pas toujours accepté parmi les
leurs... Tu sais, les Québécois, ils sont un peu... » Mais
quel quiproquo cette fois ! J'ai toujours été très bien accepté
partout, tout en laissant transpirer fièrement — trop souvent
parfois, les premières années particulièrement — mes
origines ainsi que les leçons tirées de mes bonnes expériences franco-ontariennes. Souvent toutefois, ç'a été plutôt
en raison de mes élans, de mes prises de position trop
tranchantes, de ma vision des choses avec mes lunettes
d'antan, de mes trop brusques réactions intempestives, de
certaines de mes actions, que j'ai éprouvé certaines difficultés, certaines douleurs, pour ne pas dire, certaines
réprimandes, voire certains ostracismes. À ce compte-là,
j'ai dû en vivre des similaires en Ontario... Et beaucoup
plus encore !

*   *   *

Lorsque l'on pense Ontario francophone, nous viennent uniquement à l'esprit les secteurs francophones d'Ottawa, du moins sa partie est ; les nombreux territoires et villes situés plus à l'est encore – de Vanier jusqu'à la frontière du Québec ; Cornwall, là où la proportion de citoyens francophones a déjà été de 51% et a chuté à 39% en 25 ans ; le nord de l'Ontario dans ses nombreuses petites municipalités longeant la route 11, là où l'affichage est malheureusement loin de refléter la soi-disant majorité francophone qui l'honore ; Sudbury ; et aussi, pour ce qui en reste, la région de Penetanguishene et le comté d'Essex dans son midi. Y en a-t-il d'autres ? Je me culpabiliserais tellement d'en avoir manqué, tout en reconnaissant qu'il y a des bons francophones parsemés un peu partout, même à Toronto, Etobicoke... et Brampton aussi ! ... Pour ce qui de ce dernier endroit, je vous l'jure !

Oui, Toronto ! ... Sait-on qu'il y a une communauté francophone bien vivante à Toronto, si parsemée soit-elle, dans la « Queen City » ? J'en vois parfois lors des matchs de hockey en provenance du Maple Leafs Garden à la télé. Ils s'identifient fièrement avec une petite affiche comprenant un grand **C** et un petit **H** à l'intérieur. Aucun d'entre eux ne refuserait une précieuse paire de billets parce que l'annonceur maison ne fait ses laïus qu'en anglais ! Ah oui, c'est vrai ! Nous sommes polis, nous au Forum de Montréal et au nouveau Centre Molson... Comme si aux Maple Leafs Garden, on ne l'était pas ! J'ose croire que c'est plutôt un comportement de personnes liges, que nous manifestons.

Savez-vous ce qui m'a frappé lors de l'incident survenu dans la ville de Québec lorsque quelques jeunes anglophones de l'Ontario se sont fait arrêter par la police, pour avoir troublé la paix, avoir commis des actes de vandalisme, s'être agressivement mêlés avec des jeunes résidants de Québec, etc. ? On se souviendra que les parents sont vite venus à la rescousse de leurs innocents fistons, accusant les forces de l'ordre de la ville de Québec de n'avoir pu offrir des services en anglais lors de l'arrestation de leurs jeunes... comme se plient au français les bons policiers d'Oshawa ou de Nanaimo quand des vandales ou des vauriens québécois apparaissent devant eux... Ce qui m'a frappé, eh bien c'est le **ton** du chef de police niant catégoriquement qu'il était impossible que ces jeunes ontariens aient été confrontés au français... dans la ville de Québec. On aurait dit une véritable plaidoirie... Mais avec quelle intensité sincère se sentait-il obligé de l'avancer... Chef de police lige, à mon avis !

Mais revenons à Ottawa, la capitale... la capitale de ce pays bilingue ! Là où devait tellement se vivre le rêve de Trudeau. Là où, malheureusement comme ailleurs, vivent des usagers francophones bien conditionnés.

Ma mère est résidante d'un centre d'accueil pour personnes âgées, situé en plein cœur de la basse-ville d'Ottawa, jadis château fort de la francophonie «ottavienne». Très lucide mais incapable de parler correctement ou d'écrire à cause de la maladie de Parkinson, elle doit s'en remettre aux bons services des aides pour m'écrire quelques mots. Et voilà que je reçois, à l'occasion, des mots de ma mère, de celle qui m'a donné la vie, de celle qui m'a transmis une langue, la sienne et celle de mon noble père, des mots écrits tout en anglais, et faussement signés au bas : «Mother» ! Ça fait intime et chaud en... Dans une banque de personnel dépassant sûrement la soixantaine d'employés, même pas capable de trouver quelqu'un qui sache parler ou écrire en français ! À Ottawa, capitale fédérale de ce pays bilingue !

Et on se demandera pourquoi je rougis tellement face à l'à-plat-ventrisme de certains Québécois pour tout ce qui est anglais ! On se demandera pourquoi je lève le poing devant les soi-disant mauvais traitements dont se plaignent sur tous les toits certains de mes compatriotes anglophones ! J'ai été témoin de quelle façon ils sont bien servis, sans avoir à insister, dans tous, et je dis bien **tous** les centres hospitaliers et les CLSC du Québec. Eux, avec leurs propres hôpitaux... Avec leurs stations radiophoniques, les nombreux postes de télévision québécois, canadiens et américains, avec leur propre système scolaire bien nanti d'écoles à eux, avec leurs propres cégeps, avec leurs universités – raisonnablement unilingues –, avec leurs magasins, avec en plus cette panoplie de films et de revues anglophones, pour la plupart en provenance des États-Unis. Comme si ce n'était pas assez, on se sent obligés de mettre « Bienvenus / Welcome » sur les napperons de certain restaurants.

68

J'ai oublié de mentionner les menus bien bilingues dans la majorité des restaurants québécois, alors que nos compatriotes immédiats, les autochtones et nos visiteurs n'ont pas à se casser la tête pour apprendre : patate frite, steak, hot dog, toast, filet mignon, club sandwich et sundae en français, puisque ce sont nos serveuses qui s'obligent à le faire... « Don't shove French down our throats », nous disent, entre autres, plusieurs Anglo-Ontariens.

Lorsque j'ai quitté l'Ontario, il est vrai que j'ai dû laisser ma carte-santé dont le libellé était bilingue. Mais quelles batailles en Ontario pour faire vivre la contrepartie française ! La nouvelle que j'ai reçue – la carte-soleil – est unilingue française. Et Dieu merci pour ça. Des fois, je trouve qu'il ne nous reste que ça, c'est-à-dire, vouloir uniquement conserver notre image. Du moins, à montrer aux étrangers... Et puis encore !

* * *

Je maintiens quand même une certaine admiration, si réservée soit-elle, pour l'esprit de missionnariat de certains Anglo-Ontariens. À titre d'exemple, le chauffeur unilingue de la défunte compagnie Voyageur-Colonial (propriété d'un certain Paul Martin, ministre des Finances dans le gouvernement Chrétien, grand actionnaire en plus de Canada Steamship Lines, battant préférablement pavillon du Liberia, pour échapper au fisc gourmand de son pays natal... Paul Martin, un autre grand Canadien !)... Bon, bon, où en étais-je ?... À ce chauffeur d'autobus, disais-je bien, en provenance de North Bay, qui en stationnant son véhicule au terminus de Rouyn-Noranda, pouvait en un clin d'œil, transformer la langue de tous nos mécaniciens, à l'anglais. Et il réussissait sans effort aucun à faire de même avec les préposés aux colis et à la billetterie. Idem pour ce qui est du casse-croûte en annexe. Mais quelle force, quelle détermination ! Dieu sait qu'elles tiennent à leur langue, ces personnes-là ! Et avec quel apostolat ! ... Même le frère André n'était pas aussi habile en matière de conversions !

* * *

Mais que c'est pénible de vouloir vivre en français en Ontario ! Je comprends pourquoi certains de mes concitoyens en sont rendus là où ils sont. Je comprends pourquoi plusieurs ont tout simplement abandonné... Je me permets même d'affirmer que c'est absolument impossible d'y vivre en français... Par contre, je l'ai dit et je le répète : Si des Québécois étaient aussi fiers, aussi aux aguets et aussi militants que bon nombre de l'élite franco-ontarienne pour qui l'avenir est à ceux qui luttent, je ne me serais senti bien moins seul parfois dans ma nouvelle patrie québécoise.

Si jamais le Québec se sépare, nous vivrions toujours en bons voisins, mais... je n'aurais plus d'attentes, je n'aurais plus de frustrations. Il en serait ainsi pour un très grand nombre de mes compatriotes. Ce serait aussi plaisant et reposant pour moi de voyager en Ontario que de voyager aux USA !

* * *

LE MANITOBA

Je ne suis jamais allé au Manitoba. Mes propos seront donc brefs. Mais j'ai déjà eu l'occasion de communiquer avec les services de renseignements téléphoniques de la compagnie de téléphone pour obtenir le numéro commercial d'un ami... d'un ami tellement spécial. Bien sûr que je me suis adressé en français. Mais quelle réaction bête ai-je reçue ! « We do not offer services in French here ! » Voulant à tout prix obtenir mon renseignement, j'ai dû « switcher ». (Ce qui convaincra, bien sûr, la compagnie de téléphone du Manitoba à se fouter des services « bilingues » comme de l'an quarante.)

C'est vrai qu'il y a de bons îlots francophones au Manitoba, jadis province française. Mais ayant déjà entendu à la télé de la part d'un groupe de Manitobains, plus particulièrement lors des débats sur Meech... ayant entendu, dis-je bien, des propos anti-Québec, ma sympathie est tombée morte.

Enfin, le Manitoba, c'est le pays de Gary Filmon, de Elijah Harper et aussi de la voix même de l'Ouest... de celle que Jean Chrétien embrassa quasiment lors de l'échec de Meech : Sharon Carstairs... Chaque soir, je remercie les hautes instances du ciel de ne pas avoir cette dernière comme épouse... Et chaque soir, j'en suis sûr, Sharon remercie ses propres hautes instances célestes (en plus, sans doute, d'Immigration Manitoba) de ne pas avoir comme époux un certain « André Richard ».

Mais quittons le Manitoba sur une bonne note... Un mot de mon ami dont je cherchais le numéro. Que les Manitobains se sentent bien rassurés, ce dernier ne partage aucunement mes vues, ni ma dialectique... Et il ne les partagera probablement jamais. Peu importe ! Ce monsieur s'appelle Ronald Duhamel... le meilleur patron que j'aie eu dans toutes mes expériences de travail professionnel. J'ai eu l'honneur et le grand plaisir d'œuvrer sous lui, pendant une trop courte année, alors qu'il était directeur du bureau régional du ministère de l'Éducation à Nepean, en banlieue d'Ottawa. Un homme tout à fait extraordinaire. Un vrai chef. Un « motivateur », un meneur d'hommes (et de femmes, bien sûr)... Toujours très respectueux des autres, peu importe leurs points de vue, peu importe leurs visions des choses. Toujours respectueux des idées divergentes, sachant bien sûr glisser les siennes au besoin. Comme il savait toujours aller chercher le meilleur en nous ! Pour lui, il était important que chacun puisse aller au bout de lui-même. Combien il était important pour lui que chacun de ses employés puisse s'actualiser. Et il ne se sentait aucunement menacé pour autant. À bien y penser, n'avons-nous pas besoin, la plupart du temps, d'ailes plutôt que de freins pour pouvoir avancer ?... Imaginez ! J'étais arrivé depuis à peine trois mois dans son « mini-ministère » (moi qui n'y étais qu'à titre de prêt de service), il me demanda de me joindre, à l'instar des autres professionnels, à cet exercice qu'il avait mis sur pied, à savoir l'évaluation personnelle de sa performance en tant que patron. J'étais habitué à ce genre d'activité car, comme directeur d'école, je me faisais normalement évaluer par les membres de mon personnel enseignant, même si ça se faisait d'une façon beaucoup moins formelle. Remarquant ma timidité évidente à l'entrée de son bureau modeste mais fonctionnel, il me lança : « ... Et j'veux pas de "bullshit" ! » ... Et il prenait des notes en m'écoutant. Pour ce qui est de ses connaissances et de sa compétence, je ne lui arrivais guère à la cheville. Il n'était pas de ces espèces de

« manches à vent » que l'on voit aux bords des pistes aéroportuaires et dont l'unique direction, dont la seule orientation, est celle des vents dominants. Mais alors, il avait des couilles ce monsieur-là, des vraies, lui, Ronald Duhamel !... Il était à sa place, lui.

Quelle belle année j'aurai passée sous sa tutelle, œuvrant en compagnie de collègues anglophones et francophones fort compétents, oeuvrant aussi bien dans des écoles de langue anglaise que dans celles de langue française. Savez-vous comment certains collègues l'appelaient, ce monsieur Duhamel, à ce Bureau régional de la vallée de l'Outaouais ?... God ! Malheureusement, God a dû, lui aussi, changer de ciel un jour...

« Salut Vincent Caron !... Beau bonjour du Québec, Gerry George !»... Et enfin, salut Ronald !

Lorsque je rédigeais ce livre, Ronald Duhamel était toujours député libéral à la Chambre des communes. Je n'ai jamais compris comment Jean Chrétien avait pu passer à côté de ce brillant député du Manitoba pour se trouver un vrai chef « fédéraliste » afin de diriger l'action du NON pour sa campagne référendaire... On se souviendra, bien sûr, qui il a plutôt choisi,... en raison des nombreuses conneries qu'elle a dites... À bien y penser, c'est peut-être une bonne chose qu'il n'ait pas choisi Ronald Duhamel... Merci Jean !

* * *

LA SASKATCHEWAN

Je suis déjà allé à Regina... Deux fois plutôt qu'une... En avion. Le guichet d'Air Canada à son aérogare ne parlait pas français. Mon bulletin d'inscription à l'hôtel n'était pas libellé : Name/Nom, Address/Adresse, City/Ville, Company/Compagnie. Peu importe, j'ai pu fonctionner quand même.

J'y avais rencontré des dirigeants du ministère de l'Éducation de la Saskatchewan pour une entrevue. Comme question, pour ne pas dire « colle », l'un d'eux me demanda : « Some French people here want a system, the same as the English have in Quebec ! What do you do with rednecks like that ? » (Je traduis : Certains francophones

d'ici préconisent un système scolaire tel celui des anglophones au Québec. Qu'est-ce que l'on fait avec des « fana-
tiques » comme ça ?) Je ne me souviens pas hélas de ce
que j'avais donné comme réponse, mais il reste qu'on m'a
offert le poste sollicité. Pour des raisons d'ordre personnel
uniquement, j'ai dû décliner l'offre par la suite, en dépit de
mon acceptation initiale. Dieu sait qu'ils doivent bénir le
ciel aujourd'hui de ma volte-face, peut-être regrettable...
Mais ils m'avaient très bien traité... traité d'une façon des
plus hospitalière, suivant leur réputation.

Partons de cette province sur une note positive. La
Saskatchewan demeure la province natale de mon ami
Laurent Isabelle, qui réside maintenant à Ottawa. Un franc
Canadien français ! ... Une autre personne des plus admi-
rable, à mon avis.

* * *

L'ALBERTA

Je ne suis jamais allé là non plus. Il me revient
toutefois à l'idée l'histoire de Léo Piquette, ce député qui
s'était adressé à son Assemblée législative en français.
Résultat : le président de l'Assemblée l'expulsa... Le
député a dû s'excuser auprès de l'Assemblée pour pouvoir
siéger à nouveau.

Finissons, là itou, sur une bonne note... L'Alberta
demeure le chez-soi de Joe Clark, politicien canadien que
je respecte et que j'admire beaucoup. Même si...

Vraiment ! Je l'admire, ce monsieur. Il a toujours été
d'une droiture exemplaire. Ardent travailleur, il a toujours
été tenace dans l'accomplissement de ses tâches, en dépit
des rires et des sarcasmes qu'il recevait de plusieurs...
dont les siens... En dépit des coups de couteau qu'il a
reçus des siens... Je maintiens une grande admiration
pour ce noble politicien... et ce, quoi qu'en dise Lysiane
Gagnon !

Si nous avions eu des Joe Clark – homme de raison –
au lieu des Pierre Elliott Trudeau et des Jean Chrétien –
hommes de pouvoir – à la barre du Canada, la situation
constitutionnelle ne serait pas là où elle est rendue.

LA COLOMBIE-BRITANNIQUE

Je voudrais bien pouvoir y aller un jour, en Colombie-Britannique. Il paraît que c'est tellement beau... Vancouver et Victoria, avec leur printemps précoce... Jean Chrétien m'a quand même touché un peu avec son histoire des Rocheuses. Et puis, il y a le phénomène de la discipline sociale, dont s'extasiait notre belle Sylvie Bernier à *Salut Bonjour*! Enfin, je voudrais voir combien l'application du bilinguisme pancanadien est absurde puisque, pour eux, l'autre langue, ce n'est pas la langue seconde de Pierre Elliott Trudeau, c'est le chinois. L'autre groupe, ce n'est pas celui des francophones hors Colombie-Californienne, c'est celui des nombreux ressortissants de Hong Kong. Je voudrais leur dire combien je les comprends lorsqu'ils n'y voient rien dans l'épanouissement du fait français chez eux, même si eux aussi ont pêché plusieurs fois, par manquement et par étroitesse, contre les francophones de Maillardville, par exemple.

Mais je me devrai d'y aller avant que le Québec ne se sépare. Lucienne Robillard nous a bien avertis lors d'une de ses basses astuces préréférendaires. « Si vous pensez, menaçait-elle, une fois le Québec séparé, pouvoir vous promener librement partout au Canada comme ça, tout comme avant, eh bien, la réponse est non ! Fini ces bonnes années ! » Franchement, quand je pense que les Hell's Angels, les Satan's Choice, les terroristes palestiniens et sikhs, même les Américains, jadis séparés par la force de leur mère patrie, peuvent et pourront toujours voyager librement au Canada... jusqu'en Colombie-Britannique ! Mais pas les méchants Québécois. On va les punir, ces colonisés-là ! Alors, si je veux toujours y aller, va falloir faire vite, non ?

* * *

LE NOUVEAU-BRUNSWICK

Mes hommages d'abord à Frank McKenna. C'est un politicien que je respecte. Il dirige fort bien, semble-t-il, la seule province officiellement bilingue du Canada... avec le plus grand des respects pour sa minorité acadienne à part ça !

Sa province toutefois demeure un microcosme du véritable bilinguisme canadien... avec la majorité de ses territoires farouchement unilingues anglais — là où s'adresser en français a à peu près le même impact que de le faire en zoulou... Et avec ses agglomérations et îlots bien bilingues, s'assurant de protéger ainsi les intérêts de l'APEC.

Nous sommes allés à Moncton et à Shediac, où nous avons compté 75 affiches avec « lobster » avant d'en trouver une avec « homard »... Nous sommes allés à Bouctouche aussi, ville natale d'Antonine Maillet, où, dans un restaurant, la belle langue acadienne se chantait en parlures... Pourtant, aucune affiche française n'encadrait le modeste restaurant... ni à l'extérieur, ni à l'intérieur. « ... C'est parce qu'ils ne savent pas le lire, me disait bien humblement, la serveuse. » C'est vrai ! Vaut bien mieux ne pas avoir de lois pour protéger notre langue, pour la faire rayonner. Ce n'est que de la coercition... Plus facile de protéger les poissons !

Mais quelle belle langue que celle de l'Acadie ! Quel accent savoureux ! Plus pur par endroits, que le nôtre au Québec. Hélas ! un fier Acadien, maintenant Valdorien, me disait avec un certain découragement que l'assimilation était galopante là aussi. Dommage que le maire Jones et les CORE aient disparu ! On est toujours à son mieux quand on se fait fouetter un peu. On peut trop facilement s'endormir dans le chloroforme qui s'installe sinueusement quand on vogue à l'aveuglette.

*   *   *

LA NOUVELLE-ÉCOSSE

Un incident cette fois. Un incident qui se passa au Québec, dans un camping à l'orée de Rivière-du-Loup, belle municipalité située à plus d'une bonne centaine de kilomètres du pays voisin... J'étais assis comme ça, les yeux dans l'beurre, suite d'un excellent repas sur barbecue. Un groupe, qui sortit d'un véhicule et qui s'installa à côté de notre terrain, attira mon attention. Aussitôt jaillit une famille de quatre... ou cinq... Suivirent l'élagage de la camionnette immatriculée en « Nova Scotia », la levée de la tente, son rangement, la préparation de la table et du souper. Tout était devenu une véritable entreprise familiale. Chaque membre de la famille, grand ou petit, s'y prêtait selon ses moyens, selon ses talents, sans qu'on lui crie des commandements ou qu'on lui profère des menaces du genre de : « C'est la dernière fois que je te le dis... » Je voyais à l'œuvre une véritable ruche d'abeilles, bien disciplinées, comme sont habituellement disciplinées les familles anglophones. J'étais en admiration.

La dame a soudainement remarqué que l'homme d'à côté les zieutait. Elle fixa son regard vers moi ; j'en ai profité pour lui dire :

— Vous êtes une belle famille !

— Pardon me ?

— Vous êtes une belle famille !

— Whats-zat ?... Hold it, I'll get my daughter, she takes French in school ! (J'étais quand même ravi qu'elle reconnaisse que c'était du français !)

S'approcha de moi une timide petite fille d'une dizaine ou d'une douzaine d'années.

— Vous êtes une belle famille, répétai-je en surveillant encore mieux ma diction.

Un air perplexe se dessina sur son visage.

— Not sure, Mom, répondit-elle à sa mère en se tournant la tête... Something about a family !

J'ai souri, tout en prenant plutôt un livre pour m'y fixer les yeux, tout en me demandant derrière la tête si je n'avais pas avalé mon dentier en dégustant mon succulent souper.

Voilà donc pour les cours de français en Nouvelle-Écosse. Pauvre gens ! C'était peut-être la première fois, depuis leur arrivée au Québec, qu'ils se voyaient en face d'un Français aussi intransigeant. Ils ont dû penser avoir affaire à un agent de l'OLF, ou encore, qu'ils étaient épiés par un membre de l'Ordre de Jacques-Cartier... Mais non quand même, ils avaient l'air trop gentils pour penser à de telles sornettes... Un raisonnement de la sorte, m'aurait dit Roch Bouchard, professeur de philosophie, se définit comme de la généralisation à partir d'un particulier... J'en conviens !

En Nouvelle-Écosse, néanmoins, se trouve le joli village de Chéticamp, sur l'île du Cap Breton, un bastion et un phare acadiens ! Il y a 25 ans, ça parlait français là ; c'était français pas mal partout. Je me demande : L'est-ce toujours ?

Une bonne note pour conclure ! C'est de ce coin de terre (Halifax) qu'origine la très bonne émission de télé anglo-canadienne *This Hour Has 22 Minutes*... Absolument hilarant ! ... Y compris les bonnes farces sur le Québec... Un autre atout : la Nouvelle-Écosse porte aussi en son sein la très charmante chanteuse Ann Murray.

* * *

L'ÎLE-DU-PRINCE-ÉDOUARD

Quelle belle province ! Avec ses vallons et ses hameaux aux allures féeriques... Pas grand français là, cependant, en dépit des nombreuses gens de la Belle Province qui la visitent.

Un jour toutefois, j'ai osé commander, en français, une bière, dans un établissement de Summerside, dont la raison sociale était « Le Club français »... On ne m'a pas compris !

... Toujours une belle province quand même, cette Île-du-Prince-Édouard. Province qui, grâce à son meilleur tact sûrement, a su obtenir du gouvernement fédéral des éléments distinctifs que n'a reçus aucune autre province du Canada. Vive l'égalité pour tout l'monde, n'est-ce pas ! Alors, pas de distinction pour le Québec.

* * *

NEWFOUNDLAND

Je n'aime pas et je n'ai jamais tellement aimé les blagues sur les « Newfies » (non plus que celles voulant rire des Noirs), même si j'ai parfois péché à mon tour. Je n'aime pas que l'on rabaisse des humbles gens ainsi, pour essayer de montrer inconsciemment sa pseudo-supériorité. Les Terre-Neuviens, la plupart d'entre eux assurément, sont certainement du bon monde, des gens qui vivent, des gens qui aspirent, des gens qui ont droit à leur dignité, des gens qui veulent « être » eux autres itou... Et des gens pauvres, des petite gens, pour ne pas dire, des pepsis en puissance. Peut-être le diminutif « Newfie » est-il synonyme du mot pepsi ?

Pour ce qui est de la province de Terre-Neuve, cependant, je n'y suis jamais allé et il y a peu de chances que j'y aille un jour. J'ai encore trop sur le cœur le fait qu'on nous a volé, avec la complicité de notre cher gouvernement fédéral, notre riche Labrador d'antan.

Et puis, Terre-Neuve demeure la province du très populaire Clyde Wells, le grand « chum » de Jean Chrétien depuis la défaite du lac Meech... De cet éloquent Clyde Wells, aux virements de capot à la Guy Bertrand. Son successeur, Brian Tobin, ancien ministre des Pêches du Canada, se tire un peu mieux d'affaire avec un français quand même hésitant. Ça pourrait promettre, quoiqu'il fût loin d'avoir été doux envers le Québec, ce franc monsieur, lorsqu'il était collègue immédiat d'André Ouellet.

*   *   *

LE YUKON ET LES TERRITOIRES DU NORD-OUEST

Je ne suis jamais allé là non plus, mais j'ose croire que c'est un peu comme l'Abitibi. C'est austère, ses plus grandes beautés étant souvent inapprivoisées. C'est loin, très froid, les hivers y étant probablement encore beaucoup plus longs (...comme ici, on pose probablement des pneus 4-saisons aux chasse-neige). Comme moi, bien des gens éviteront d'y aller. D'ailleurs, comme pour ici en Abitibi, les sudistes pensent qu'il n'y a sans doute pas de route pour s'y rendre, même si les gens là-bas sont certainement des plus chaleureux et des plus hospitaliers. D'autres croient, peut-être avec raison, que même la poste ne se rend pas.

Cette brève comparaison doit prendre fin, toutefois, car, contrairement à cette Abitibi que j'adore, ça ne parle sûrement pas français là-bas. Le fédéral, malgré sa façade, y a certes vu.

Enfin, pour moi, un Canada bilingue n'a pas été une tentative pour répandre le bilinguisme « coast to coast ». J'ai plutôt vu un bilinguisme et un biculturalisme résultant d'un rendez-vous, d'un carrefour, provenant d'un bastion et d'un château fort bien français (le Québec) et d'une réalité bien unilingue anglaise telle qu'on la retrouve dans l'Ouest et dans les extrémités maritimes... Entre ces deux pôles, deux provinces (l'Ontario et le Nouveau-Brunswick) bien bilingues, recueillant de par leur géographie, les plus belles fleurs de chacun.

V'limeux va ! Me voici comme Pierre Elliott Trudeau et Jean Chrétien, mes pires ennemis... Je rêvasse en couleur ! ... Je rêvasse en couleur à la cartésienne !

A bien y penser, certains éléments de ce découpage sont déjà en vigueur. Reconnaissant que, dans un pays bilingue, on trouve des éléments distinctement anglophones et distinctement francophones, les forces armées canadiennes ont créé les fameux « Snowbirds », excellente équipe d'acrobates aériens. Et on les accepte partout, au Québec aussi, sans hésitation, on apprécie leurs enlevantes prouesses, on voit le fruit des nos impôts se consumer à des vitesses vertigineuses dans les nuages. On aurait pu, tout aussi innocemment sans doute, former une telle équipe en la nommant simplement les « Moineaux du Nord »... Canada bilingue : tantôt de l'anglais, tantôt du français ! Pourquoi pas ? L'acceptation aurait sûrement été la même partout au pays. Même à Calgary, on se serait rué pour les voir, non ?... Pas pour les voir s'écraser, mais bien pour les admirer, pour les applaudir, pour les louer, voyons donc ! « Ce sont des Canadiens ! » aurait-on dit.

* * *

Je me permets enfin de faire un lien entre cette scène, et la scène précédente, celle qui répondait à cet ordre de Félix Leclerc de « faire en 10 volumes une encyclopédie de la bêtise et de l'ignorance en pays québécois, pour référence à ces temps-là »... J'ajoute deux mots... deux autres mots pour réitérer cette bêtise et cette ignorance en pays québécois... deux autres petits mots, c'est tout :
D'IBERVILLE FORTIER.

*   *   *

On aura remarqué que je n'ai pas mentionné Preston Manning, en quittant l'une ou l'autre des provinces, l'un ou l'autre des territoires. Fidèle à mes habitudes, je finirai ces paragraphes avec une note « bémolée » à son endroit... Je le reconnais, monsieur Manning est un homme qui a une vision claire de ce qu'il veut, il a la force de ses convictions, étant prêt à aller jusqu'au bout pour les réaliser. Pour ce qui est du bémol cependant : en voici un autre qui serait prêt à nous envoyer l'armée, pour nous mettre à notre place.[1] Dommage que monsieur Manning n'ait pas été notre ministre de la Sécurité publique à un moment donné de notre histoire !

Il reste que, lorsque monsieur Manning deviendra chef de l'opposition, monsieur Chrétien s'ennuiera pas pour rire de notre Lucien Bouchard !... Il découvrira que monsieur Bouchard était, après tout, tellement doux, conciliant et rempli de bon sens !

*   *   *

Excusez-moi... Reposez-vous quelques instants. Je dois retourner au centre-ville de Rouyn, afin d'y trouver un autre produit pour compléter mes préparateurs de café... Si je vois des cossins Melitta... et si personne ne me regarde, je... je... Ben non ! Saudite conscience catholique !

*   *   *

---

[1] Si monsieur Manning tient à savoir ce que je viens de mentionner à son sujet, qu'il apprenne le français ! À la rigueur, qu'il ait recours à un bon finissant d'une des écoles françaises de sa province de l'Alberta. Cela donnera de la crédibilité aux programmes d'études de ces écoles.

Scène 5

LA MUSIQUE

Afin de ne pas faire souffrir ou scandaliser certains, je vous annonce au premier abord que je n'aime pas la musique rock, du moins, la moins légère. Je la **déteste**... aussi bien en français qu'en anglais. Pour ce qui est du « heavy metal », c'est grossièrement prostituer le mot musique que d'y attribuer le nom. Je ne voudrais pas non plus faire souffrir indûment ceux qui n'apprécient guère mes maux pamphlétaires au sujet de la qualité de leur radio dite d'expression française, dans ma belle Abitibi. Ça aussi c'est de la prostitution.

Cela dit, les adeptes de musique rock et ceux qui sont indisposés par mes maux pamphlétaires pourront immédiatement passer à la scène 6, sans s'arrêter à « Go », sans ramasser leurs 200 $... Qu'ils y aillent tout de suite !

Mais pour ce qui est des autres, qu'il me soit permis d'avouer en débutant :

J'aime la musique
La musique m'aime
Elle vit en moi
Surtout quand j'aime !

Parmi les éléments les plus nocifs faisant attaque à notre culture, parmi les éléments contribuant le plus à faire germer notre assimilation culturelle, il y a sans contredit l'invasion massive de la musique anglophone, issue en grande partie du phénomène de l'impérialisme culturel américain, phénomène avec lequel on doit vivre quand même tout en constatant malheureusement qui en sont trop souvent les meilleurs épiciers... Et en constatant qu'il n'y a aucune réciprocité dans les stations radiophoniques de langue anglaise, aussi bien celles du Québec que celles du Canada anglais, lorsqu'il s'agirait de faire quelque peu tourner certains chefs-d'œuvre musicaux des nôtres... Les purs adeptes de la musique anglophone peuvent dormir sur leurs quatre-z-oreilles, le poste anglophone est bien immunisé contre toute pollution musicale d'expression française... Même les radiodiffuseurs francophones l'ont voulu ainsi.

D'ailleurs, les commerces sous gérance anglophone, plus précisément ceux du West Island, ont beau jeu de recourir à ce phénomène pour redonner à leurs établissements l'atmosphère des bonnes vieilles années, alors que cette « ignoble » loi 101 (l'originale) les obligeait à afficher uniquement en français. On a vite trouvé un moyen pour remettre certaines allures en place : Un ampli de 150 watts, deux bonnes enceintes acoustiques, une station rock anglophone (ou son équivalent dans le réseau Radiomutuel) et le tour est joué... On se croirait à Coney Island !

Pour ce qui est des autres places publiques – centres commerciaux, restaurants, magasins –, situées dans des agglomérations plus francophones, l'atmosphère un peu plus de chez nous ne sera ternie qu'à 35%... grâce à la syntonisation d'une des stations « rock détente »...

Je suis bien d'accord que la musique est un art universel, qu'elle n'a vraiment pas de langue, ni de frontières. Mais cette universalité perd toute sa valeur, toute sa vitalité, lorsqu'elle quitte les frontières du Québec, pour ce qui est de la diffusion de la musique francophone en pays étrangers. « Universel », au Canada et aux États-Unis, veut habituellement dire le monde anglo-saxon.

J'ai bien dit plus haut « ... contribuant à l'assimilation culturelle » car certains, bien atteints du choc-de-lin, qualifient vite de « plate » et de « niaiseuse » toute pièce d'expression française... y compris, probablement, *La Langue de chez nous* de Yves Duteil. Ces derniers sont, à mon avis, déjà bien assimilés.

Les dernières pages de la scène 4 de mes *Insolences du bilinguisme* de 1987 faisaient état de ce concours public, sous la présidence du CRTC, ayant comme but l'émission d'un permis pour la mise sur pied d'une nouvelle station radiophonique FM pour ma ville, voire pour ma région immédiate d'adoption. Malgré les bonnes soumissions d'un humble homme d'affaires de Rouyn-Noranda (Normand Roy) et celle, fort bien étoffée et fort bien formulée d'un florissant homme d'affaires de la Vallée de l'or (Roland Hamel), la palme fut remportée par un groupe de l'extérieur, se voilant sous le sigle d'une compagnie à numéro. Contrairement aux deux premières soumissions, la « 1-2-3-4... » prônait un contenu musical francophone de 55% tandis que les gens de la place s'en remettaient aux

« strictes » normes établies par le CRTC, soit 65%, et que l'un osait même vouloir le dépasser. *Les Insolences du bilinguisme* devant être publié, mes lecteurs de l'extérieur n'ont jamais eu l'occasion de connaître (... je blague !) ce qui nous a envahi.

... Béding-bédang ! ... le nouveau « dance music »... le « feeling » de l'Abitibi était né, avec ses martèlements auto-promotionnels, avec ses animateurs (pour ne pas dire « ses aboyeurs ») aux accents affectés, avec ses nombreux concours dont l'énigme était habituellement une « star » américaine... Et non moindrement encore, avec son haut contenu de musique anglo-américaine... plus polluante (du moins sur le plan culturel) que les horribles cheminées de notre mine Noranda.

Succès fulgurant quand même. Les sondages BBM en faisaient état. C'est moi, selon les dires de son « propriétaire » gérant, qui ne voulais pas me joindre à la parade. C'est moi qui ne voulais pas harmoniser mon tam-tam à la cacophonie du sien. C'est moi qui ne voulais pas me mettre au diapason des gens « in » !

Je blaguais bien tantôt lorsque je faisais allusion à l'ignorance possible de mes lecteurs éloignés car les régions de Hull, Montréal, Trois-Rivières, Québec et Chicoutimi sont dotées du même béding-bédang. Grâce à des stratégies fort bien montées, les postes de Radiomutuel ont obtenu leur permis partout

Chaque fois que je syntonisais d'ailleurs notre nouveau bébé... par pure curiosité, je vous le jure, c'était presque toujours de la chanson anglophone qui passait. Pur hasard ? Il ne fallait quand même pas que j'en tire des conclusions officielles, généralisées, à partir de constatations particulières. (... J'ai réussi ma philo, savez !)

Un bon jour, grâce à un beau petit cadeau de la Société nationale des Québécois, on s'y est attelé à deux... Sièges confortables, écouteurs efficaces, paquet de disquettes, calepins, crayons... on note ! ... Et on nota toute la journée, de neuf heures du matin jusqu'à la fin de l'après-midi. Le 12 février 1990, je faisais état de mes trouvailles dans une lettre au CRTC, appuyée d'un ensemble de cassettes très bien enregistrées. Dans les mois précédents, j'avais souvent fait de nombreuses observations ponctuelles et des doléances répétées auprès du CRTC... « Rien de concluant, m'a-t-on dit, nous avons nous-mêmes fait des écoutes, et tout était dans l'ordre. » J'étais quand même heureux de voir que le CRTC d'Ottawa se préoccupait, sous sa propre initiative en plus, de vouloir préserver le contenu musical français de nos stations radiophoniques... Je vous ferai grâce de tous les détails que j'ai notés, de toutes les subtilités que j'ai remarquées, pour simplement en arriver à la conclusion globale suivante, suite à nos observations empiriques :

Chanson francophone : 44,0%
Chanson anglophone : 51,4%
Autres : 4,6%

... Ce qui voulait dire que nos pauvres artistes québécois, fiers d'exprimer leur talent en français, n'avaient que 44% de chances de le voir véhiculer sur cette station... sur cette station québécoise devant servir toujours les intérêts des Québécois.

... Accusé de réception et suivi du CRTC : « Étude invalide ! Ne mérite aucune action de "notre" part. Les normes du CRTC s'appliquent de 8 h 00 le matin à minuit et ce, sur 7 jours... Votre recherche n'est pas complète, impossible de conclure. » J'ai donc conclu : pas de contrôle durant la nuit. Il suffisait d'écouter cette station durant les petites heures du matin, pour constater (du moins, une fois – mon tympan n'en aurait pas été capable plus souvent) que c'est à 100% que la chanson anglophone tournait. Sans « restriction » aucune, on pouvait donc montrer son vrai visage. Pour ce qui est de la programmation de jour, là où les normes s'appliquent, comment vient-on à bout de manipuler les honnêtes normes du CRTC ? Pour le savoir, on n'a qu'à écouter « radio énergie »[1] le dimanche matin, entre 7 h 00 et 11 h 00, pendant que les « rockers » assistent à la messe ou se baignent dans une cérémonie liturgique aux chants grégoriens. À ce moment-là, on tourne du frog à 100%, question d'équilibrer sa moyenne.

Aujourd'hui, tout de même, ça s'est plutôt calmé à Rouyn-Noranda et en région. La grande majorité des commerces ne s'y branchent plus. Les nouveaux dirigeants

---

[1] Si on pouvait leur administrer du valium ou du lithium, pour ne pas dire du potassium ! Ils sont déjà trop enivrés d'américium !

de la station ont dû faire face à un nouveau compétiteur plus respectueux, et je crois que les nombreux établissements publics en ont eu enfin mare de cette assonance ahurissante et tribale... Et puis, peut-être le public serait-il devenu plus averti ? Enfin, ne sait-on jamais !

Mais il reste qu'une telle radio-vidange a toujours ses effets. Contrairement à ce que ses promoteurs disent, mais en plein accord avec ce qu'ils veulent, il y a un impact auprès des jeunes auditeurs. Est-ce que je me trompe ?... En mai 1996, dans la petite municipalité d'Évain à quelque 15 kilomètres au sud-ouest de Rouyn-Noranda, il y eut les Olympiades des talents de la région. Comme tout le reste du Québec le sait, la région est francophone à 96,5%, les autres étant plus ukrainiens et polonais qu'anglais. Tous les participants, donc, étaient bel et bien de chez nous. Toutefois, 95% des pièces que ceux-ci ont présentées n'étaient pas en français mais bien en anglais. Ce que l'on chante n'est-il pas le reflet de son âme, de son identité, de sa culture ? Réalisant ce triste fait par après, une des organisatrices s'est sentie embarrassée et honteuse jusque dans les tripes. Croyez-vous que ces jeunes « talents » sont et seront motivés à apprendre le français ? À le parfaire ? Seront-ils fiers d'« être » en français ? À mon avis, c'est un peu beaucoup notre culture qui s'effrite. C'est un peu beaucoup notre distinction, voire notre âme, qui prend le bord. L'événement était commandité par le club *Optimiste* local. Inutile de dire qu'il est très difficile de l'être...

Je vous avais dit que je n'aimais pas la musique rock. Si vous avez lu quand même, vous aurez couru après...

D'autre part, certains disciples inconditionnels de la chanson d'ailleurs seront peut-être absolument scandalisés d'apprendre que, parmi les pièces que j'ai le plus aimées durant ces dernières années, eh bien c'est le *For I Will Always Love You*, de la magnifique et fort belle Whitney Houston. (Vite, donnez-moi du valium !) Mais, à vrai dire, je ne la chante jamais en public... Pas au Québec, en tout cas !

* * *

La force de l'invasion américaine de notre humble culture s'explique avec toutes ces machines à marketing qui en sont sous-jacentes, des machines tellement bien rodées, comme celles faisant la promotion des films *Rambo* et des disques de Madonna, par exemple... Que pouvons-nous faire avec nos modestes subventions d'État ? Que pouvons-nous faire devant tous ceux qui s'y laissent prendre ? Car ce n'est que ça en fin de compte : un appât, un produit adulé par les techniques de la vente, un produit dont on fait la promotion avec force. La culture américaine est un produit que l'on **vend**. Nos chansons et nos films n'ont pourtant pas moins de valeur. Ils ne sont pas moins bons. Nos promoteurs ont tout simplement moins d'outils pour les étaler.

Ah ! si on avait de telles catapultes pour relancer *L'Île d'Orléans* de Félix Leclerc, *Gens heureux* de Stéphane Venne ! Si on pouvait reprendre les premières versions douces des enlevants chefs-d'œuvre québécois de Paul Piché ! Si on pouvait faire revivre à travers le Québec les harmonies de la chorale V'là l'bon vent, si on pouvait reprendre encore les grands succès de nos Fabienne Thibeault et Pauline Julien, de nos Jean Lapointe, des Brel et des Brassens, pour les rehausser aux sommets de nos palmarès ! ... Si on pouvait ! Peut-être que nos ados, ignorant tout de ces œuvres, viendraient à bout de les connaître ! Combien de ces ados (bien québécois) connaissent *La Mer* de Charles Trenet ? Combien de ces mêmes ados (toujours bien québécois) connaissent *I still haven't found what I'm looking for* du groupe U-2 ?... Et à l'école, on trouvera important qu'ils sachent la racine carrée de 125 !

Denise Bombardier nous parlait, lors d'une de ses conférences ici en Abitibi, du phénomène du « relativisme culturel ». Il s'agit en fait d'attribuer **une valeur** à quelque chose, une très grande valeur à une œuvre quelconque, non pas en raison de sa vraie nature, mais en raison d'autres facteurs qui lui sont inhérents tels : sa popularité, l'argent qu'elle rapporte, la personnalité que la véhicule, etc.

C'est pour cette raison que Wayne Gretzky, probablement le plus grand hockeyeur de tous les temps (pardon mon oncle Maurice ! tu demeures toujours l'excellent deuxième), Wayne Gretzky, dis-je, pourra étendre davantage les goussets de ses comptes de banque en endossant quelque produit que ce soit, des produits n'ayant rien à voir avec notre sport national. Et on les achètera aveuglément.

Savez... monsieur Gretzky ne s'y connaît vraiment pas en assurances-vie, en agences de location d'autos, en boissons gazeuses (oui, il a déjà endossé le Coca-Cola), en automobiles, etc. Mais, quand on est bon dans quelque chose, voire très bon, quand on est célèbre, les gens extrapolent ... Relativisme culturel ! ... La boisson promue par Wayne Gretzky devrait être bien supérieure... de beaucoup supérieure à celle promue par Ding (ou est-ce Dong ? Peu importe !)... Et Wayne Gretzky n'est pas un frog, lui !

Et notre Jojo à nous, maintenant admirée par tant de gens. Admirée comme... Je ne sais trop, mais admirée. C'est vrai qu'elle est devenue très très riche, notre Jojo... Elle fait des bidous, même aux États-Unis. À présent, Jojo peut dire n'importe quelle sottise, prédire n'importe quelle sornette, les gens la croiront. Elle est devenue crédible... Du relativisme culturel à son mieux !

Combien ne connaissent pas la « chanson » (faute de meilleur mot) *Thriller* de Michael Jackson. C'est nul autre que MICHAEL JACKSON qui la « chante » (toujours faute de meilleur mot), c'est également lui qui l'a composée. Il s'en est vendu des dizaines de millions d'exemplaires. Elle lui a rapporté des millions. Ce doit donc être une très grande œuvre artistique... d'une beauté rare !

Qui, par contre, connaît la belle chanson *Rêver* de Didier Barbelivien et de Paul Mauriat ?

— ... Qui ?

— ... Didier Barbelivien, c'est un Français !

J'ai eu la chance de m'en piquer une copie, merveilleusement bien interprétée par une chorale de jeunes de Charlesbourg, en écoutant l'émission *Les matins différents*, animée par notre André Lefebvre, sur la bande FM de la radio AM de Radio-Canada, et présentée en à-côté par notre meilleure station radiophonique FM locale. Bon ! Je vous accorde 3 minutes pour relire cette dernière phrase bien compliquée. Je vous accorde 5 autres minutes pour en comprendre les subtilités. En attendant, chantons :

Rêver ? On ne sait plus comment.
Pleurer ? On n'est plus des enfants.
Demain, le monde a deux mille ans.
Aimer, est-ce qu'on saura vraiment ?...

Ça ne doit pas être une très belle ni très bonne chanson, car rares sont ceux qui la connaissent (sauf les Morasse).

Et elle n'a certes pas rapporté grand argent à cette chorale de Charlesbourg ni à Didier-vous-savez-qui, ni même à son compositeur.

Que ceux dont la curiosité a été piquée cherchent, achètent ou piquent à leur tour. Mais quelle mélodie, quelles belles paroles, quel beau chant à l'aube de l'an 2000 ! Je sais que je compare peut-être des bleuets à des tomates. Je m'en fous. Ce genre de maïeutique ne faisait pas partie de mes cours de philo. De toute façon, de la musique c'est de la musique... et toujours « universelle », n'est-ce pas ?

Pas mal sûr que notre radio « pakattrain » locale ait déjà fait tourner ce magnifique *Rêver*. Voilà donc un bel exemple de l'application du phénomène du relativisme culturel. Ils ne jouent que des « hits », eux ! Voilà donc un bel exemple de ce qui risque d'arriver à une chanson qui s'avère pepsie.

Mais avez-vous entendu une chanson aussi plate, mais aussi plate, aussi quétaine, aussi cliché que *Free As A Bird* des fameux Beatles régénérés ? Et tellement « amélodieuse » à part ça ! Je m'imagine un pauvre quidam, de Saint-Vital-de-Clermont par exemple, inventer une chanson pareille. Peu importe le fait qu'elle soit en anglais, il ne se rendrait même pas à La Sarre dans une conquête anticipée du sud, avec une affaire comme ça. Mais *Free As A Bird* par les Beatles réanimés, soutenue par les gigantesques grues américaines, eh bien, succès instantané ! Succès fou ! Ce fut la ruée chez les disquaires de par le monde, avant même que leurs portes s'ouvrent. Et qui dira que ce monde n'est pas malade ?

Savez-vous pourquoi on appelle l'émission radiophonique du matin en Abitibi-Témiscamingue, *Les matins différents* ? (Revenez quelques paragraphes en arrière.) C'est parce que la musique qu'on y présente est exclusivement (merci à Radio-Canada et à André Lefebvre) d'**expression française**. Oui, en effet, ça fait « différent ». Il me semble qu'au Québec, ce sont les **autres** stations françaises à 65% qui devraient se qualifier de « différentes ». Mais non ! Saviez-vous qu'à part la radio de Radio-Canada, une seule station radiophonique d'expression française, dans tout le Québec, ne diffusait que de la chanson francophone (sans mentionner ses plages de musique classique). Oui ! Une seule ! Une seule qui se voulait la contrepartie québécoise des postes anglophones de tout le pays.

— Mais quel poste de grâce, il n'y en a pas !

... C'est-à-dire qu'il n'y en a **plus**... En effet, question de survie, CIEL-FM de Longueuil a dû emprunter une formule à l'image des autres stations radiophoniques d'expression française du Québec... Qui dira qu'il n'y a pas d'assimilation culturelle rampante au Québec ? Surtout pas Pierre Falardeau, j'espère !

Oh ! que j'en ai fait des démarches pour obtenir CIEL-FM par câblodistribution ici en Abitibi ! Ai-je réussi ?... Sudbury fait-il partie du Québec ? J'ose croire que ce n'était pas notre câblodistributeur qui était en faute. En réalité, ce dernier ne faisait que « câblodistribuer ». Il achetait ses ensembles de stations de la société Canadian Communications (CANCOM) de Montréal qui, elle, achetait peut-être ses services d'ailleurs. (Très compliqué, ce monde des télécommunications, n'est-ce pas !)... De toute façon, impossible de faire plier Cancom, dont un des actionnaires était je-ne-me-souviens-trop-de-qui. Néanmoins, on a pu bien facilement continuer à nous offrir par câble, des postes radiophoniques anglophones de Toronto et de St. John. Voir si on avait besoin de ça en Abitibi ! Anglophobe comme certains me disaient, j'avais même fait des revendications afin que vienne enrichir notre grille, la radio FM de la CBC, telle celle de Radio-Canada qui, en dépit de ses trop nombreuses parlures, nous donne un certain dosage de belle musique classique.

*   *   *

S'il était coutume de dédicacer des sections de livres, voire des sections de scènes à quelqu'un, je le ferais avec grand honneur à l'endroit de Yves Duteil qui, lui aussi, entreprend une campagne de francisation similaire des ondes radiophoniques de son pays, la France. Paraît que c'est encore pire qu'ici... Et de la résistance, il en reçoit. Cette opposition, vient-elle de l'Angleterre ou des USA ? ... Voyons donc !... Des siens, qui d'autres !

*   *   *

Sur un tout autre plan, d'où vient de grâce ce besoin, voire cette drogue, d'imprégner de la musique partout ?... Dans les couloirs des centres commerciaux, dans les magasins, dans les épiceries, dans les restaurants. On la projette même sur les trottoirs, affichant très souvent des couleurs qui ne sont pas les nôtres. On dirait qu'on ne veut tout simplement pas nous laisser seuls avec nous-mêmes. Entre amis, dans les brasseries par exemple, elle est souvent tellement forte qu'on ne vient pas à bout de s'entendre parler ... Très bon pour la digestion en plus. Mais, c'est la mode ! ... Je m'imaginais l'affiche suivante à l'entrée de notre épicerie préférée. (Alléluia, mon épouse et moi avons découvert Métro Tremblay !)

EN VEDETTE CETTE SEMAINE
Café Van Houtte : 13,95 $ le kg
Fromage Dallaire : 1,09 $ les 100 g
Sirop Maurice-7 : 4,19 $ le litre
Saucisses de Sault-Ste-Marie : 2,99 $ le gallon
Tomatine de chez nous : 3,45 $ le bocal
Tide : 38,00 $ le baril

AGRÉMENTÉ PAR*
de 9 h 00 à 10 h 00 - Céline Dion
de 10 h 00 à 11 h 00 - Madonna
et de 11 h 00 à midi - Elvis Presley !
*... autres stars à venir

Mais qui va faire ses emplettes pour écouter de la musique ? À bien y penser, combien peuvent dire, en sortant (magasins, restaurants inclus) : « J'ai entendu tel morceau, c'était beau ! » Combien pourraient répéter quelques paroles particulièrement savourées ? Lorsqu'on omet de mettre, pour ne pas dire claironner, cette agaçante musique, personne ne s'en plaint, il n'y a aucune ruée vers la gérance. D'ailleurs, le gérant est déjà occupé avec moi qui chiale comme d'habitude. Ce n'est pas en fait de la musique que l'on véhicule, ce n'est que du bruit que l'on fait.

Mais on s'est fait tout un répertoire de défense. Entre autres, on m'a dit que les employés ne l'entendaient même pas. Ça me fait penser à cette dame qui portait des chaussures trop petites pour ses pieds... Après un bout de temps, elle ne sent plus rien. Mais quel soulagement le soir, lorsqu'elle les enlève ! Quel repos ! La fatigue était-elle due à un excès de marche ? Pas du tout !

Un jour, justement, j'ai rencontré mon épicier préféré à la Société des alcools... (J'y faisais des emplettes pour ma femme !)

— Salut ! lui dis-je.

Le voyant de bonne humeur, j'ajoutai :

— On est bien ici, la musique n'est pas trop forte.

— Elle n'est pas forte chez nous, répliqua-t-il. (Relire le paragraphe précédent)... Vous, monsieur Richard, vous n'avez certainement pas de radio chez vous ! (Il insinuait, bien sûr, que je n'aimais tout simplement pas la musique.)

— Mais au contraire, j'adore la musique. Vous devriez me voir la chaîne stéréophonique... J'aime y goûter, la savourer, j'aime m'y plaire à mon rythme. Je l'aime même comme saine et douce ambiance à certains moments. Je n'aime pas, toutefois, y être confronté. Je n'aime pas être attaqué d'une façon aussi inopportune. Je n'aime pas la voir traiter comme des vieux « kleenex » que l'on garroche un peu partout dans l'environnement.

Mgr Jean-Guy Hamelin, bon évêque du diocèse de Rouyn-Noranda, écrivait dans un de ses billets hebdomadaires : « Bienheureux le jour où le bruit se fit musique. La musique nous fait grandir par ses accords harmonieux et enchanteurs. Elle touche aux plus sensibles fibres de notre être. Elle nous achemine vers une plénitude que nous ne révèle pas toujours le quotidien de nos existences... » Pensez-vous que la musique dans les couloirs du centre commercial ou dans les appareils téléphoniques nous fait ça ? Hélas, moi je dis : Maudit soit le jour où la musique se fit bruit !

Ça me fait penser un peu à un pissenlit. Savez, c'est beau un pissenlit. Belle couleur, forme symétrique, pétales uniques... Mais c'est qu'il y en a trop. Ils poussent partout. On ne peut plus les apprécier. Ils ont perdu leur valeur. On ne remarque plus leur beauté. Ils n'ont plus aucune fraîcheur, aucune originalité. Ils ont perdu leur unicité. Ils étouffent les autres belles plantes et fleurs. Il y en a trop, ils champignonnent partout ! On se conditionne à ne plus remarquer les pissenlits (sauf quand ils sont chez nous) même s'il y en a des milliers et des milliers. Certains tiennent même à les détruire. (Ça, ça doit être moi avec la musique dans nos endroits publics.)

Meilleur exemple encore. Dites ! Combien êtes-vous êtes émus, combien vous fait vibrer l'écoute de *Les anges allô campagne* ou *Il aîné le divine enfant* et toutes les autres mélodies dénaturées du genre, lorsqu'elles passent à côté de vos oreilles, chez Kinidzen Taher par exemple, quelque part entre le 20 et le 24 décembre ?... Alors que ça fait à peu près deux mois qu'on vous les bombarde ? Avez-vous le goût de dire « Alléluia » ? Est-ce que vous arrêtez subitement le shopping[1] de vos pneus à neige et du « lave-glace-en-spécial » que vous voulez donner en cadeau à votre belle-mère, pour en savourer encore une fois les touchantes paroles ?... Est-ce que vous vous arrêtez pour vous replonger dans l'esprit des Fêtes, que vous étiez en train de perdre ? Dites ! Vous vous ruez certes vers le téléphone le plus proche pour appeler la DRAT[2], au cas où on la jouerait encore à partir de leur piton d'attente agrémenté de leur saudit bidule... Dites !

Dire qu'on tient jusqu'à la véhiculer par l'entremise des attentes sur les appareils téléphoniques. Et dire qu'ils sont nombreux les établissements qui le font. Ça aussi, ça fait « dans l'vent ! »... Devoir véhiculer la musique de nos postes de radio, dans nos bons établissements francophones québécois... de la chanson à 35% à l'image du monde d'à côté... Et souvent fort à part ça ! Comment les *véhiculeurs* peuvent-ils en vérifier l'intensité ? Ceux qui les installent ne l'entendent jamais, c'est un cadeau pour les gens qui appellent de l'extérieur... Pas question de les laisser 20 secondes en état d'introspection. Faut y voir... faut que la drogue se propage.

Vous êtes-vous déjà acheté un disque compact pour l'écouter d'abord sur un appareil téléphonique ? Vouloir faire du téléphone un médium musical, c'est vouloir faire d'une laveuse à vaisselle automatique, une repasseuse de vêtements. Ce n'est pas fait pour ça.

---

[1] Expression étrangère, tirée de la une du *Devoir*.
[2] Voir cinq paragraphes plus bas.

Mon ancien bureau se voulait bien dans l'vent, lui itou. Dieu sait que j'en ai fait des interventions auprès de mes supérieurs pour enlever ça. Ai-je réussi ? Le pape est-il musulman ?... Devant mon insistance, on s'en est remis au grand conseil des employés. Vous auriez dû voir la résistance. « ... Mais nous sommes le ministère de l'Éducation, persévérai-je, le ministère de l'Éducation du **Québec** ! » (Je me demandais qui éduquait qui... Nous n'avions pas affaire à propager de la musique commerciale sur nos téléphones... de la musique à 35% anglophone en plus.) Vous auriez dû sentir le malaise, vous auriez dû ouïr la fermeture d'esprit. Un bon collègue avoua que d'entendre de la musique comme ça, dans les appareils voisins, eh bien ça le reposait, ça le relaxait. Un autre, plus cultivé celui-là, avança qu'il serait mieux si nous avions en région un poste entièrement dédié à la musique classique... Hélas, si cela avait existé, je me serais informé au préalable pour savoir à quelle heure on aurait présenté le *Lac des cygnes* de Tchaïkovski pour pouvoir dire à mes partenaires de m'appeler.

Mais un tour de table l'emporta de justesse pour ce qui est de son retrait... À peine trois courtes semaines plus tard, la Direction donna l'ordre de débrancher au collègue habileté, toujours fasciné par ces choses-là, aimant toujours manipuler ces bébelles-là. Oui ! ... de tirer les fils. Ce qui fut fait subito presto.

... Depuis ma retraite, la musique en attente est hélas revenue à la DRAT du MEQ (la Direction régionale de l'Abitibi-Témiscamingue du ministère de l'Éducation du Québec)... Enfin, on aura la paix ! Vive la m'lasse !

S'inspirant, à cette époque du moins, de la belle ambiance de notre Bureau, une des commissions scolaires avec laquelle nous faisions affaire, voulait sans doute nous imiter... Ou est-ce nous qui l'imitions ? Non, car elle, c'est sur une véritable radio « pakattrain » qu'elle s'était branchée... On se serait cru en communication avec Toyzarosse... Un établissement francophone d'éducation ! Imaginez la boutade qu'une certaine personne me lança lorsque je lui envoyai bien faiblement quelques fléchettes comme ça au sujet de son bruit téléphonique... Par pur professionnalisme, encore aujourd'hui, je me refuse de nommer cette commission scolaire... Pour préserver l'honneur des autres, cependant, précisons qu'il ne s'agit pas de celle de Rouyn-Noranda, ni de La Sarre, ni du Lac-Témiscamingue, ni d'Amos, ni de Malartic, ni de Val-d'Or, ni de Lebel-sur-Quévillon, ni même de celle du Nouveau-Québec... J'vous l'ai dit que je ne vous le dirais pas ! N'essayez donc pas de me tirer les vers du nez.

*   *   *

Un jour, je suis entré dans une école secondaire polyvalente de la région, afin de rendre un petit service à quelqu'un. C'était durant l'heure du midi et j'ai dû passer juste à côté de la cafétéria, après m'être embourbé dans les nombreux mégots de cigarettes qui tapissaient le seuil d'entrée, pour ne pas dire, le vestibule.

« Béding-bédang, whakanaloveyou, gimme mowe time to... » explosait, de plein train, un vacarme infernal provenant d'immenses enceintes acoustiques, scrupuleusement placées autour de cette salle, que certains qualifiaient de « salle à manger ». Une vraie foire ! Par contre, tout semblait fonctionner à la normale, ce n'est que moi qui en frissonnais... C'était, à ce que l'on me dit, le concert d'**ambiance** du midi... à l'intention des étudiants.

Me trouvais-je bien dans un établissement scolaire ? Étais-je bien dans un centre d'enseignement ?... Me retrouvais-je par erreur chez un débosseleur d'automobiles ? Bien non ! Les nombreux détritus par terre m'ont vite confirmé que j'étais bien dans une école.

Ah ! si les responsables avaient connu le *Canon* de Pachelbel ou le grégorien ! À vrai dire, c'est perçu comme joliment plate le *Canon*. Et le grégorien n'a certes pas sa place dans cette situation. Mais comment en venir à apprécier ces genres d'œuvres ? Celui qui ne se nourrit que de hot dogs et de croustilles peut-il en arriver à apprécier le chou-fleur gratiné, le filet-mignon, les langoustines ?

La plupart de ces habitants, en fait, avaient l'air bien conditionnés, pour ne pas dire bien immunisés contre tout ce bruit, chacun vaquant à sa mangeaille, chacun vaquant à ses loisirs... Mais d'où vient cette permissivité, d'où vient cette tolérance pour polluer ainsi l'air d'une école, l'ambiance d'un centre d'éducation et d'apprentissage ? Se pourrait-il que le seul critère pour embaucher des préposés à la vie étudiante soit celui de pouvoir, à tout prix, se faire accepter et aimer par la gent scolaire?

Tout d'abord, c'est antipédagogique. Avec le temps, ces élèves, se blindent vite, inconsciemment peut-être, d'une véritable armure afin de pouvoir y survivre... Certains avaient l'air d'ailleurs complètement blasés. Comment donc, à peine quelques minutes plus tard, se désenivrer et porter attention à des affaires comme le théorème de Pythagore, le phénomène de l'érosion, le civisme, le concept de l'adverbe? Pauvres professeurs! En plus des nombreux parents qui les trouvent absolument gâtés, voici que leurs propres proches, travaillent **contre** eux. Ces profs ont vite eu, encore une fois, toute ma sympathie... Ma triste sympathie.

Et cette «musique» (faute de meilleur mot, toujours) n'était pas de chez nous. Le phénomène se voulait même, entièrement anticulturel. L'âme dite française de nos écoles (du moins de celle-là) était en train de subir le même sort que celui réservé jadis au phénomène «Dieu», sous l'égide de nos écoles dites «catholiques». J'aime bien l'approche empruntée par les dirigeants de l'école polyvalente La Forêt du conseil scolaire Harricana, approche selon laquelle chaque professeur de l'établissement est un professeur de français, même s'il ne l'est pas d'après sa charge...

Peut-on se surprendre que des groupes «musicaux» qui se forment dans les écoles, qui en émanent, se donnent des noms tels «Name» ou «Deep'n Delicious», pour «chanter» (faute de...) uniquement ou essentiellement en anglais?... Et ça, dans nos établissements scolaires d'expression française **du Québec**... là où l'on ne devrait pas avoir de loi 101 pour valoriser notre langue, pour lui donner de la crédibilité, pour l'afficher purement!

Il y a quelques années, dans le cadre d'un congrès pédagogique de l'Abitibi-Témiscamingue, j'assistais (je précise que je n'ai pas utilisé le terme «participais») à un atelier donné par un professeur d'anglais langue seconde à l'école secondaire Félix-Leclerc de La Tuque. (Continue à faire des «bôdodos», mon cher Félix, vaut mieux ne pas te virer; continue à te reposer en paix, je m'en occupe de celui-là.) Cet enseignant se targuait d'avoir à sa disposition et de pouvoir utiliser tout un bataclan rattaché au monde de la musique rock... et du « heavy metal » évidemment (disques, vidéoclips, revues, etc.) pour motiver ses étudiants, pour développer des attitudes, pour faciliter l'acquisition de connaissances... en anglais langue seconde. Et pourquoi pas ? Ils étaient là ! Je suppose que si les bons professeurs de français en avaient autant (pas pour le rock néanmoins), ils feraient de même, en bons pédagogues. Toujours est-il que ce professeur nous faisait part de ces éclatants succès. Car s'il avait eu des insuccès, les organisateurs du congrès ne l'auraient certes pas invité. Ça faisait, en réalité, la deuxième année qu'il y était accueilli, et c'est lors de cette deuxième et dernière fois que je me suis permis, par pure curiosité, d'assister très discrètement à son atelier. Je constatai que les éléments culturels reliés en grande partie à certains groupes d'artistes « guibous », pour ne pas dire « drogués », envahissaient nos écoles et que ces derniers étaient présentés en toute candeur comme de véritables héros, comme de véritables modèles. Le tout se clôtura par une vidéo démontrant comment les jeunes Latuquois s'y adonnaient et voulaient fièrement les imiter. Des sentiments d'envie, d'irritation, voire de colère, bouillonnaient en moi... Pour bien exploser par après.

J'ai écrit à ce monsieur, avec copie conforme à la direction de l'école... Aucune réponse de part et d'autre. Je ne publierai pas le texte de ma lettre. On pourrait – et avec raison – me qualifier de « méchant ». C'est un peu vrai que je l'ai été. Après tout, ce monsieur ne faisait que son métier. Mais, pour moi, une école est toujours un endroit où des bonnes valeurs sont véhiculées. Dans ce cas, ce ne l'était pas.

Comme je le disais précédemment, l'âme dite française de nos écoles est en train de prendre le même bord que... Pauvres professeurs de français encore une fois ! Quelle énergie doivent-ils déployer pour faire vivre le français, pour le faire aimer, pour le faire correctement apprendre... Car pour apprendre, ça prend d'abord et avant tout de la motivation, n'est-ce pas ?

Notre langue et notre culture sont-elles vraiment menacées au Québec ? Est-ce que ça existe incontestablement, l'assimilation culturelle ?... Assimilation qui pourrait mener à d'autres stades d'assimilation ? Voyons donc ! C'est un paranoïaque ce Richard-là !

*   *   *

Les répétions de l'Orchestre symphonique de Montréal, sous l'habile direction de Charly Dutoit se font dans quelle langue, vous croyez ? « No, I am not telling you ! » Voir à ce sujet l'« attrape-22 », page 43, pour en justifier la triste réalité !

*   *   *

Voulant confirmer un renseignement au sujet d'une ancienne élection américaine, j'ai communiqué avec l'ambassade américaine à Ottawa, capitale de ce pays bilingue, après en avoir trouvé l'inscription (en français) dans l'annuaire téléphonique.

— American Embassy...

— Bonjour ! Je voudrais avoir des renseignements au...

— Sorry !

— Des renseignements, s'il vous plaît, au...

— Sorry !

— Mais vous êtes au Canada, madame, un pays bilingue !

— Clic !

Probablement que l'on dessert ainsi la population dans son ambassade à Paris, itou. De toute façon, les Français en seraient fiers, eux qui aiment tellement se masturber à l'anglaise. L'institut Pasteur, à lui seul, en justifierait le fait.

Ça me surprend quand même un peu beaucoup avec les Américains car ils sont beaucoup plus ouverts, beaucoup plus sympathiques à l'endroit du français, que peuvent l'être nos concitoyens du Canada. (Un peu comme nous avec les Noirs... lorsqu'ils ne nous menacent pas !) On a sans doute remarqué les affiches « Merci Québec » dans les gradins de Denver, lors de la série finale de la coupe Stanley, au printemps[1] de 1996. « Merci Québec » pour votre saint Patrick ! Il en fut ainsi lorsque nos travailleurs d'Hydro-Québec, à la demande, selon les rumeurs, de Matthew Coon Come... lorsque ces travailleurs, dis-je

---

[1] ... ou fut-ce à l'été plutôt ?... À l'automne peut-être ? La saison de hockey est tellement longue !

97

bien, allèrent les dépanner après un violent ouragan, il y a quelques années... Phénomène d'« affichage en français » que l'on ne verrait jamais à Hamilton, Winnipeg ou Nanaimo. Peut-être à Saut-Sainte-Marie ou Ingersoll, oui ! Mais sûrement pas ailleurs.

Il y en a qui croient que réclamer du français, n'est qu'un entêtement à vouloir dire « pain » au lieu de « bread », ou « bonjour » au lieu de « good morning »... qu'une espèce de marotte pour entendre *Tout va changer* de Michel Fugain (plutôt que *Shake, Rattle & Roll* de Bill Haley), interprétée par sa chorale préférée. Pas du tout ! Le français, c'est l'expression, voire le prolongement, de ce que je suis. C'est donc une question de respect, de dignité, de vouloir « être », chez moi, chez nous !

Plusieurs des miens, bilingues (... et tant mieux pour eux !) vont tout de go abandonner leur langue, vont mettre de côté leur fierté d'être pour se plier sans hésitation à la langue de Shakespeare... chez eux ! Les plus illustres et les plus en évidence de ces chocs-de-lin se retrouvent parmi les hommes d'affaires, les libéraux et enfin – ne le disons pas trop fort – parmi certains politiciens péquistes dits « convaincus »... Me vient à l'idée cette image d'un Alain Dubuc qui ne pouvait pas assez se tourner la langue, pour pouvoir mieux embrasser les pieds de l'imposante Sharon Carstairs, qu'il recevait dans ses bureaux de *La Presse*, grand quotidien français de l'Amérique du Nord, situé dans le Vieux Montréal, au Québec, en ce Canada bilingue. Et lui qui parle anglais un peu comme je parle le suédois ! Alors on croira que la prostitution, ça ne se fait que dans les alentours des rues Saint-Laurent et Sainte-Catherine, par des demoiselles en costumes de poupées très voyants, ou encore par des gars « cute », décorés de gros colliers et de boucles, pendantes ou pas, aux oreilles !

* * *

Certains de mes contestataires, pour ne pas dire de mes ennemis, diront tout simplement que c'est un véritable mur de plomb, de quelques mètres d'épaisseur que ce pamphlétaire voudrait mettre tout autour du Québec... Absolument pas ! La culture américaine, la bonne aussi bien que la mauvaise, réussira toujours à pénétrer au

Québec. La bonne (tel le film *La Société des poètes disparus*, avec le très bon Robin Williams) sera toujours plus que la bienvenue. Il y aura toujours des stations de télévision et des postes de radio d'expression anglaise au Québec. Pas question d'enlever ça ! Nos kiosques à journaux seront toujours bien nantis de journaux et de revues d'expression anglaise, en provenance du Canada anglais et des États-Unis. Les Québécois anglophones et francophones demeureront toujours ouverts à les obtenir, à vouloir s'y enrichir. Peut-on en dire autant de ce qui réservé aux nôtres... à notre attirail culturel, dans les établissements commerciaux et autres étalages du Canada anglais ? Essayez donc de trouver *Le Devoir* chez un dépanneur de North Bay ou dans un hôtel de London !

Pour ceux encore qui me croiront absolument borné, je me permets de me dévoiler un peu plus. Je lis assidûment, comme tant d'autres Québécois, la revue américaine *Time*[1] depuis des années. Je lis le magazine *MacUser* (en plus de bien connaître *SVM Macintosh*). J'ai été abonné à *Consumers' Report* pendant des mois et des mois. Une impressionnante partie de mes disques, comme chez tant d'autres « bons » Québécois, sont d'artistes d'expression anglaise (John Denver, entre autres). À la télévision, j'aime bien regarder *Street Legal*, *Royal Canadian Air Farce* (drôle à mort !), les nouvelles à Global, l'excellent *Sixty Minutes* et le football américain. En plus, à mon humble avis, ça vaut la peine de comprendre l'anglais uniquement pour pouvoir lire et savourer les œuvres de Leo Buscaglia sur la vie et l'amour. Je corresponds (en français quand même) avec des gens qui m'écrivent forcément en anglais (dans certains cas, en plus, de la part d'anciens élèves d'écoles franco-ontariennes). Je reçois des lettres en français, rédigées à partir d'ordinateurs qui

---

[1] Excellente revue qui raconte et qui réfléchit en américain et en anglais. Or, je trouve ça bien normal et fort correct pour la revue *Time* d'être ainsi. En la lisant, j'en apprends sur eux... Mais, c'est lorsque *La Presse* ou encore Lysiane Gagnon raconte et réfléchit en américain ou en anglais, que ça m'enrage ! ... et lorsque cette dernière raconte et réfléchit en vraie petite bourgeoise, en plus ! Toutefois, je le reconnais, il y a de ses textes qui sont très à point... pas « toutes » cependant !

ne savent pas hélas reproduire les caractères français... sans me fâcher ! Enfin, je suis même abonné au réseau Internet... Dois-je en dire plus ? On me dira maintenant « vendu » ! ... Ce n'est guère par vantardise que j'ose m'exprimer ainsi. Je ne veux qu'énoncer un humble mais véritable fait... Et j'achète toujours mon essence chez Petro-Canada !

Finalement, devenir souverain ne veut pas dire s'isoler, se renfermer... Y a-t-il des pays aussi souverains, plus indépendants que les États-Unis ?... Ou encore le Japon ? Dieu sait que ces derniers, comme tant d'autres, demeurent bien ouverts sur le monde. Dieu sait qu'ils ont toujours besoin des autres pour subsister, pour puiser, pour s'étaler, pour « être ».

Alors pourquoi en serait-il différemment pour le Québec ?

Moi aussi, si j'y étais pour quelque chose, je chercherais une paix juste et honorable avec le Canada anglais. Une paix sans hargne, une paix sans vengeance. Les futiles chicanes ont assez perduré.

Et puis, je veux nous garder avec tout ce que l'on a, avec tout notre potentiel... Je veux nous protéger, nous consolider, batêche ! L'assimilation linguistique dont je faisais état dans mes paragraphes portant sur l'Ontario, est déjà bien existante au Québec... Plus particulièrement dans le comté de Pontiac, en périphérie ouest. On n'aura qu'à consulter à ce sujet l'étude faite par le mouvement Impératif français d'Aylmer[1], sous l'habile direction de monsieur Jean-Paul Perreault.

J'ai fort bien appris que dans des cas extrêmes, dans des cas impossibles, la solution est dans les bons traités, les bonnes ententes... le bon divorce qui nous fera respecter tels que nous sommes. C'est un peu beaucoup pour ça que j'ai nettement évolué, au cours des années, envers et pour la souveraineté.

* * *

---

1 Impératif français, case postale 449, Aylmer* (Québec) J9H 5E7
  * Alias Laker...

La dernière Cène, pour cette scène

Pour vraiment savourer cette scène, pour vraiment comprendre ce qu'elle m'a fait, pour pleinement apprécier la portée de cette scène, il faudrait que vous **relisiez** le paragraphe commençant par « Mais il me reviendra toujours à l'esprit... » à la page 62 de mes *Insolences* d'antan. Bon ! Je vous donne 15 minutes pour vous piquer le texte. En attendant, poussons une petite chanson :

> *C'est une langue belle*
> *À l'autre bout du monde*
> *Une bulle de France*
> *Au nord d'un continent*
> *Sertie dans un étau*
> *Mais pourtant si féconde*
> *Enfermée dans les glaces*
> *Au sommet d'un volcan...*

Bon ! J'assistais à un spectacle de choralies, regroupant des formations abitibiennes ici à Rouyn-Noranda, en ce 24 mars 1996. Vingt-quatre mars ! Normalement, fête de saint Gabriel archange, celui qui a jadis fait l'annonce à cette femme qui s'appelait Marie... Était-ce Marie-Louise ? Golda ? Ou fut-ce Jocelyne ? Souviens plus ! Peu importe, continuons... Après avoir subi un tas de petits « pépins » d'ordre organisationnel avant le spectacle, j'ai remarqué que le premier et le dernier numéro de la première partie étaient de langue anglaise. La première chorale, originaire d'un petit village à quelques pas de La Sarre[1] d'ailleurs, avait fait de la pièce de la comédie musicale américaine *Fame*, le clou de sa présentation. De mon siège, je pouvais voir en plus que tous les membres de la chorale portaient le même costume, à savoir un gaminet noir accentué par une inscription quelconque.

Immédiatement après cette présentation, j'ai bondi de mon siège pour me rendre dans la salle commune et demander bien calmement d'adresser quelques mots à la directrice... discrètement.

— Bonjour, je suis André Richard, félicitations, chère madame ! Je trouve que votre chorale chante très bien !

— Merci !... Merci beaucoup !

---

[1] ...Voir mappemonde : 80° de longitude, 50° de latitude.

101

— Toutefois, madame, êtes-vous déjà allée à un concert de chorales, soit à Calgary ou encore à Kikland Lake pour constater que la programmation d'une soirée ne débutait certes pas avec une chanson de Gilles Vigneault, par exemple, et ne se terminait pas par un chant de Félix Leclerc ?

— Non, je ne sais pas ! Pourquoi ?

À ce moment, j'aperçus l'inscription sur son gilet et sur ceux de tous les autres choristes, qui disait : *FAME*... Mon thermomètre sitôt monta à 100°... Celsius !

— Madame ! La réponse est un « non » sans équivoque. Pourquoi donc donner tant d'importance à la chanson anglophone alors que nous aurions tant besoin de faire la promotion de notre propre musique, ici au Québec ? Tant besoin d'autant plus qu'il n'existe aucune réciprocité de leur part devant nos propres présentations de chansonnettes d'expression anglaise, au Canada anglais... Enfin madame, au lieu d'avoir mis « *FAME* » sur vos gilets, vous auriez pu inscrire « FEMMES » à la place ! Vous auriez par conséquent étalé ou valorisé une cause beaucoup plus noble, beaucoup plus digne... beaucoup plus près de vous[1] !

— Écoutez, monsieur, si vous voulez du français, allez-vous-en donc **en France** !

Hélas, j'ai dû quitter, rouge de colère... et de douleur au cœur. Non ! pas de mon propre gré mais grâce à celui des gardiens qui m'ont demandé, poliment quand même, de quitter les lieux. Apparemment, j'avais parlé trop fort et je n'avais pas affaire dans la salle commune... Si on ne voulait que féliciter, même fort, ça allait, mais passer une critique... pas question !

Des jeunes de la chorale, fort sympathiques en passant, (car j'ai dû passer vite !) m'ont dit avoir compris le message de mes propos mais que c'était de la comédie musicale que leur chœur voulait faire, et qu'il n'y en avait

---

[1] Une chance que cette personne ne m'a jamais vu avec mon gaminet Adidas ! Certains de mes ennemis, dont un certain Hubert G. par exemple, en était tellement agacé... Mais enfin, je leur aurais tout simplement dis, comme aux autres, que l'inscription signifiait : « All Day I Dream About Sovereignty ! »... C'est quoi, l'pro-blème ?

tout simplement pas au Québec. À peine eus-je le temps de leur mentionner *Starmania* et *Demain matin Montréal m'attend* que les gardiens me montrèrent, encore, très poliment, le chemin de la porte, de leur index. Hélas! À chacun sa mise à l'index, n'est-ce pas? Enfin, si j'avais eu le temps de leur parler un peu de ces pièces, on m'aurait peut-être dit ou pensé que « c'est quétaine ces affaires-là »! À vrai dire, de tous les malaises dont nous souffrons hélas, le complexe de supériorité est loin d'en être un!... Enfin, enfin, combien de nos talentueux jeunes, issus de nos cégeps, auraient le talent (pour ne pas dire, le temps!) de nos Plamondon et compagnie, pour créer à leur tour, des comédies musicales? Ne s'agit que d'en promouvoir le besoin... Un point pour la création artistique, un autre point pour la création d'emploi. « ... Mais le manque de travail, dira-t-on, c'est à cause des saudits gouvernements! »... Phoque!

Bon moi, hein! J'ai eu le temps de me dire tout ça, en me dépêchant à sortir.

J'ai par la suite pensé à Yves Duteil: « C'est une langue belle, à qui sait la défendre... », pour me dire: « Peut-être que oui, mais le poète n'a pas dit combien il était **difficile** et douloureux parfois de la défendre, cette langue belle... Et on dira aussi que le problème de la langue, c'est à cause des « Anglas »... Phoque encore!

Défendre le français en Ontario n'était certes pas une sinécure, mais le défendre au Québec s'avère aussi difficile et frustrant que de vouloir vider le lac Memphrémagog dans un petit trou dans le sable. Et on passe (à l'étranger) pour une société distincte, pour un peuple qui tient à sa langue et à sa culture?... Phoque-Phoque-Phoque!

Justement, j'ai appris dans les reportages régionaux que notre nouvelle équipe locale de hockey s'appellera les « Huskies » de Rouyn-Noranda. Eurêka!... Le fantôme d'Elvis Gratton nous hante toujours. Mais de quel inculte nous vient cette création?... Assurément pas d'une personne ayant lu les *Insolences du bilinguisme* puisqu'il n'y avait pas d'images dans l'édition de 1987. D'ailleurs, le monde littéraire de ce grand génie se limite probablement à celui des bandes dessinées... Et pas plus de deux couleurs, sans quoi il serait complètement perdu. Mais vous y pensez? Au moment où le gouvernement du

Québec s'apprête à renforcer la loi 101 pour dire au monde et plus particulièrement aux marchands anglophones... qu'au Québec, on affiche ou on s'affiche en français, voici qu'une équipe de hockey de l'Abitibi se propose de s'appeler les « Huskies » de Rouyn-Noranda... Mais plus cave que ça, on creuse jusqu'en Chine ! De un : ce mot n'est pas français, il ne se retrouve pas dans le dictionnaire *Robert*, ni dans la plupart des *Larousse*. Par contre, le mot « husky » (comme le mot « star ») s'y trouve, mais désigné comme mot anglais ou esquimau. De deux : ce mot ne nous **distingue** pas. De trois : nous sommes une **race d'expression française** avant d'être une **race de chiens** ! De quatre : en Ontario (à Soo-Saint-Murry, par exemple) ou ailleurs au Canada, une équipe sportive quelconque ne serait jamais désignée par un nom français ou par une appellation à consonance francophone. De cinq : cette appellation a été à l'encontre d'une recommandation des dix membres du Comité organisateur local et été imposée par le copropriétaire de l'équipe, un certain homme d'affaires de Montréal. « ... From Maunt-ree-yall, no doubt ! »

Heureusement, notre Société nationale des Québécois a pris immédiatement l'affaire en main pour faire brusquement changer ça. Dieu merci, cette prise en charge de leur part contribue à faire baisser ma pression. Elle justifiera le déboursé que j'ai dû faire en renouvelant ma carte de membre !

La racine du problème en fait se retrouve-t-elle dans l'indifférence ou l'ignorance des propriétaires ?... Ou se retrouve-t-elle dans cette léthargie collective qui en a permis le fait ?

D'où vient cette notion, pensez-vous, qu'ont certains jeunes voulant qu'« apprendre le français, c'est plate » ? D'où vient cette notion qu'ont certains ados, selon laquelle « le français, c'est quétaine » ? Je me le demande bien. Faudrait bien interroger Jojo à ce sujet... Elle, elle sait « toute ».

Exeunt !

Scène 6

L'HALLOWEEN

De toutes les stupidités culturelles anglo-saxonnes qui ont envahi la Belle Province, voire notre société dite « distincte », celle de l'Halloween remporte haut la main la palme.

— Comment ça, direz-vous ! Y'é malade lui... Qu'est-ce qu'il va donc chercher là ? C'est la fête des enfants ! (Hélas, parmi combien d'autres ?)

Vous êtes-vous déjà demandé ce que l'on fête au juste à l'Halloween ? Des morts ? Des fantômes ? Des sorcières ? Des squelettes ?... Ou tout simplement la belle et bonne citrouille que l'on achète pour y jeter le bon fruit afin de la dépecer le plus rapidement possible, pour y mettre une chandelle et pour en exposer la chair ?... Je vous le redemande : Qu'est-ce que l'on « fête » au juste ?

L'Halloween est l'adaptation, voire la déformation d'une vieille expression anglo-saxonne, All Hallow Even, qui avait cours au pays de Galles, en Irlande, en Écosse et en Angleterre. La veille de « All Hallow », c'était la veille de « All Saints' Day », la veille de la Toussaint. Les athées en profitaient pour exercer toutes sortes de rituels afin de

105

chasser les mauvais esprits, à l'instar des Celtes, et pour se moquer de la fête chrétienne du lendemain, le 1er novembre. Jusqu'à maintenant donc, rien de « catholique » là-dedans, rien de bien « français » non plus.

Et la tradition se poursuivit à travers les années, envahissant, avec les envahisseurs, the beautiful... le Canada anglais et... hélas, notre Québec distinct !

Aux États-Unis et au Canada anglais, l'Halloween est, par surcroît, devenue la fête des vandales alors qu'il s'y joue des trucs tellement drôles qu'aucun membre d'un corps policier de grande et moins grande ville n'est en congé ce soir-là. Au jour de la Toussaint, les journaux font état des tristes bilans, y compris celui du nombre d'enfants qui ont malheureusement recueilli des aiguilles et autres objets du genre dans leurs innocentes et juteuses pommes.

Et là-bas aussi, on appelle ça une « fête »... Une fête que la société distincte, soucieuse de ne pas se montrer trop pepsi, a importée à son tour. Après tout... il faut être dans l'vent, nous autres itou !

Poussés d'abord par les commerçants qui commencent à étaler leurs produits spécialisés dès le lendemain de l'Action de grâces, encouragés par les nombreux parents qui les achètent, et enfin, motivés par les nombreux enseignants qui décorent leurs classes, les enfants ne peuvent faire autrement que d'en devenir les innocentes victimes... à moins que certains médecins ou psychologues de l'hôpital Sainte-Justine aient découvert que nombre de bambins ont un besoin inné de se déguiser en squelettes ou en momies peu de temps avant l'hiver. Les enfants deviennent donc, grâce à la complicité de tous ceux-là, d'angéliques éléments à exploiter... Et c'est la fête de qui, dites-vous ?

... Alors voilà que la communauté entière (ou presque) s'y joint, c'est la liesse collective.

Vient d'abord le concours officieux des maisons décorées. Les premières années, celles-ci pouvaient se limiter à quelques souriantes citrouilles, animées par quelques sorcières laides mais souriantes, prenant la fuite vers le haut, sur leurs merveilleux balais. Mais, ça aussi ç'a évolué... Ces dernières années, tout y est passé. Tout ce qu'il y a de plus grotesque, c'est-à-dire des cadavres en divers états de décomposition, des fantômes, des tombeaux (oui ! oui ! des tombeaux avec l'inscription RIP... Kinidzen Taher en vend !), des croix, du sang, des reproductions de châteaux hantés, de musées des horreurs ou de maisons fréquentées par les esprits malsains, avec toutes sortes de lambeaux qui flottent au vent. Certains ont même installé des enceintes acoustiques à l'extérieur pour y reproduire toutes sortes de cris, dignes du monde des sylphes. D'ailleurs, il y a une maison ici même à Rouyn-Noranda qui en a fait sa marque annuelle de commerce, sous le signe d'une campagne de levée de fonds pour une bonne et honorable cause... Et c'est la cohue pour aller voir ça ! Pour ce qui est des décorations, les maisons qui s'en excluent se font vite remarquer... Ce serait les habitants de celles-ci, les malades !

Le matériel de promotion se vend partout, même au Centre franco-ontarien de ressources pédagogiques, pour répondre aux activités thématiques, dites « moments **forts** de l'année » et présentées dans les manuels scolaires et les guides pédagogiques du Québec, de l'Ontario et d'ailleurs. Et ça se vend comme du chocolat !

... Et tout ça sous le signe de la joie, sous le signe de l'allégresse, caricaturée sous le signe même de l'innocence. La preuve ? Plusieurs mettent une banderole à leurs portes avec l'inscription « Happy Halloween ! »... au Québec, société distincte, pays de la loi 101 ! (En passant, quand je verrai une banderole « Joyeuse Halloween » étalée devant une demeure de Saskatoon, je me permettrai une minute d'espoir pour ce rêve d'un Canada bilingue.)

Les villes entières (ou presque) se transforment, aussi bien au Canada anglais qu'au Québec.

En 1992, j'écrivais à la propriétaire d'un salon de coiffure local, dont la vitrine avait été « ornée » de reproductions d'ossements de cadavres, entourés de fantômes plaqués d'araignées... Je lui disais : « D'où vient ce besoin de cultiver et de promouvoir ce culte du macabre, ce culte de la laideur, alors qu'il y a tellement de beauté tout autour de nous ?... Beauté qui a parfois peine à jaillir, devant l'exploitation tellement répandue des horreurs et des bassesses de notre monde. » Elle me répondit qu'elle faisait ça pour les enfants, car c'était leur fête. J'ai vite réagi pour lui dire que ce dont les enfants avaient besoin, ce n'était

107

pas d'une excuse pour se gaver encore plus de bonbons et de cochonneries, mais d'amour, d'écoute, de sécurité, d'une meilleure initiation à l'esthétique, et d'être davantage exposés à de **vraies** valeurs, à des **bonnes** valeurs ! (Au risque de perdre un certain nombre de mes lecteurs, disons antireligieux, j'oserais même dire à des valeurs « judéo-chrétiennes »)... D'être exposés à de vraies valeurs sociales ... Enfin, il me semblait qu'un salon de beauté comme le sien aurait tout simplement dû montrer de la beauté[1] ?... De la beauté, tout le temps !

J'avais choisi ce commerce, non pas parce qu'il était le pire (j'avais l'embarras du choix, il y en avait des « pires » partout), mais parce qu'il faisait état du pire paradoxe.

« Mais, qu'est-ce que l'on "fête" au juste ? » lui ai-je redemandé en post-scriptum.

En parlant de « valeurs », je suis souvent frappé par ce commentaire de consciencieux parents qui disent : « Moi, pour ce qui est de l'éducation religieuse de mes enfants à l'école, ou des incitations que l'on devrait faire pour ce qui est de la pratique religieuse la dimanche, eh bien, je suis complètement contre. D'abord, les enfants sont trop jeunes ; puis, ce n'est pas de mes affaires et, enfin, il décideront par eux autres lorsqu'ils auront 18 ou 20 ans. » Pourtant, ces mêmes parents embarqueront les enfants dans la mascarade de l'Halloween, collaboreront en famille à rendre plus commerciale encore la fête de Noël et garderont à la maison, leur télé allumée pour faciliter l'entrée des vidéoclips sexistes et violents de Musique Plus, de la lutte professionnelle et de toutes les autres émissions de violence qui saturent les ondes. Vous pensez qu'il n'y a pas de valeurs qui s'imposent là-dedans ?... Beaucoup plus sinueusement et plus efficacement encore que ne peuvent le faire les vrais éducateurs... Mais quel défi ont ces derniers, non pas à inculquer des valeurs, mais à défaire les mauvaises d'abord pour les remplacer par de plus saines ! Mission presque impossible devant la force d'attraction des autres, devant la complicité collective promouvant les autres... Et on blâmera l'école !

Mais revenons à la fête nationale de l'automne.

---

[1] ... avec la photo de Whitney Houston par exemple, ou encore avec celle de notre Annie Pelletier, en costume de travail.

Supposons que les évêques et les curés de l'Église catholique du Québec prônent du haut de leur chaire que la seule façon de fêter Noël, comme chrétien, serait de passer la veille du 25 décembre ainsi que le lendemain, vêtu soit comme la Sainte Vierge, comme saint Joseph ou encore, comme l'Enfant Jésus lui-même. On irait jusqu'à nous encourager fortement à décorer nos maisons de façon à les faire ressembler le plus possible, à la crèche d'antan. L'ajout d'un bœuf ou d'un âne (« vivants », dans la mesure du possible) ne ferait que démontrer notre haut degré de dévotion, voire notre profond engagement à célébrer dignement et religieusement cette fête... En plus, nous ferions du porte-à-porte pour ramasser des pointes de tourtière.

On peut s'imaginer les adjectifs avec lesquels, nous, les Québécois, enverrions promener notre sainte mère l'Église en faisant éperdument fi de la mise en pratique du rituel suggéré, ainsi que de tout acte de dévotion connexe. On laisserait, pour en rire, ces liturgies à ceux et celles que l'on reconnaîtrait tout simplement comme des « capotés religieux » ! ... Ou encore, si la Société nationale des Québécois nous enseignait quelque chose de semblable, pour ce qui est de l'authentique façon de célébrer la fête du Québec et des Québécois, la Saint-Jean-Baptiste... Au « d'yable » la Saint-Jean et toutes les valeurs qui s'y associent ! ... Et avec raison, assurément !

Pourtant la société québécoise accueille maintenant à bras ouverts cette imbécile niaiserie issue de la culture anglo-saxonne, qui se célèbre la veille du 1er novembre, pour en faire un tout nouvel objet de réjouissance sociale. Comme je le mentionnais plus haut, influencés par les puissantes méthodes de marketing du monde des affaires nord-américain, nos marchands locaux, de nombreux parents (grâce au concours encourageant de leurs enfants), et aussi de plusieurs de nos écoles, voire de la population en général, entrent naïvement dans le jeu... Au risque de passer pour « vieillot », on se permet même de dépenser les sommes nécessaires pour faire comme ses voisins, comme ses amis... comme la collectivité quoi ! À la rigueur, certains esprits plus créateurs, font valoir leurs talents en créant des œuvres artisanales pour porter ou pour décorer, encourageant ainsi les enfants à faire le porte-à-porte qui s'ensuit (accompagnés de leurs parents, bien évidemment).

Tout ça semble bien normal chez une population qui se méfierait bien de ne pas être dans le vent... de ne pas être à la page !

Québec, une société distincte ? Vraiment ?

Je disais dans un des paragraphes précédents «... Au d'yable la Saint-Jean»... Eh bien, on l'a tristement constaté. La Saint-Jean, fête nationale des Québécois... et des Canadiens français ne s'y mesure aucunement. À la Saint-Jean, nos villes, nos rues, nos magasins, nos écoles et nos maisons, tout est relativement mort... à moins que l'on soit d'Évain, petite ville en banlieue sud de Rouyn-Noranda, qui, chaque année, fait éclater son patriotisme. Pour les nombreux autres, ils s'en remettent au défilé de Montréal à la télé, suivi des présentations des artistes, question de fêter quand même un peu. À vrai dire, je n'aime pas tellement le défilé de la Saint-Jean à Montréal. Pour moi, la fierté québécoise ne doit pas se limiter à faire une parade une fois par année. Ce doit être un état, une attitude qui se manifestent tout le temps. Mais, quand il ne reste que le jour de ce défilé, eh bien, comme tant d'autres, je le regarde si possible.

Certains, qui se font un devoir de ne rien faire, disent qu'ils ne veulent pas «être politiques» ou «faire de la politique»... Brillant comme commentaire, n'est-ce pas ? S'aimer, se valoriser, se fêter, c'est faire de la politique ! Le 4 juillet, aux États-Unis, les Américains font massivement de la politique. Idem pour les Français le 14 juillet ! ... Ibidem pour les bons catholiques toujours pratiquants, tous les dimanches ! Enfin, à bien y penser, «politique» serait-il péjoratif à ce point ? Au prix que l'on paye pour en avoir ! Au Québec, tout est politique : les amis qu'on se choisit, les journaux qu'on lit, la musique qu'on écoute, le produit qu'on encourage... Et puis après ?

Pour ce qui est des articles promotionnels entourant la Saint-Jean, on n'en retrouvera aucunement dans les pages des catalogues du Centre franco-ontarien de ressources pédagogiques à Ottawa, et on n'en crée pas dans les écoles ... Pouvez-vous vous attendre à en trouver chez Zellers, Kinidzen Taher... chez Croteau ? Voyons, depuis quand ces établissements font-ils de la politique ? On y vend des semblants de cercueils et des objets grotesque pour l'Halloween, oui, mais pas de drapeaux du Québec en promotion pour la Saint-Jean. Ça pourrait faire choquer les « boss » ou encore ces compatriotes qui nous aiment tant ! Le seul endroit, à ce que je sache, où il s'en vend, c'est dans les bureaux de la Société nationale des Québécois, du moins dans ceux de l'Abitibi-Témiscamingue, à Rouyn-Noranda... et pas cher, à part ça !

Non, non ! Je sais qu'il y a des belles fêtes champêtres, dont le succès est assuré par de bonnes petites subventions du gouvernement du Québec. Je sais aussi que certains commerces pavoisent pour l'occasion, aussi rarissimes soient-ils. J'en connais deux : Les pharmacies Jean Coutu (bravo monsieur Coutu, mais j'aimerais que vous soyez aussi vrai pour ce qui est de l'authenticité de votre commerce « Pharmacie – soins de santé », en ne vendant plus de ces nocives cigarettes)... L'autre commerce ? Les magasins de la Société des alcools du Québec, très bien ornés de drapeaux fleurdelisés, chaque année. J'en suis tellement heureux qu'après m'être abonné pour toujours à renouveler mes lames à rasoir chez Jean Coutu, je continuerai à encourager **exclusivement** la Société des alcools du Québec (SAQ), pour l'achat de mon scotch, de mon vin (Château Moncontour... une fois par année seulement) et de mon délicieux Frangelico.

Mais, revenons quelque peu à l'Halloween... Pas encore ? Tu pousses trop fort Richard, dites-vous ?... Lisez encore !

Lorsque je travaillais au ministère de l'Éducation, un de mes dossiers était celui des services éducatifs aux communautés culturelles. Lors d'une réunion à Montréal, une des professionnelles affectée à cette région nous faisait part de l'incompréhension, voire du désarroi de certains immigrants nouvellement arrivés qui découvraient ce culte annuel (québécois pour eux) de l'Halloween... surtout ceux qui sont de fervents religieux : les musulmans ou les orientaux. « Mais quelle façon ont-ils, ces chrétiens, de respecter leurs morts ? » disaient-ils... Les bras m'ont tombé ! Fallait bien venir de l'extérieur pour voir ça avec d'autres yeux, pour apporter une nouvelle perception à cette monstruosité sociale ! Et plusieurs de ces immigrants refusent carrément de s'embarquer... et empêchent leurs enfants de se joindre à la parade. Chapeau ! Je pense aussi que les Mohawks du Québec pourraient nous donner de bonnes leçons pour ce qui est du respect des morts... surtout ces pauvres morts qui n'ont aucune envie de jouer au golf.

* * *

Voilà donc que l'auteur de ce pamphlet, ce puriste, ce janséniste québécois voudrait nous enlever nos innocentes importations anglo-saxonnes à présent ? Vous croyez ? Qu'on essaie de retirer mon Ballantine's pour les froides journées d'hiver, mon Beefeater pour les chaudes et collantes soirées d'été, mon équipe de football « Fighting Irish » pour certains samedis d'automne... et ma belle Lady Di pour me plonger dans la grâce d'un véritable bouquet de printemps, lorsque mon âme masculine en aura besoin....

Pour ce qui est de la fête de la Saint-Jean, toutefois, on aurait beaucoup de travail à faire... beaucoup de fierté à faire croître pour pavoiser fièrement, beaucoup plus d'activités à faire en son nom... Peut-être devrons-nous attendre encore un peu pour la véritable indépendance ?... Il me semble que l'indépendance serait le résultat plutôt que le coup de pouce pour une ou des liesses collectives à l'occasion de la Saint-Jean.

Enfin, avant d'y arriver, il faudra encore essuyer les perles, à l'image de cet épicier, dont le commerce était dénudé ce jour-là, un marchand à qui j'en faisais la remarque et qui, bien loyalement, me disait : « Nous autres, on ne fait pas de politique. Pas de décorations pour la Saint-Jean, on n'en fait pas non plus pour la fête du 1er juillet ! On est neutres... NOUS... Point à la ligne ! » Ah ! les raisons que l'on trouve pour justifier son immobilisme, pour camoufler sont manque de fierté !

* * *

Finalement, moi je suggère que l'on abolisse tout simplement l'Halloween. Qu'on la raye complètement de nos calendriers (même bilingues), des vitrines de nos magasins, de nos maisons, de nos manuels scolaires et de nos écoles... Tiens, tiens ! Idée ! On pourrait remplacer le 31 octobre par le jour PET... Oui, PET ! À cette occasion, on pourrait reconnaître la sortie ou une sortie verbale officielle de notre fantôme préféré, pour donner créneau à ses harangues mercuriales à l'endroit du Québec, pour qu'il puisse se péter les bretelles annuellement à nos dépens. On pourra certainement vivre avec ça. Et ça fera de la matière pour la chronique de Marcel Adam...

Après tout, ne sommes-nous pas et ne serons-nous pas toujours une bonne et saine démocratie, là où existe la liberté d'expression ?... comme y tient tant Lysiane Gagnon !

PARENTHÈSES

Il se trouvait dans mes *Insolences du bilinguisme* de 1987[1], une scène qui portait le titre « Une parenthèse ». Mon éditeur ne l'avait pas tellement aimée, il voulait la supprimer. Têtu comme je suis, j'ai tenu à la maintenir. Respectueux, mon éditeur l'a laissée dans l'ouvrage. D'autre part, le quotidien *LeDroit* d'Ottawa, emballé par cet ouvrage, devait le publier en tranches... Est survenue une malheureuse grève des employés. À la reprise, la transformation du quotidien en un tabloïd a fait tomber ce projet à l'eau... Toujours est-il, que quelques lecteurs[2], si minimes étaient-ils, m'ont dit : « Mais qu'est-ce que ça vient faire là, cette scène ? Ça n'a rien à voir avec la langue ! Tu n'avais pas assez de "stock", quoi ? »

Ce chapitre, en fait, traitait des habitudes de conduite automobile des Québécois, du respect des lois, du civisme quoi ! Fraîchement arrivé au Québec avec mon bagage d'expériences ontariennes, j'avais sur le cœur la façon dont étaient perçus les Québécois par mes anciens confrères ontariens. Cette image retenait toujours mon attention, pour ne pas dire mon agacement. Les Anglo-Ontariens (et d'autres aussi), en parlant du Québec, ne faisaient pas référence aux francophones du Québec mais, plus souvent, à ces espèces de « cowboys » qui zigzaguent sur les routes québécoises. Des tribunes téléphoniques, plus précisément en provenance d'Ottawa, abondaient de ce genre de commentaires, la ville de Hull étant si proche. Ces commentaires me faisaient mal, moi qui ai toujours aimé le Québec, moi qui aimais toujours les Québécois... À vrai dire, il y avait quand même une certaine vérité dans ces affirmations, vérité qui fut confirmée lorsque je suis venu m'établir en permanence dans une de ses régions nordiques.

---

[1] Éditions Asticou, Hull, pp. 125-130
[2] « Lecteurs » qui s'y sont objectés, et non pas « lecteurs » de mon livre en entier car ça, il y en a eu plus de deux.

Il faut reconnaître bien objectivement qu'il y a aussi des « cowboys » ailleurs au Canada anglais et aux États-Unis. Mais, on dirait que là-bas, il ne s'agit pas d'un comportement aussi viscéral, d'une attitude aussi socialement acceptée... Ceux qui ont voyagé aux États-Unis, par exemple, l'ont sûrement constaté. On ne niaise pas avec les règlements de la circulation là-bas... Notre pétulante Sylvie Bernier, véritable type de la belle petite athlète et maman québécoise, a déjà fait part, à la télé, de cette discipline sociale dont elle a été témoin en visitant la Colombie-Britannique. Il faut avoir voyagé pour se rendre compte du contraste. Bien objectivement, il faut reconnaître qu'une grande majorité de Québécois conduisent très bien. Ils sont des plus respectueux des règles, des consignes... Mais, comme ce sont les pommes pourries que l'on remarque plutôt dans le baril de bons fruits, eh bien... Mais qu'il y en a quand même de ces méchantes pommes dans le baril routier du Québec ! Une Québécoise de l'Université de Montréal, Carole Simard, publiait récemment un travail bien à point, intitulé *Cette impolitesse qui nous distingue*. À lire ! Une séquelle de mise pourrait bien être *Cette indiscipline qui nous distingue*. Ce serait à lire aussi.

On dirait parfois que ce n'est que derrière le volant de son V-8 ou de son V-6, derrière le volant de son 2,5 *l* que le Québécois réussit à s'affirmer, à oser... même si c'est de cette malheureuse façon.

Vous devriez vous promener sur le terrain de stationnement de nos centres commerciaux ici à Rouyn-Noranda. Vaudrait mieux enlever les affiches « Défense de stationner », « Remorquage à vos frais » (je n'ai jamais vu de camion-remorque en 15 ans !), les panonceaux pour le stationnement réservé aux personnes handicapées, les bordures jaunes sur les trottoirs pour y proscrire le stationnement, etc. Vaudrait mieux, dis-je bien, enlever toutes ces affiches et ces bordures, car tout ce qui en résulte, c'est qu'elles ne veulent rien dire, que l'on peut s'en moquer, à l'instar des fumeurs en ce qui a trait aux avis sur les paquets de cigarettes.

On dirait que, si certaines personnes pouvaient entrer dans les magasins même avec leur véhicule, elles le feraient sans hésiter... Tout ça sans doute pour s'acheter une bonne paire d'espadrilles et un bel ensemble de jogging, question de bien pouvoir se tenir en forme.

J'ai dit « centre commerciaux à Rouyn-Noranda ». J'aurais pu aussi bien dire stationnement de la Caisse populaire, du bureau de poste, du cégep, des édifices gouvernementaux, de chez Caillette, angle Larivière et Gagné ... C'est partout pareil... J'aurais pu aussi bien dire « Rouyn-Noranda ». J'ai beaucoup voyagé... à Laval, à Québec, j'ai à maintes reprises circulé au Centre du Royaume à Chicoutimi... à La Baie... dans le stationnement d'une église à Gatineau... Partout pareil ! On se moque royalement des consignes, on va même jusqu'à se vanter de les transgresser !

Le stationnement, en somme, ce n'est pas tellement grave, ce n'est pas ce qu'il y a de pire. Le pire ?... Pour plusieurs, les lignes de dépassement sur les routes ne sont que décoration de macadam. Alors, on les saute à volonté, solides pas solides, poussés uniquement par l'instinct improvisé du moment. Là, toutefois, ça commence à être grave ! Quelques jours à peine après avoir versé les larmes d'usage dans les salons funéraires, les survivants pourront lire les grandes manchettes : « La route tue ! »

D'où vient, de grâce, cette manière qu'ont certains, de bifurquer grossièrement à l'avance vers la gauche pour effectuer un virage sur une autre artère, empiétant ainsi sur la voie de droite des voitures qui s'y trouvent ou qui s'y trouveraient ?... J'aimerais pouvoir vous faire un dessin. À vrai dire, « comment effectuer un virage à gauche », n'est-ce pas élémentaire, mon cher Watson ?

Vous avez vu ces chauffeurs « expérimentés » qui ne savent pas encore utiliser les feux de changement de direction. Ce sont eux qui signalent, non pas leur **intention** de changer de voie, comme il se doit, mais la **manœuvre** qu'ils exécutent au même instant.

C'est vrai que j'ai de la sympathie pour les victimes de la route (mes confrères), de l'empathie pour tous ceux qui souffrent des abus des autres, des handicapés qui voient un noble privilège brimé... Mais, ce qui me vient sitôt à la tête devant ce triste phénomène, c'est : « Dis, comment on va faire pour bâtir un pays avec des attitudes comme ça ? »

C'est un Michael Dukakis, candidat d'antan à la présidence américaine, qui répondait à un George Bush, insulté parce qu'il voulait ne plus rendre obligatoire la récitation quotidienne de l'allégeance au drapeau dans les écoles américaines : « On témoigne son amour envers son pays d'abord et avant tout en respectant ses lois ! »

Et lorsque l'on reprend quelqu'un, même poliment, sur le non sens d'un geste inapproprié, on se fait dire : « Mais pour qui tu t'prends... pour la police ? », décoré par les jurons habituels. Comme si les lois et les règlements étaient faits pour la police ! Dieu sait qu'on a le sens social *icitte* parfois ! Dieu sait qu'on comprend l'esprit des lois !... Et on veut bâtir un pays ? Ou encore, contribuer à la croissance de l'autre ?

Je vous ai dit que j'étais têtu... Pas toujours toutefois car moi aussi, il m'arrive à l'occasion, après 15 ans d'exemples, de chauffer en Québécois.

... Ce qui manque au Québec, c'est un peu plus de rigueur... un peu, beaucoup de rigueur. À l'instar des *Insolences du bilinguisme* d'antan je poursuis donc avec « Parenthèses », cette fois... Et que j'en subisse les conséquences !

*   *   *

En parlant de rigueur... Lorsque j'œuvrais au ministère de l'Éducation, mon dossier principal, était celui de la formation professionnelle des jeunes. Les premières années, j'en avais beaucoup à apprendre. Et, j'en ai beaucoup appris. Quand j'y fus initié, à la fin de 1981, c'était à l'époque du professionnel court et du professionnel long... longuement considérés comme la voie de garage de la formation scolaire au secondaire.

En 1983 ou en 1984, vint un livre blanc annonçant une réforme, suivi d'un nouveau plan d'action. Tout le monde, ou presque, en était ravi... On abolissait le professionnel court et les programmes de formation professionnelle n'étaient plus intégrés aux cours de formation générale puisqu'ils étaient dorénavant dispensés de façon intensive... après... et notez bien le « après », l'obtention d'un diplôme de secondaire V en formation générale. On voulait rehausser la formation professionnelle, lui donner un nouveau statut. Donc un secondaire V d'abord. Le Québec demeurait un des rares endroits dans les pays industrialisés où l'on pouvait suivre un cours breveté dans un métier quelconque, sans avoir un diplôme d'études secondaires... Grâce à une meilleure formation de base, les ressortissants seraient beaucoup plus flexibles, beaucoup plus polyvalents, pour se mouler plus facilement aux réalités du monde du travail. Quand je dis que tout le monde en était ravi, j'insiste pour dire que c'était davantage le monde du travail, qui pouvait enfin embaucher du personnel professionnel ayant une bonne connaissance du **français**, de l'**anglais langue seconde** et des **mathématiques**, puisque le secondaire V devenait un préalable et que le malheureux professionnel court était aboli. On pouvait enfin compter sur le fait qu'un mécanicien, un soudeur ou une coiffeuse aient une meilleure connaissance de leur langue maternelle pour écrire un brin de paragraphe qui se tienne. (N'en soyez pas plus scandalisé que nécessaire... Avez-vous déjà vu un rapport de police ? Et on exige beaucoup plus qu'un secondaire V pour entrer à Nicolet !)

Vint ensuite la réalité... la réalité de la mise en œuvre. C'était difficile parfois. Ça faisait beaucoup mal parfois. Fidèle à nos habitudes, on s'est trouvé toutes sortes de raisons, de bonnes et de moins bonnes, pour contourner, pour passer à côté... On commença par atténuer cette exigence du livre blanc voulant qu'une inscription aux programmes de formation professionnelle soit appuyée par l'obligation d'avoir son **diplôme** d'études secondaires (formation générale). Ensuite, devant la baisse dans les inscriptions, on laissa tomber toute l'exigence même de la réussite des matières principales du secondaire V, ouvrant ainsi la porte aux décrocheurs potentiels en secondaire IV. On a donc décidé d'admettre tous ceux qui détenaient des réussites de **secondaire IV** en français, anglais langue seconde et mathématiques (+ éducation religieuse − c'était un choix de société et j'étais d'accord, malgré les nombreuses risées)... admettant ainsi, dis-je bien, les décrocheurs potentiels de ce niveau. En fait, si ces derniers n'avaient pas eu le goût de décrocher, ne seraient-ils pas demeurés en formation générale pour mériter leur diplôme d'études secondaires (DES) ?... Quelques années plus tard, c'est nul autre que Claude Ryan, alors ministre de l'Éducation, qui est venu mettre la cerise sur le gâteau en ajoutant... suite à l'exigence minimale d'entrée en ce qui a trait à la réussite des matières principales du secondaire IV... « ... **o u l'équivalent** » ! Bingo ! L'abcès était crevé. Comme si ce n'était pas assez bas ! Les commissions scolaires, en compétition l'une contre l'autre pour attirer de la clientèle, avaient donc libre cours à toute interprétation, à tout contournement. Et on le fit... Quant aux opérations « contrôles » du ministère de l'Éducation pour ce qui était des exercices d'évaluation et des vérifications musclées, eh bien, ce n'était pas sa plus grande force, ni sa plus grande dynamique, non plus que sa plus grande préoccupation.

Voici ce que cette ponte a réellement donné à la refonte de la formation professionnelle, pour la connaissance et de la maîtrise du français en tout cas. À l'époque du professionnel long, l'étudiant suivait, à partir de son secondaire IV, environ 40% de cours de métiers (menuiserie, cuisine professionnelle, secrétariat, etc.) et 60% de cours de formation générale (français, anglais, histoire, etc.). En secondaire V, même formule, sauf que les cours de formation professionnelle occupaient quelque 60% de son temps, et ceux de formation générale, 40%. Une fois diplômé, option professionnel long, le finissant devait avoir réussi intégralement son français de secondaire V... Et c'était consigné sur sa fiche de notes. Aujourd'hui, avec cette possibilité d'entrer en formation professionnelle intensive après la réussite de matières de secondaire IV « ou l'équivalent », le nouveau diplômé d'études professionnelles risque, la plupart du temps, d'avoir comme acquis une formation en français **moindre** que celle de la formule dite professionnel long des années d'antan... Pas pour aujourd'hui, donc, les jours où l'on pourra obtenir une estimation en bon français de la part d'un bon mécanicien !

Adieu donc réforme ! Adieu donc ce noble rêve de donner à nos jeunes une meilleure formation de base en plus d'une très bonne formation professionnelle. Pour ce qui est de la formation professionnelle comme telle, elle a toujours été très bonne (P.C. compris) ; elle est même devenue excellente, sous la gouverne d'un certain André Lamontagne et d'un certain Jacques Henry. Mais pour ce qui est de la dilution des préalables de base, je n'étais pas le seul à me plaindre... Il y avait un très éloquent Jos Bouchard du Bas-du-Fleuve qui en a fait des interventions... dans le vide !

* * *

Parmi les volets les plus difficiles du dossier de la formation professionnelle, il y avait celui de l'établissement de la « carte » de la formation professionnelle, soit celui de la distribution des options professionnelles dans les commissions scolaires... Quelle commission scolaire, ou plus précisément quelle polyvalente dispenserait quel programme ? C'était une activité annuelle... un cauchemar annuel, malgré les bonnes guerres qui s'ensuivaient.

En réalité, les commissions scolaires ont toujours été en concurrence l'une contre l'autre... question de garder leurs clientèles, d'en attirer d'autres et de protéger leurs investissements. Elles tenaient à annoncer fièrement à leurs communautés, par le biais de leurs rapports annuels, le fait qu'elles étaient toujours en état de croissance. Cette concurrence étaient fort regrettable car c'est avec l'argent des contribuables qu'elles s'y livraient. Concurrence fort compréhensible, mais néanmoins onéreuse. Et ça jouait dur, je vous l'jure ! Tous les coups étaient permis, y compris bien sûr, celui de se plaindre, en vraie victime martyre, à son député.

Durant ce temps de luttes intenses, alors qu'il y avait de gros sous de rattachés à la plupart des autorisations, se produit donc un changement de gouvernement. Arrive donc dans cette dynamique particulière monsieur Claude Ryan à la barre du ministère de l'Éducation. Monsieur Claude Ryan, ministre ! Ce monsieur Ryan d'ailleurs, dont certains agissements étaient beaucoup plus de l'ordre d'un fonctionnaire, d'un haut fonctionnaire que de ceux d'un législateur... Les nombreuses dérogations qu'il accordait à tout bon électeur qui se donnait la peine de lui écrire, en ont fait la preuve. Il en a donné en avalanches, plus particulièrement en ce qui a trait à l'application de la loi 101, au sujet de l'inscription des inadmissibles à l'école l'anglaise (voir Scène 9). Lorsque monsieur Ryan s'empara du dossier de la formation professionnelle, l'opération dite de la « carte », dont les derniers aboutissements se

121

faisaient jadis de la Direction de la formation professionnelle à l'édifice G, se faisaient dorénavant sous **sa** direction, sous sa tutelle. Il en fit un autre de ses nombreux
« bébés » ! L'exercice de la carte, de la distribution des
options professionnelles devenait donc, en pratique, une
opération d'ordre politique.

En collaboration (on appelait ça « concertation ») avec
les commissions scolaires, les Directions régionales du
ministère soumettaient l'ébauche de leurs prochaines cartes
régionales à la Direction de la formation professionnelle à
Québec. Les Directions régionales cherchaient, de leur
côté, à obtenir un meilleur équilibre dans la répartition des
programmes dans leur région, à assurer la capacité du
monde du travail à absorber un plus grand nombre de
finissants et, enfin, à contingenter la mise sur pied des
ateliers et le nombre d'étudiants admis, en raison des
balises précitées... Question aussi de donner préséance à
l'emploi, à plusieurs finissants de ces anciennes cohortes,
toujours sans travail. La Direction de la formation professionnelle, de son côté, apportait les modifications qui
s'imposaient à la lecture d'un portrait national et soumettait
le tout à monsieur le Ministre qui y donnait impérativement
son aveu final. Voir si une école qui voulait ouvrir une 3e
année, ou une commission scolaire qui désirait transférer
une 4e année à tel endroit plutôt qu'à un autre, se devait
d'avoir l'assentiment d'un ministre de l'Éducation ! Alors,
pourquoi plus en formation professionnelle ? Il est vrai que
l'autorisation de l'ouverture d'un atelier de formation professionnelle était habituellement appuyée d'investissements
considérables du ministère, mais quand même ! C'est le
ministre qui devait choisir l'endroit ? Pourquoi de grâce se
payait-on des fonctionnaires à 97 000 $ par année ?

Revenons à cette opération nationale, devenue tribune
politique. J'ose avouer que je n'ai jamais assisté à ce
tribunal, celui-ci n'étant réservé qu'à la haute gomme.
Comme professionnels dans une Direction régionale, nous
n'étions en fait que de simples gommes ballounes, ou
encore que d'éloignés jujubes. Faute de pouvoir y être, je
me suis, ainsi que certains autres de mes collègues provin-
ciaux, quand même imaginé... (J'ai bien dit « imaginé »,
là !)... Je me suis donc imaginé que ça se passait
comme...

— Bon ! Ça semble bien ça, monsieur Henry... Qui est le député du comté dans lequel se trouve cette commission scolaire ? (Pause et réponse) Oui ?... D'accord ! On laisse tel quel.

— Dites, monsieur Henry, qui est le président de cette commission scolaire ? (Pause)... Ne serait-ce pas mieux de placer cette option-là plutôt dans cette autre commission scolaire ? La polyvalente se situe juste à côté d'une rivière, ce serait sans doute mieux ! C'est pour l'ASP en secrétariat juridique, savez !

— Oui, mais... ça fait 12 ans qu'ils demandent de dispenser ce programme. Leurs professeurs ont même suivi des cours de perfectionnement à leurs frais. (Nombreux rires de la galerie.)

— Mais cette histoire de rivière, monsieur Henry. Tout d'un coup que les demoiselles iraient se baigner durant l'heure du midi et qu'il y aurait noyade ! Non, monsieur Henry, qu'on dispense le cours là où je préfère.

— ... Si vous le dites, monsieur Ryan !

Les autorisations officielles suivaient, accompagnées d'une lettre gouvernementale faisant état d'un financement de principe qui y était jumelé...

C'est un exercice qui aurait pu et aurait dû se poursuivre, au niveau des fonctionnaires seulement, comme étaient capables de le faire Jacques Henry et ses successeurs.

Bonne nouvelle quand même, mon excellente relève en formation professionnelle à la Direction régionale de l'Abitibi-Témiscamingue m'assure qu'aujourd'hui, la formation professionnelle, c'est une valeur sûre.

*   *   *

Dans ces parenthèses toujours aussi déplacées, j'ai le goût de vous parler des pharmacies Jean Coutu... J'en veux un peu beaucoup à Jean Coutu... même si je me suis tantôt engagé à acheter chez lui mes lames de rasoir... pour la vie...

Revenons à l'époque où il n'y avait pas ouverture des magasins le dimanche au Québec, à l'époque où le dimanche était toujours considéré Jour du Seigneur... C'était, selon moi et selon plusieurs autres, de bonnes années. Les grands magasins se devaient de fermer leurs portes, ce qui permettait bien honnêtement aux petits dépanneurs de profiter d'une journée plus grasse que les autres. Il était bon de voir les centres-villes respirer un peu ces journées-là, il était bon de les voir s'aérer par d'autres gaz que celui des tuyaux d'échappement d'autos.

Les Pharm-escomptes Jean Coutu, d'autre part, restaient ouvertes. Elles le pouvaient, fort légalement, en raison de leur statut de pharmacie. Bien oui! on y vendait des produits de soins de santé. Mais on y vendait aussi des cigarettes, des parfums, des croustilles, des cartables et des feuilles pour les étudiants, des bouchons pour le bain, des tournevis, des boîtes de chocolat, du pain, du lait, de la térébenthine, etc. Il s'agissait de l'adaptation québécoise d'une formule bien américaine, une version québécoise mieux rodée encore que celle des « drugstores » parisiens... Vous avez déjà vu des dépliants publicitaires de la Pharm-escompte Jean Coutu? Relevez le pourcentage de produits nécessaires à la santé qui s'y trouvent... Un peu plus et Jean Coutu se mettrait à vendre des pneus, des bougies d'allumage et des soudeuses, donnant ainsi à Kinidzen Taher l'idée d'ajouter du rouge à lèvres, du Vicks Vapo-Rub et des Kotex à son arsenal de produits... Kinidzen Taher, de son côté, ne pouvait pas ouvrir le dimanche. Jean Coutu en sarrau blanc, lui, oui! Jean Coutu, c'était une pharmacie! Jean Coutu, c'était un pharmacien!

En passant, qui dira que ce ne sont que les Wal-Mart et les grosses chaînes américaines qui viennent étouffer les petits commerces? On s'occupe très bien de nos affaires, Dieu merci!... Très dur le monde du commerce, n'est-ce pas?

Les autres commerces sont devenus, fort raisonnablement, jaloux des soi-disant pharmacies Jean Coutu. Ce n'était pas un privilège; il s'agissait, à mon avis, d'un abus, d'un passe-droit.

Il y eut donc campagne pour permettre à tous les magasins du Québec d'ouvrir le dimanche... campagne à laquelle s'est jointe la direction de la société Jean Coutu... pour des raisons évidentes, si l'on s'y connaît le moindrement en psychologie. Bien sûr, on ne s'est pas basé sur le monopole dominical de Jean Coutu pour exposer ses doléances, pour soumettre des demandes. On tricota autour des difficultés économiques du Québec, du fait que des Montréalais allaient magasiner à Plattsburgh le dimanche et que de telles foires étaient ou seraient permises dans d'autres provinces du Canada. Plusieurs particuliers se sont même joints au débat, anticipant la possibilité de magasiner une journée de plus durant la semaine. À ce sujet, un ami fonctionnaire me disait : « ... Bonne chose que les magasins puissent ouvrir le dimanche ! Et ça ne devrait pas gêner les messes du dimanche non plus, puisque les églises ont déjà empiété sur le samedi en reconnaissant des offices dominicaux ces jours-là ! » J'ai trouvé ça absolument « brillant » comme argument. (Dans ma tête, je me suis demandé si je n'étais pas en train d'échanger avec André Ouellet !) Je me demande, toutefois, comment ce fonctionnaire aurait réagi si le gouvernement du Québec avait décidé d'ouvrir ses propres bureaux, le dimanche itou ! ... Aux armes, syndiqués, les aristocrates à la lanterne !

Et le gouvernement Bourassa acquiesça, soucieux de faire des « choses » pour l'économie, comme promis après le désaccord de Meech.

Les grandes chaînes, dont les sièges sociaux se trouvaient dans les hautes tours de Montréal et de Toronto donnèrent l'ordre à leurs succursales d'ouvrir. Les commerçants locaux, manifestement soucieux de garder leurs clientèles, durent faire de même. À cela, je comprends bien ces derniers, sauf qu'il grêlera en enfer avant que mon épouse ou moi allions mettre les pieds dans un de ces commerces le dimanche... épiceries comprises. Mais on s'en foutera, c'est déjà plein de monde... pour ne pas dire, de consommateurs à plein temps !

Voilà donc que notre société distincte manqua encore une fois l'occasion de se distinguer. De se distinguer auprès des autres. Le dimanche est donc devenu une journée un peu trop comme les autres, du moins, en ce qui a trait à cet aspect.

Mais, est-ce que le Québec va mieux depuis ? Les gens ont-ils plus d'argent à dépenser ? La qualité de vie au Québec a-t-elle augmenté ? Les résidants de Plattsburgh se rendent-ils réciproquement aux Galeries d'Anjou ou à la Place Versailles à Montréal pour profiter de « leurs » aubaines du dimanche ?

Le dimanche matin est devenu synonyme d'un lundi ou d'un samedi matin dans plusieurs familles. Papa doit aller travailler, maman doit aussi y aller de 3 h à 4 h, et puis Marie-Louise, eh bien, elle a pu se décrocher un gagne-sous en devenant caissière chez Zellers. Finie une journée possible pour la mise en pratique de certaines valeurs familiales, finie la journée pas comme les autres pour permettre des activités pas comme les autres. Pour ce qui est de la possibilité d'aller visiter papa au foyer des personnes âgées... on s'essaiera la semaine prochaine ! ... Une autre raison, en outre, pour ne plus devoir considérer le dimanche comme le jour de la messe, comme le jour de la réflexion spirituelle, comme le Jour du Seigneur. On a trop d'autres choses à faire. On a trop de nouveaux chats à fouetter.

De toute façon, si on se compte toujours parmi ces chanceux (fonctionnaires) qui n'ont pas besoin d'aller travailler, on peut dorénavant aller boire la lumière artificielle des centres commerciaux, plutôt que celle de nos campagnes, plutôt que celle de nos pics.

... Dommage quand même car, nous avons et aurons toujours besoin de lumière, de vraie lumière. Y compris, bien sûr, celle émanant de Sa parole... De cette lumière qui nous guide sur le chemin de la recherche de Dieu. Car il y a beaucoup plus dans la vie que de manger, dormir, faire des zizi pan-pans, roter et consommer. Il y a cette recherche du **vrai** sens de la vie, du vrai sens à donner à sa vie. Il doit y avoir ce regard vers l'infini... ce regard vers Dieu. Quand pourrons-nous nous y arrêter durant la semaine, si du lundi au dimanche, si du lundi au dimanche inclusivement, on demeure trop préoccupé par les seules activités de manger, dormir, s'accoupler, roter et consommer ?

À ceux qui ne croient toujours pas à l'existence d'un Créateur, à ceux qui ont toujours des gros doutes quant à sa réalité, aux agnostiques qui ont mis toutes ces questions au rancart pour pouvoir mieux manger, dormir, s'accoupler, roter et consommer en paix... À tous ceux-là, puis-je m'en remettre aux propos de Voltaire selon lequel s'il y a une horloge, il y a donc un horloger. « ... Dieu est horloger, disait-il, il est l'éternel géomètre... Il est l'éternel architecte. » Il est vrai que l'on est loin de connaître tout à son sujet, que l'on est loin de connaître tout sur son dessein, mais quelle recherche fait-on en réalité ? Pour ma part,

Je n'arrive jamais à savoir mieux
Qu'il existe toujours un bon Dieu !

Quand pourrons-nous nous y arrêter pour faire un peu d'introspection à ce sujet ?... Trois quarts d'heure par semaine ? Quand même ! Trois quarts d'heure dans une journée réservée à des fins comme ça ! Il me semble que c'est un noble projet de société ça que d'en faciliter l'exercice ! Il me semble que c'est une « digne distinction ».

Dans *La Presse* du samedi 9 mars 1996, j'ai lu un reportage au sujet des fraudeurs d'électricité distribuée par Hydro-Québec... Ce sont des gens (des Québécois, des compatriotes) qui maîtrisent des moyens pour détourner leurs propres compteurs d'Hydro afin de s'y brancher gratuitement ou avec une grande réduction de prix. Savez-vous la valeur de cette électricité perdue par Hydro-Québec ?... En 1994-1995, cette perte se situe dans une fourchette de 50 à 85 millions ! La société Hydro-Québec, qui doit quand même payer ses services, qui doit assurer l'entretien de ses installations sur la Manicouagan et à la baie James, qui doit même parfois et en toute contrition, payer les frais de certaines soirées d'adieux organisées lors du départ d'un cadre haute gomme... Eh bien, Hydro-Québec doit aller récupérer ces 80 millions annuellement quelque part ! Où va-t-elle les chercher, croyez-vous ? Chers lecteurs, ce sont vous et moi qui payons pour ça !
... Ces escamoteurs se permettent même d'offrir leurs services de détournement à d'autres ! « Hé, disent-ils, je pourrais t'faire épargner 800 $ d'électricité par année... j'peux t'faire ça pour 150 $... "cash", pas de reçu. » Un de vos amis vous aurait-il un jour fait l'offre ? Comment avez-vous réagi ?

Qui sont ces escrocs « Robin-des-bois » ?... Des pauvres ? Des « BS » ? Des Mohawks ? Non, madame, monsieur ! Ce sont des « bourgeois ». Ce sont de riches crapules qui possèdent tout ce qu'il y a de dernier cri en appareils électroménagers. Ce sont des fadas à l'aise qui sont souvent propriétaires d'outils particuliers... qui sont même propriétaires de piscines extérieures dont les filtres fonctionnent à nos frais, vingt-quatre heures par jour !

Parfois savez, (juste « parfois » quand même !) j'ai un peu honte d'être Québécois ! J'ai un peu honte de m'identifier à ces crétins. Mais je sais, je sais, il y en a comme ça dans le Maine et en Nouvelle-Écosse... et puis, ce ne sont pas **tous** les Québécois qui sont comme ça ! Dieu merci, ça me replace les émotions un peu !

Imaginez maintenant... juste imaginez... que les magasins ne soient plus ouverts le dimanche au Québec. Par un de ces dimanches ou la température extérieure n'est que de 18°C, imaginez que notre Arthur Léqueurant, ne pouvant plus se rendre chez Kinidzen Taher pour s'acheter du chlore pour sa piscine chauffée, que notre concitoyen se retrouve sans absolument rien à faire. Il regarde par la fenêtre et voit des autos, des gens qui s'orientent dans une même direction... « Je vais les suivre ! »... Et Arthur Léqueurant aboutit, savez-vous où ?... À la messe ! Ne voulant pas à tout prix retourner à la maison, s'ennuyant déjà à mort, faute de victimes, il y entre. Par pur adon cette journée-là, on parle de charité chrétienne... d'amour et de respect du prochain, d'amour et de respect de **son** prochain, de ses frères et sœurs, de ses parents, de ces voisins, quoi ! Au mieux, il n'aura rien compris ! Au pire, il continuera exactement comme avant... Mais peut-être qu'avec quelques brefs moments d'introspection... peut-être qu'avec quelques regards sur du bon monde... peut-être se laisserait-il parfumé un peu par un délicieux message... le plus beau, le plus grand des messages... Peut-être ! À défaut de quoi, j'espérerais le voir attaché à un pilori pour qu'il soit fouetté sans merci avec une chambrière barbelée... « Pas tellement chrétien, toi non plus, André, me direz-vous ? » C'est vrai ! Je vous promets de retourner à la messe dimanche prochain... D'ailleurs, il paraît que l'Évangile portera sur ce texte racontant l'histoire de Jésus qui, ayant son voyage, chassa les vendeurs du temple... Je vous promets que je vais y aller.

Que j'aimerais donc que tous les magasins soient fermés le dimanche au Québec, Pharm-escomptes Jean Coutu, compris !

Hélas ! Ça prend un insolent pour écrire des *Insolences*, non ?

* * *

Comme on le sait, il y a eu une révolution religieuse au Québec. Une révolution plus ou moins silencieuse qui a commencé, tout comme l'autre, au début des années soixante. J'ose croire que cette révolution était de bonne augure. Moi aussi j'en avais soupé de cette emprise de l'Église, du clergé, sur la société québécoise. Moi aussi j'ai souffert de ces névroses ayant fécondé de mes trop nombreuses leçons de catéchisme de ma jeunesse et essentiellement axées sur le péché... sur le péché d'impureté.

Malheureusement toutefois, par cette révolution, on a laissé tombé toutes les bonnes valeurs de notre enseignement religieux d'antan, pour ne garder en tête que les abus, que les bêtises... Pour ne retenir que ces histoires d'enfer et de son horloge, ces histoires d'indulgences, de péchés partout, pour ne pas dire des « partouzes » ! Ces histoires de prêtres et de religieux qui ont fait du mal avec leur zizi, etc. Ça, on a bien gardé ça ! Excellent exemple de l'expression « jeter le bébé avec l'eau du bain ».

Aujourd'hui, toutefois, plusieurs ont remplacé cette « stupide » religion d'antan par des croyances, voire par des cultes beaucoup plus « intelligents », beaucoup moins accaparants, tels la drogue, les sciences occultes, l'horoscope à là Jojo, l'astrologie, le raélisme, l'attente des extraterrestres, le temple solaire, Amway, le bingo, le culte des zombies, les jeux de hasard, devenus parfois religion, pour les habitués des casinos, des lotos et des gratteux...

Pour en revenir à ces tristes histoires de prêtres et de religieux qui ont... Oui, vous le savez ! Elles sont sans doute vraies et nombreuses. Je pleure pour tous ceux et celles qui en ont été victimes. Il faut quand même être le moindrement objectif pour affirmer qu'ils n'étaient quand même pas tous comme ça, ces prêtres et religieux... Qu'ils ne sont pas toujours tous comme ça, ces prêtres et religieux. Pour ma part, durant mes quelque douze années d'études primaires et secondaires, dispensées dans des institutions confessionnelles, je n'ai **jamais** été victime de quelque attouchement, de quelque agression que ce soit de la part des frères enseignants... Jamais ! Je garde donc, encore aujourd'hui, de très bons souvenirs de l'enseignement des Frères du Sacré-Cœur et des Frères des Écoles chrétiennes. Ce sont eux qui m'ont fait aimer le français, qui me l'ont valorisé. Ce sont eux qui m'ont donné le goût de l'esthétique, de la musique... de la belle musique. Et aussi, ce sont eux qui, avec mes parents, ont inculqué chez moi de nobles et nécessaires valeurs attachées au fait que j'étais plus que chair et os.

Quand j'assiste à une célébration de la Parole (... et je n'y vais pas tout l'temps), je n'apprends rien de tellement mauvais, de néfaste à ma santé morale. On n'y fait pas la promotion de la violence, du libertinage et de la guerre. Mais c'est vrai, c'est répétitif par bout, c'est même souvent plate. Par contre, avez-vous encore une fois entendu *Free As A Bird* des Beatles ?... Pourtant, on s'est garroché dessus. Des milliers et des milliers l'ont embrassée.

Dommage que plusieurs de mes confrères aient tant oublié ça. Je ne crois pas que notre société sorte gagnante de cette mise au rancart quasi collective des valeurs dites religieuses.

Enfin, il est vrai que l'on n'a pas le pape le plus évolutif du monde. On est pris avec un qui se révèle beaucoup plus « touriste » que « tout-risque »... Quant à moi, je trouve que les prêtres devraient, s'ils le veulent, se marier et que les femmes devraient être admises au sacerdoce... Puis après ?... Et tandis que j'y suis, je pense que le Vendredi saint, comme en Ontario, devrait être jour férié au Québec... Mais qu'il est insolent, cette espèce, qu'il est insolent !

*   *   *

Dernier segment de ces parenthèses pour finir sur une bonne note. Rendons donc hommage aux enseignants. Oui !... Aux enseignants gâtés aux salaires faramineux, qui ne travaillent, comme les joueurs de hockey, que 9 mois par année... Ils en ont besoin et ils le méritent... Reconnaissons le défi que doivent surmonter chaque jour, entre autres, les professeurs de français qui, la plupart du temps, doivent nager à contre-courant, lorsque vient le temps de valoriser notre langue, de la bien parler, de s'y arrêter pour en enseigner les rudiments. Car la société québécoise, le gouvernement du Québec, la radio, la télévision, ne les aident pas tellement. Souvent, ils sont seuls dans la barque. Tout seuls contre des adversaires ayant des moyens de propagande mille fois plus puissants et efficaces que les leurs... Tout seuls devant tous les contre-messages qu'ils reçoivent de ces nombreux acteurs influents (humoristes, journalistes, etc.) qui leur font concurrence. Dieu merci, ces profs se regroupent. Il y a la revue *Québec Français*... Dieu merci, il y a aussi, la revue *Vie pédagogique*, du ministère de l'Éducation du Québec pour leur apporter, en plus de leurs grosses payes, un certain soleil.

... Hommage et reconnaissance à l'endroit de tous ces bons professeurs qui se sont fait humilier par quelques zélés lors des derniers jours du gouvernement Lévesque... Ces professeurs que l'ont dit toujours « gâtés ». Hélas, les lanceurs de pierres n'ont jamais passé toute une journée dans une classe pour retourner à la maison le soir et faire de la correction, de la préparation de cours, etc. Contrairement à ce que plusieurs pensent, on n'entre pas dans une classe sans préparation. On n'en sortirait pas vivant... Ces professeurs qui ont quand même de justes doléances qui, malheureusement n'ont pas toujours le poids qu'elles méritent auprès des hautes autorités du système scolaire qui doivent porter attention aux caprices trop souvent vociférés par certains élèves, aux jappements de certains parents frustrés par tout autre chose, etc. Des professeurs qui doivent composer avec ce que je considère toujours comme le plus grand des problèmes en éducation...

A l'occasion d'un congrès pédagogique de l'Abitibi-Témiscamingue en novembre 1992, j'annonçais un atelier que je me proposais de donner, appuyé par les bonnes expériences de mon épouse (car je me devais de ne pas être qu'un simple « pelleteux de nuages » du MEQ), un atelier, dis-je, qui avait comme titre « La discipline, le plus grand des problèmes en éducation ». Résultat : 122 demandes d'inscriptions pour un atelier de 25 personnes au maximum. Le médium étant le message, nous sommes allés de l'avant. Son contenu, en fait, était basé sur les théories de l'Américain Rudolph Dreikurs, théories qui ont déjà été avancées au Québec par Raoul Côté, professeur à l'Université du Québec à Hull (UQAH). Nous avons dû, hélas, contingenter et donner l'atelier aux 25 premiers inscrits. D'après les commentaires reçus, ce fut un franc succès.

Vous me permettrez la fléchette suivante toutefois : le syndicalisme québécois, du moins dans sa manifestation la plus radicale, a plutôt nui aux enseignants, à la profession de l'enseignement, qu'il ne les a favorisés. Et je trouve ça des plus regrettable, aussi bien pour le mouvement syndical que pour les enseignants eux-mêmes.

Une plus grosse flèche à présent...

Comme dans tout baril de bonnes pommes, il s'y trouve celles qui sont moins belles et bonnes, celles qui font ternir l'apparence, voire la réputation des autres... des autres majoritaires, il y a des enseignants hélas, aussi qui brillent par leur incompétence... des enseignants aussi incompétents qu'un André Ouellet en absence totale de lumière, des enseignants aussi inefficaces qu'une girouette triplement rouillée, des enseignants n'aimant pas plus les enfants qu'un Hérode en état de crise, des enseignants qui ne sont pas à leur place (certains d'entre eux d'ailleurs auraient dû devenir plutôt des sergents-majors dans l'armée !)... Pour en finir avec ceux-là, cette demande de reconnaissance, cet hommage n'est pas pour eux... Pas du tout !

C'est un hommage à tous les bons enseignants qui, chaque matin, prennent la relève des parents, qui ont tellement hâte, mais tellement hâte que leurs frimousses s'en aillent à l'école pour recevoir l'enseignement et l'éducation qui leur sont dus.

Chapeau à vous tous, les bons professeurs du primaire et du secondaire ! Je vous aime et vous admire... Pour ce qui est des professeurs de français, je vous adore et vous adule ! À preuve, j'en ai marié une !

*   *   *

Voilà donc pour ces quelques parenthèses. Elles sont reliées à des situations ou à des faits insolents qui me chicotent dans ce Québec que j'adore.

Scène 8

LES ANGLICISMES ET L'AUTRE LANGAGE

C'est depuis longtemps que je déplore cette habitude qu'ont de nombreux journalistes et animateurs des médias électroniques d'utiliser constamment des anglicismes... On a sans doute attrapé cette espèce de virus parisien dont l'embryon se retrouve dans un certain snobisme intellectuel. Pourtant, il y avait un temps où nous nous targuions ici au Québec, de ne pas avoir entaché notre langue de ces anglicismes, comme le faisaient nos amis les Français. Serait-ce encore une fois l'œuvre de Darwin ? Hélas, nous avons attrapé de plein fouet la maladie. Pour nous, Québécois, ceci illustre encore une fois notre à-plat-ventrisme inné devant tout ce qui est anglais.

Lorsque j'étais à l'école (en Ontario à part ça !), que nous en avons fait des exercices de correction d'anglicismes ! Plus tard, comme enseignant, j'ai toujours voulu inculquer ces mêmes valeurs chez mes étudiants. Comment donc réussir ? Comment la plupart des bons professeurs de français peuvent-ils réussir lorsque des gens ayant autant d'influence que les journalistes et les animateurs s'en moquent ?

Les expressions que j'ai inscrites dans le tableau de la page suivante, pour lesquelles il existe de très bons termes français ou québécois, devraient être rayées de notre vocabulaire. D'où viennent-elles ? Eh bien, je les ai tirées des quotidiens *La Presse* et *Le Journal de Montréal* ou entendues de la bouche de certains animateurs aux stations de télévision Quatre-Saisons, Télé-Métropole, RDS et même Radio-Canada... Les rédacteurs sportifs en sont les plus coupables. Le pire chroniqueur toutefois demeure Pierre Foglia, qui fait de ces encensements une de ses marques de commerce. Comment donc s'attendre à autre chose, lui qui s'insurge, si catégoriquement parfois, contre toute forme de censure ou de contrôle... Lui pour qui le mot « discipline » est à proscrire, peut-être parce qu'il évoque faussement chez lui des souvenirs fascistes.[1] Dans son billet du 17 janvier 1996 par exemple, il employait le mot « job » sept fois dans les trois premiers paragraphes. N'y aurait-il pas eu une ou deux places pour les mots « emploi », « travail » ? Au plus grand plaisir de son éditeur sans doute et devant l'indifférence probable de l'« indépendantiste » en question, je lis Foglia à chaque occasion. Il m'attire, m'épate, me fait rire, m'ébranle, me choque, me répugne, me le fait haïr... En d'autres mots, il est bon, très bon ! A mon humble avis, il pourrait être aussi bon, sinon meilleur, s'il s'en tenait à rédiger tous les mots de ses textes en bon français... dans un français exemplaire pour tous ceux qui oseront se servir de ses chroniques pour modèles.

01. all dressed	25. heavy	49. shopping
02. anyway	26. hit	50. shot
03. billboard	27. hot dog	51. show
04. boss	28. job	52. showcase
05. box-office	29. ketchup	53. smoked meat
06. Bed&Breakfast (a)	30. kit	54. software
07. Bed&Breakfast (b)	31. label	55. spots
08. cartoon	32. lunch	56. stand-by
09. cash	33. luncher	57. stand-up
10. challenge	34. morning man	58. star
11. chéké-in	35. office	59. stop
12. chékéowter	36. one-man show	60. tee-shirt
13. chips	37. parker	61. ticket
14. coacher	38. parking	62. top
15. cool	39. pins	63. track
16. dealer	40. popcorn	64. trip
17. fan	41. rewinder	65. waiter
18. faxer	42. shareware	66. waitress
19. fuck	43. shift	67. walkman
20. fun	44. shipper	68. week-end
21. game	45. shipping	69. wind breaker
22. goal	46. shit	70. winder
23. goaler	47. shooter	
24. hamburger	48. shopper	

---

[1] Exception majeure, pour ne pas dire magistrale, son « Enfant moule » de jadis, qui est devenu un classique, à mon avis. Mon épouse et moi nous étions servis de ce texte, dans notre atelier portant sur la discipline.

À la radio, j'ai entendu ces expressions maintes et maintes fois de la bouche même d'animateurs musicaux à Radio-Cité et à CFGL-Laval. Nathalie St-Pierre, de radio rock-détente entre autres, semble vouloir nous démontrer que le bilinguisme (ou sa perception de), ça fait chic! PET, Chrétien et Charest doivent en avoir *le grand frisson*! En passant, cette petite tourneuse de disques doit entretenir un méchant mal de gorge pour se gargariser comme ça!

Et que dire de ces dignes annonceurs de Radio-Canada qui saupoudrent des «week-end» comme on saupoudre de sel nos frites Mcdo... ou plutôt nos frites Morasse! Non seulement doit-on se distinguer de la culture anglaise, voici que l'on devrait avoir à se distinguer de la parisienne en plus! Dire que l'on essaie de convaincre le monde extérieur que l'on tient à notre langue! Alliance Québec ne doit pas avoir trop de peine à se trouver des munitions...

Dans la presse écrite, jusqu'au prestigieux *Devoir*, qui titrait à la une au mois de janvier 1996: «Le shopping scolaire fait des victimes.»... Oui! Ce même *Devoir* qui embrasse maintenant le verbe «stopper» pour le verbe «arrêter». Pour augmenter ses ventes, pour survivre, je suppose qu'il se doit d'être davantage «in» à son tour... Et Mme Bissonnette qui lançait quelques flèches à l'endroit des Français au sujet de cette même névrose, lors de l'émission *Bouillon de culture*!

* * *

Des conseillers pédagogiques à la Commission sco... au Conseil scolaire de Rouyn-Noranda avaient trouvé un joli mot pour remplacer le populaire «tee-shirt» anglais. On avait trouvé le mot «gaminet», tiré de «gamin»... Mignon hein? On a eu beau essayé de l'implanter, de le populariser... mais sans succès. Il aurait fallu peut-être qu'il fût inventé aux États-Unis et prononcé à l'anglaise. Zellers, K-Mart, Woolco, etc. auraient affiché «gaminet» partout dans leurs commerces et les Québécois auraient remplacé à tout jamais «tee-shirt» par «gaminet»... Quoique Canadian Tire et Sears affichent toujours le mot «pneu» dans leurs catalogues et dans leurs magasins... et ce n'est malheureusement pas ça que l'on entend de la bouche des consommateurs.

*　　*　　*

Mon épouse et moi préférons toujours encourager des produits locaux, des produits régionaux, des produits québécois avant de nous en remettre à ceux de l'extérieur. C'est ainsi que nous avons acheté un délicieux ketchup rouge maison préparé par une petite entreprise de Clerval en Abitibi.

Nous avons écrit aux propriétaires pour les féliciter de leur produit et, tout en leur suggérant qu'il serait peut-être, selon nos goûts, avantageux d'épaissir légèrement sa consistance, nous leur avons brièvement soumis qu'un groupe de Belges francophiles, soucieux de corriger les anglicismes utilisés dans leur pays, avaient trouvé le mot « tomatine » pour remplacer le mot « ketchup ». La racine du nouveau mot dit tout... Hélas, ils ont frappé le même mur que les conseillers pédagogiques du conseil scolaire de Rouyn-Noranda avec leur « gaminet »... Mon épouse et moi ajoutions donc cette idée dans notre lettre aux propriétaires de Clerval, au sujet du mot « tomatine », question de donner un meilleur aspect régional ou québécois au produit. On ne nous a même pas répondu. Pas d'accusé... même pas de « ... mêlez-vous pas de nos oignons »... Voyons donc ! Se préoccuper de la qualité de la langue... de la qualité de la langue française au Québec ! Est-ce qu'il en reste encore des gens comme ça ? On savait sans doute qu'il y avait eu, dans l'ancien temps, un certain Untel... un certain Frère, mais on le croyait mort et enterré depuis longtemps celui-là.

Résignés, mon épouse et moi songeons maintenant à écrire à la compagnie Heinz aux États-Unis pour leur suggérer qu'ils laissent tomber leur mot « ketchup » pour le remplacer par « tomatine ». Si ça marchait, nous sommes sûrs que les gens de Clerval, en vrais bons moutons, suivraient.

*　　*　　*

Une parenthèse dans cette scène qui n'en est pas une, pour exprimer que je suis souvent estomaqué devant le fait que certaines sociétés québécoise, qui sont de toute évidence bien structurées, ne se donnent même pas la peine d'accuser réception d'une lettre d'affaires. J'ai toujours appris que cet exercice se faisait presque automatiquement, qu'il en était un de politesse et de saine gestion... Mais on serait surpris de connaître certains noms.

Serait-ce parce que rares sont les employés capables d'écrire une lettre qui se tienne debout en français ? Serait-ce parce qu'on a tellement peur de faire des fautes, qu'on s'abstient de répondre ? Serait-ce parce qu'on a été tellement immunisés contre l'ouverture de quelque livre que ce soit, qu'on a même peur d'un dictionnaire... même d'un dictionnaire à images ?

Dois-je ajouter que *Insolences III* est déjà amorcé ?

*   *   *

Il y a quelques années, au Québec, le lendemain de Noël s'appelait « lendemain de Noël », bien évidemment. Pas trop compliqué, quand même ! Des commerces ouvraient leurs portes pour offrir des aubaines du « lendemain de Noël »... Et les foules accouraient, tout anxieuses d'aller s'acheter des boules à 50% de rabais, pour le prochain arbre du prochain Noël.

Mais il y eut quelques zélés, souffrant du fameux choc-de-lin, qui ont constaté qu'au Canada anglais et aux États, on appelait cette journée « Boxing Day »... Wow ! et c'est en anglais à part ça ! ... À la poubelle « lendemain de Noël » ! « Boxing Day », c'est bien plus beau... c'est bien plus dans l'vent. Conséquemment, depuis quelques années, les affiches « Solde du lendemain de Noël » au Québec ont pris le même bord que les consignes « Arrêt » à Lachine... dans la société distincte... ont pris le même bord que l'obligation d'assister à la messe le jour de la Toussaint. C'est « Vente du Boxing Day » qui placarde maintenant les vitrines de nos magasins, en plus de nos écrans de télévision, à partir du 22 décembre au matin... Phénomène qui fait aussi partie de « cette bêtise et cette ignorance en pays québécois »...

Mais c'est vrai, je l'admets... « Boxing Day » a peut-être plus de « punch » !

*   *   *

137

Comme tant d'autres téléphiles québécois, durant les dernières années, j'ai été collé à la télévision lorsqu'on y présentait les émissions *Lance et compte* et *Scoop*. Que j'étais fier de constater que nous, au Québec, pouvions rivaliser, sur le plan de la présentation, avec tout ce que pouvait nous offrir la télévision américaine dans ce genre d'émissions... Intrigues fantastiques, excellent jeu des comédiens, rythmes rapides, parfois saccadés, etc. Et tout ça dans des scénarios bien de chez nous, des scénarios dans lesquels nous pouvions tous nous identifier.

Mais les anglicismes ! Mais les anglicismes ! Quels affreux messages à laisser à nos jeunes ! Quel affreux miroir de notre langue ! « Fallait-il en mettre tant ? » aurais-je bien voulu demander au duo Larouche / Tremblay.

Et les sacres ! Et les sacres ! Quels affreux messages à laisser à nos jeunes. Quel affreux miroir de notre langue ! « Fallait-il en mettre tant ? » aurais-je voulu demander au duo Larouche / Tremblay.

Comment voulez-vous que des éducateurs reprennent des étudiants qui sacrent à tue-tête dans une salle de classe, quand un tel langage se trouve cautionné par les plus populaires et meilleures émissions de télé du Québec ?

On m'aurait sans doute répondu : « Mais c'est ça la réalité, cher monsieur. C'est comme ça que les gens parlent (... du moins certains). Et nous, nous voulons montrer les choses telles qu'elles sont. Nous voulons que nos épisodes reflètent la réalité. »

Mais à bien y penser, cracher, se torcher, uriner, déféquer... ça fait partie de la réalité, ça itou ! N'aurait-on pas dû montrer ça aussi ?... Question de rendre l'émission plus authentique encore.

J'ai pensé leur écrire... J'y ai pensé sérieusement. Mais j'avais tellement peur que l'on rétorque en me parlant du film québécois *Léolo*... Ça m'en aurait bouché un coin !

Léolo ! Quelle déception ! Moi qui l'attendais avec tant d'enthousiasme !... *Léolo*, la culture québécoise au stade anal... Imaginez, faire un film sur un tel sujet... Faire un film sur **de** tels sujets... Et voir, sur grand écran en plus, les « cuisses » charnues de Ginette Reno !... Moi qui l'aimais tant, Ginette Reno. C'est sa voix qui fait son unicité à Ginette Reno, pas ses cuisses !... Et au diable la cause ! Je n'ai jamais compris comment cette dernière avait pu se livrer à un tel spectacle... Elle l'avait dit d'ailleurs qu'elle avait trouvé le tournage de ce film très difficile... J'comprends !

Imaginez-vous que la CBC, juste avant le référendum québécois du 30 octobre 1995, avait décidé de projeter *Léolo* (version anglaise, bien sûr) sur son réseau de télévision dans une des provinces de l'Ouest... Bien candidement comme ça, question de donner un aperçu aux Anglo-Canadiens de certaines « distinctions » de la société distincte d'à côté.... Question de montrer le niveau de culture de cette province qui se croit assez évoluée pour vouloir battre son propre tambour... Comme on pouvait s'y attendre, la réaction des téléspectateurs fut vive et acerbe... Quelle cochonnerie, a-t-on dit, en majorité. Certains cinéphiles québécois diront sans doute que, comme moi, ces derniers n'ont rien compris. Peu importe, c'est ce qu'ils ont perçu. Et très majoritairement à part ça.

Mais pourquoi ne leur a-t-on pas présenté des épisodes de *Sous un ciel variable* ? Pourquoi ne leur a-t-on pas présenté la nouvelle version de *Mon oncle Antoine* ?... Ou encore, *Un homme de rêve* avec Rita Lafontaine ?... *Solo*, de Paule Baillargeon, avec Marc Messier ? Pourquoi pas le petit chef-d'œuvre muet de 35 minutes, *Le Visiteur*, de Suzanne Guy ? Les anglophones n'auraient même pas eu besoin de le voir en traduction... Pourquoi ne pas leur avoir présenté *En pièces détachées*, de Michel Tremblay, s'il fallait tant leur exhiber la misère québécoise ? Pourquoi ne pas leur avoir présenté *L'Enfant d'eau* ? Pourquoi pas ?... Pourquoi pas ? Mais non ! On a préféré les baptiser, sans arrière-pensée aucune, avec *Léolo*... juste avant le référendum. Je pense que j'aurais même préféré qu'on leur montre *Aurore, l'enfant martyre* à la place ! ... En couleur !

... Fins renards quand même, nos compatriotes, d'avoir pensé présenter *Léolo* !

En toute objectivité, toutefois, je dois avouer qu'il y a un segment du film *Léolo* qui m'a ému, que j'avais trouvé fort bon. On se souviendra de cette scène du début où Léolo et son grand frère se font tabasser par les Anglais de l'autre coin. (Ça ne me scandalise pas plus que ça car je sais bien que les Anglais d'un autre « autre coin » se faisaient tabasser à leur tour par les frogs d'à côté.)... Mais on se souviendra combien le grand frère en a été marqué. Il a passé une grande partie de son adolescence à vouloir se venger... S'entraînant, levant des poids, faisant du culturisme, développant sa musculature... pour se reprendre contre des Anglais, pour s'affirmer enfin devant les Anglais... Et le jour vint ! Vous vous souvenez de la scène ? Il les affronta. Le corps y était, la force musculaire y était. Mais il se courba. L'échine plia encore. Pourtant, il avait l'air si prêt. Et les Anglais triomphèrent encore. Vous voyez le parallèle ? Scène pleine de symbolisme. Le grand frère s'était préparé. Il s'était préparé physiquement mais pas psychologiquement. Devant eux, il demeurait mentalement toujours un perdant... Un pepsi quoi !

Revenons à l'immense talent du prolifique tandem Larouche / Tremblay. En 1996, c'est *Urgence* qui a attiré des milliers de téléspectateurs. Et c'est bon ! ... Très bon ! Améliorations sur les séries antécédentes au chapitre des anglicismes... Améliorations pour ce qui est des sacres... Mais, « améliorations » seulement. Il resterait encore beaucoup de place à nettoyer. À titre d'exemple, je préfère de beaucoup voir le simple bout du nez de Ginette Reno. Je préfère encore plus l'entendre chanter... Pour ce qui est des « fesses », je préférerais peut-être revoir celles de Danielle Ouimet, mais apparemment qu'il s'y trouve beaucoup de varices depuis ses folichonnes initiations !

*   *   *

Lorsque l'on parle de qualité du français, mon côté « pédagogie » tente toujours de faire surface près de mon côté « passion pour le français ». Vient donc le grand problème pédagogique : corriger le français ! Quoi corriger, comment corriger, à quel niveau corriger ?

J'ai toujours déploré, en visitant plusieurs écoles élémentaires, ces compositions d'élèves fièrement affichées qui n'étaient pas en fait l'œuvre de certains élèves mais celle de l'enseignante. Les enfants de ce niveau ne peuvent pas écrire comme ça, me dis-je ! Pourtant, c'est sous leur signature que le texte est présenté. L'institutrice craint sans doute que son enseignement soit jugé, si le travail plus original de l'élève est présenté sans adultération.

140

Par contre, lorsque les élèves font des dessins, lorsque les petits de première année dessinent des arbres, des maisons, leur papa ou leur maman, on ne les corrige pas. On ne reprend pas leurs dessins pour leur faire un plus bel arbre, une maison avec une cheminée qui fume, des plus beaux papas et mamans. On respecte leur perception des choses, on respecte leur cheminement... Mais, quand il s'agit de la langue, ces principes ne semblent pas s'appliquer. Idem pour ce qui est des fameux journaux d'écoles, des fameux journaux de fin d'année. Pour la fin d'année, ne faut-il pas montrer le progrès ?

Mon épouse a été affectée durant un an à une tâche de professeur de soutien dans une petite école de Bellecombe. (Où est Bellecombe, direz-vous ?... À quelque 633 km au nord de Toronto, à une dizaine de kilomètres de sa ville jumelle, Saint-Roch-de-Bellecombe ! ... Ça vous situe ?) L'année suivante, alors qu'elle retournait au palier secondaire, là où elle avait déjà ses racines, elle recevait la lettre qui suit d'un de ses anciens élèves de cette humble petite école de Sainte-Agnès-de-Bellecombe. (Voir la reproduction de la lettre originale, à l'annexe 2, p. 225)

Jeudi le 26 septembre 1991

Bonjour Lilianne sa fait bien longtemp que je tais pas écrive. J'ai sans doute obiller. Met pas aux jourd'hui. J'ai eu des vacances formidables jai déga 11 ans. Quand tu était à l'école de Bellecombe javais sellement que 8 ans le temps passe vite et jai grandie. Je suis rendu en 5e année mon proffaisseur sapelle Monique Baulé met on va changer de classe parce que on a eu un autre proffaiseur dans l'école. Je mavais avec Lune et je serai en 4e et 5e année. Et toi, est-ce-que sa va bien. Est-ce-que tu est encore proffaisseur. Jemerai retourner dans le temp parce que je voudrai revoir mes souvenir.

Louis

Vous avez lu ? Avez-vous eu peine à comprendre ? Louis a-t-il été capable de communiquer ?... Car c'est d'abord et avant tout, ça « savoir écrire » : apprendre à communiquer ! Mon épouse aurait-elle dû lui retourner sa lettre avec les fautes encerclées en rouge ? Aurait-elle dû retourner la lettre avec un gros « X fautes » bien en vedette en haut ? Peut-être avec le commentaire : « Beau progrès quand même » ou encore : « Toujours autant de fautes ! »

141

Relisez la dernière phrase de son texte... Allez-y, relisez-la ! Qui oserait mettre des hachures dans une telle expression d'amour ? Oh oui ! J'en connais qui le feraient. J'en connais qui l'auraient fait... Et avec tellement de passion à part ça !

Dois-je en dire plus ?

Bien sûr qu'il faut viser à la perfection de la langue... Mais pas en première année ! Pas au primaire ! Même pas au secondaire ! On se doit de respecter le rythme d'apprentissage des enfants. Certains enseignants s'attendent à ce que les élèves en sachent autant qu'eux... Eux, ils ont 35-45 ans, les enfants 7-12 ans !... Dieu merci, ces « sages » ne savent pas tout.

L'apprentissage du français ne se limite pas à l'assimilation de connaissances (mettre des « s » au pluriel, etc.). Apprendre une langue, comme apprendre toutes les matières d'ailleurs, implique l'acquisition de concepts : l'adverbe, le participe passé, etc. (Ça prend **des années** à y parvenir. Demandez à votre proche s'il sait ce que ça veut dire « subjonctif » ? Le mieux qu'il pourra répondre, ce sera que ça commence par « que » ! Mais il n'en aura pas saisi le concept plus que ça.)... L'apprentissage d'une langue implique le développement d'habiletés psychomotrices : savoir écrire, savoir épeler rapidement, etc. MAIS, et c'est le plus important de tout, apprendre une langue, ou « apprendre » tout court, implique le développement d'**attitudes** et de **valeurs**, le développement positif d'attitudes et de valeurs. En d'autres mots, il faut que l'élève arrive à **aimer** la langue, à aimer vouloir l'apprendre, à aimer vouloir en parfaire la connaissance. Il faut que cette attitude devienne une valeur dans son schème de pensée. Ce dernier phénomène en est la base. Ce phénomène est le plus important. Voilà pourquoi j'en veux tant à tous les éléments de notre société qui ne se préoccupent pas de la langue, qui la dévalorisent, qui s'en moquent. Voilà pourquoi je critique Pierre Peladeau, *Scoop*, *Lance et compte*, Foglia, Ernest Carrière et Fils, Power Corporation, le Château d'Amos, la municipalité de Bouchette avec son « Camping Bouchette Camping » ! Voilà pourquoi j'en veux tant à nos soi-disant radios francophones, aux appareils de téléphone qui nous accueillent avec de la musique en anglais. Voilà pourquoi j'en veux tant à tous les organismes – gouvernement du Québec compris (sans reprendre ma hargne à l'endroit de Claude Ryan) – qui ne donnent pas au français la crédibilité qui lui est due... Voilà pourquoi je m'en prends à Daniel Johnson qui s'adresse à la communauté italienne du Québec uniquement en anglais. Enfin, enfin, voilà pourquoi je publiais, en 1987, mon essai *Les Insolences du bilinguisme...* Voila pourquoi !

J'ai changé d'idée, je la reprends ma hargne à l'endroit de Claude Ryan. Vous pourrez comprendre, encore une fois, devant ce fait, toute l'admiration que j'ai pour ces professeurs de français qui réussissent contre vents et marées à motiver leurs élèves, qui réussissent, presque tout seuls, à bien enseigner le français... Claude Ryan, cet ancien ministre de l'Éducation, cet ancien rédacteur en chef du *Devoir*, en a-t-il pris note durant ses règnes ? Bien non ! Il était trop occupé à sursemer ses indulgences à l'endroit des illégaux dans les écoles anglaises, trop occupé à perdre son temps à vouloir changer les consignes unilingues françaises de la circulation au Québec, par des espèces de pictogrammes ! ... Question de « sécurité », aurait-il dit ! Claude Ryan, ministre de l'Éducation ! Pourquoi ne l'avait-on pas nommé ministre de la Santé plutôt... au Bangladesh ?

Quand je disais que les enseignants de français devaient travailler à contre-courant, c'est à ça que je pensais... à ce manque de crédibilité et de respect que l'on accorde à notre langue.

* * *

En somme, comment cette crédibilité se traduit-elle ?... Par l'**exclusivité** du français ! ... Comme est exclusif l'anglais au Canada anglais et aux États-Unis. Qui oserait mettre en question l'importance d'apprendre l'anglais au Canada anglais, aux États-Unis, même en France, même au Québec ? Comment valoriser le français donc ?... En le rendant **exclusif**. Voilà, ça me semble simple comme bonjour... Si vous ne me trouvez pas encore assez convaincant, j'y reviendrai tantôt, soyez sans crainte.

Imaginez cet étudiant de secondaire I qui, après avoir passé une heure dans la cafétéria de son école, à se faire rebattre les oreilles et tout le cerveau par ce charivari anglo-américain, monte à 13 h 00 pour son premier cours de l'après-midi. Il se présente pour son cours de français... Imaginez encore que le seul outil didactique qu'utilise son prof est le fameux stylo-feutre rouge, du même genre qu'employait sa maîtresse de première année lorsqu'il soumettait ses premières compositions, lorsqu'il faisait ses premières dictées. Croyez-vous qu'on va le récupérer celui-là ? Pensez-vous qu'on réussira à développer chez lui des attitudes positives reliées à l'apprentissage de sa langue ?... À la maîtrise de sa langue maternelle ? Pensez-vous qu'il voudra vraiment apprendre ? « Peau de chien », il a déjà accumulé deux prises contre lui. Il mourra au bâton dès les premières paroles non-motivantes de son prof... Il mourra au bâton dès que son prof aura élevé la voix pour retenir son attention. Et enfin, il restera mort pour long-temps... Comme sont morts plusieurs de ses collègues... Comme sont morts plusieurs jeunes Québécois... Hélas !

Au collégial, à l'Université, ce n'est pas la même chose. Ce sont des paliers d'éducation **facultatifs**. Au primaire et au secondaire, le système d'éducation est pour tout le monde. Il est obligatoire. Les beaux, les moins beaux, les fins, les moins fins doivent y passer. L'enfant n'y va pas pour apprendre essentiellement qu'il n'est pas bon, bon ou meilleur que les autres. Il y va pour **apprendre**... point à la ligne. Il y va pour s'épanouir, pour avoir confiance en lui. Il y va pour apprendre à « être » ! Voilà donc pourquoi on a aboli les rangs... Et Dieu merci pour cette abolition !

Si le ministère de l'Éducation à présent peut en venir à abolir ce classement qu'il fait des commissions scolaires de la province à la suite des examens ministériels des élèves, ce serait un énorme pas dans la bonne direction. Les commissions scolaires ne sont pas en compétition l'une contre l'autre pour produire les meilleurs résultats. D'ailleurs, ce classement est tronqué, puisque 50% des commissions scolaires sont, avant même le départ, en deçà de la moyenne. Il y a des facteurs sociaux et autres qui entrent en jeu ici. Il faut en tenir compte. Il faut les respecter.

* * *

Ont en fais toussent des fôtes de franssais. Moi le premier. Je ne devrais pas mais j'en fais. Souvent, mon esprit est davantage préoccupé par mes élans épistolaires. Souvent, malgré mes dictionnaires, malgré le vérificateur orthographique intégré à mon traitement de texte, il s'en glisse quand même. Et je m'en veux tellement lorsque je m'en aperçois, lorsque quelqu'un m'en fait la remarque ! ... Nous avons bien vérifié mais il se peut qu'il s'en soit passé quelques-unes dans le présent ouvrage. Mais je le saurai ! Peut-être trop tard, mais je le saurai. Y'aura sans doute un certain dentiste de ma région qui n'aura su tirer que ça de mes présentes *Insolences...* Et avec quel plaisir me le mettra-t-il sur le nez... *Mea culpa, mea culpa, mea maxima culpa !*

Mais j'insiste... Il ne devrait pas y avoir de fautes dans les journaux, dans l'affichage, dans les lettres d'affaires (surtout celles en provenance du gouvernement), dans *Insolences II...* Il ne devrait pas y en avoir. Parfois, apprendre ça fait mal ! Mais hélas, on me prend en défaut, je vous jure qu'il n'y en aura aucune dans *Insolences III* !

* * *

Comme toute chose a ses limites, il faut aussi en avoir pour l'acceptation de textes officiels, commerciaux ou autres, en rapport avec la qualité du français. L'exemple qui suit ne veut pas, cependant, créer un barème de limite, mais bien montrer comment on peut en venir à se moquer du français... comment on peut en venir à nous passer des affaires sans qu'il y ait quelque répercussion que ce soit.

J'ai en main, l'emballage d'une lampe achetée au Québec... Non, ce n'est pas moi qui aurais acheté ça. Contrairement à tous mes principes, j'en conviens, je vais aussi bien reproduire le texte anglais que le texte français, sur lequel était basé son écriture. Les voici :

WORK LAMP
WITH FLUORESCENT TUBE 13W
- Lasts for more than 5000 hours
- 80% less electric power consumption
- safe – does not get hot
- gives a warm and cozy light

```
┌─────────────────────────────────────────┐
│         LAMPE À BRAS BALANCER            │
│      AVEC FLUORESCENT TUBE 13 WATT       │
│    • Dernier pour plus que de 5000 heure │
│  • 80% moinder electrical pouvoir consommation │
│         • Sauf-non procurer chaud        │
│    • Donner ardent ainsi agréable lumière│
└─────────────────────────────────────────┘
```

Non, mais c'est-y assez grave ! C'est-y assez épouvantable de vomir sur notre langue comme ça ! ... et de s'en sauver ! Non ! il n'y a pas d'adresse... seulement la mention « Made in Taiwan ». Le petit Louis de 11 ans aurait pu leur donner un petit cours de français... un excellent cours !

J'aurais le goût d'emprunter, pour quelques instants, le vocabulaire de *Lance et compte*. Que j'aurais donc voulu pouvoir leur écrire ! Que j'aurais donc voulu écrire à l'OLF (pour ce qu'il en reste – gracieuseté Claude Ryan) ! Mais non, j'ai dû prendre une grosse respiration, compter jusqu'à 10, jusqu'à 10 000, et attendre... J'ai toujours la boîte en question.

Je pensais avoir trouvé, avec l'exemple précité, le dessert des desserts. Mais voici que mon technicien favori d'hélicoptères me fait part du texte suivant :

Sergio Valente
by : Everlite

```
┌─────────────────────────────────────────┐
│         GUARANTEED FOR 12 MONTHS         │
│            1 YEAR GUARANTEE              │
│ EVERLITE LUGGAGE warrants to the original customer │
│ that this product be free from defects for 12 months from │
│ date of purchase. If defects should occur please return │
│ prepaid to EVERLITE fot REPAIR OR REPLACEMENT. │
│ NOTE : DOES NOT COVER DEFECTS CAUSED BY │
│ NORMAL WEAR AND TEAR OR DAMAGE CAUSED │
│ BY CARRIERS.                            │
└─────────────────────────────────────────┘
```

```
┌─────────────────────────────────────────┐
│            GARANTIE 12 MOIS              │
│ LES BAGAGES EVERLITE garantit au client original, ce │
│ procuit contre tout defaut de material el de main deuvre pour │
│ une peidle de 12 mois etre retoume port paye a EVERLETE │
│ pour remplacement au reparation CETTE GARANTIE │
│ COUVRE L'USAGE NORMAL SEULE-MENT ET PAS │
│ DOMMAGES CAUSES PAR LES TRANSPORTEURS │
└─────────────────────────────────────────┘
```

```
TORONTO :      451 ALIANCE AVE
               TORONTO, ONT CANADE M6N 2J1
               (416) 763-4040 FAX : 763-0623
MONTREAL :     10150 NOTRE-DAME ST E
               MONTREAL P.O. H18 2T8
               (514) 645-2246 FAX : 645-0001
```

Au balayage de cette page, le vérificateur orthographique de mon logiciel a pété !

... Et tout cela en pouvant se dire, à haute voix, respectueux des exigences de la Loi (fédérale) sur les langues officielles. À moins haute voix, toutefois, ce n'est rien d'autre que : « Fuck the French language ! »

LA LOI 101

Quelle loi 101 ? Celle du Dr Camille Laurin ? Celle adoptée par le gouvernement du Parti québécois le 26 août 1977 ? La Charte de la langue française ? Celle qui proclamait, comme il se devait, le français **seule** langue officielle du Québec ?... Seule langue officielle via une **charte**, c'est-à-dire la loi des lois, la loi qui avait préséance sur toutes les autres lois du Québec ?... Charte de la langue française enfin qui donnait un statut officiel, une reconnaissance officielle à l'usage du français au Québec ?

Ne vous cassez pas la tête, cette loi n'existe plus. Elle a été égratignée, grugée, rongée, érodée, râpée, vermoulée depuis les presque lendemains de sa proclamation. Plusieurs ont même fermé les yeux sur son application dans les mois mêmes qui ont suivi sa mise en œuvre.

Malgré tout ça, cette loi a réussi des merveilles. Elle a montré à tous les Québécois, au Canada anglais, voire au monde entier, l'importance que le Québec accordait au français. Elle leur a montré l'importance que le Québec accordait à sa langue. Malheureusement, elle leur a aussi montré son énorme faiblesse, pour ne pas dire son énorme complexe, devant la faiblesse de sa mise en œuvre... En raison de son titre de « Charte de la langue française », cette loi a réussi malgré tout à donner un véritable **statut** au français... un statut officiel. Malgré tous les délabrements qui s'ensuivirent (et certainement pas « à cause de... », bien au contraire), cette loi a réussi à nettoyer l'affichage à Montréal... Sont conséquemment et soudainement devenus **pour** l'affichage **bilingue**, tous ces farouches Anglos et « atteints du choc-de-lin » qui ne s'affichaient auparavant qu'en anglais... au Québec ! Cette loi nous a permis de ne plus quémander pour exiger que l'on se fasse servir en français à Montréal, à Bonaventure, à Hull, à Aylmer, à Fort-Coulonge, au mail du West Island (du moins dans son intention !)... Cette loi pouvait donner de la valeur à l'enseignement du français dans les écoles de la province... dans les écoles subventionnées par le gouvernement du Québec.

Mais qui s'y est tant opposé ?... Qui en voulait tant à cette Charte de la langue française ?

Mon Dieu ! ... Où commencer ? Par nos compatriotes anglophones d'abord, tellement gâtés par leurs « libertés » d'antan... Tellement gâtés par la facilité qu'on leur accordait et qu'on leur accorde toujours à pouvoir nous imposer leur langue, chez nous ! ... Car, lorsque nous n'imposions notre langue, c'est l'anglais que nous laissions bien volontairement, s'imposer... Par ces mêmes compatriotes anglophones, tellement aveugles en ce qui a trait à l'usage du français dans les autres provinces du Canada. Oui, opposition par nos compatriotes anglophones, via le mouvement Alliance Québec, grassement subventionné par le gouvernement fédéral, **notre** soi-disant gouvernement. Opposition aussi de la part de nombreuses ethnies (pas toutes, je tiens à le mentionner) qui se sont vues assimilées dans le monde du travail et dans le monde culturel unilingue anglais de Montréal, en raison de certaines réalités de l'heure.

... Opposition à laquelle s'est joint Pierre Elliott Trudeau (et sa clique), qui ne pouvait plus réaliser son utopie, à savoir celle de créer un Canada bilingue « from coast to coast »... Comment justifier l'installation d'enseignes « Ladies / Femmes » dans les toilettes d'un parc fédéral en Colombie-Britannique, alors que le Québec se déclarait unilingue français ? C'était donc, pour monsieur Trudeau, « politically correct » de faire la guerre à la loi 101. Il fallait équilibrer les choses malgré le fait que la réalité linguistique du pays se voulait à l'image de ce balancier qui penchait énormément plus d'un côté que de l'autre... Si l'on devait mettre un poids d'un centigramme d'un côté, il fallait donc mettre un poids d'un centigramme de l'autre côté aussi... toujours pour garder l'équilibre des forces, de penser sans doute, monsieur Trudeau et ses suiveux.

Se sont aussi joints à la guerre à la loi 101, les libéraux du Québec, tantôt comme membres de l'opposition, tantôt comme parti au pouvoir... Avec Claude Ryan en tête ! Amplement appuyés par les Elkas, les Middlemiss et compagnie. Amplement appuyés par tous ces souffreteux du syndrome du choc-de-lin, dont déborde la galère du Parti libéral du Québec... Oh ! Ces derniers étaient tous **pour** la loi 101. Ils étaient tous **pour** la reconnaissance du français au Québec !... MAIS ! Voilà ce fameux « mais » sur lequel se sont portées les nombreuses écorchures... Et écorchures il y a eu !

Le gouvernement libéral en a fait des écorchures. Claude Ryan en a fait de sa propre main... par ses cérémonies pénitentielles d'une part, par son abolition des méchantes « polices » de l'Office de la langue française, d'autre part. Le gouvernement Bourassa, lui, a de son côté apporté des amendements via la loi 178, en 1988. En partie, par le biais de la plus irrationnelle des clauses, à savoir celle de permettre l'affichage « bilingue » à l'intérieur des commerces, mais en maintenant l'affichage unilingue français à l'extérieur. Quel paradoxe ! Comment justifier l'affichage unilingue français à l'extérieur, alors que l'on permettait l'affichage bilingue à l'intérieur ? J'vous dis qu'on avait l'air des beaux zozos aux yeux du monde ! ...Vint ensuite tout un nouveau débat concernant une nouvelle goutte d'eau, pour ne pas dire 140 gallons, à savoir celle de rendre le français « prédominant » dans l'affichage extérieur. Vint donc, le 22 décembre 1993, la loi 86 modifiant encore une fois le noble et nécessaire projet de Camille Laurin.

Voir si on en n'avait pas assez de nous-mêmes pour nous faire du tort ! ... Voir si nous n'étions pas encore une fois nos pires ennemis ! La Cour suprême du Canada, la Cour suprême de **notre** Canada, s'est mise de la partie, grâce aux revendications d'un homme d'affaires anglophone de l'Estrie (un entrepreneur de pompes funèbres) et aux revendications de la Brown Shoe Company, chaîne de magasins faisant affaire en partie au Québec, appuyés par l'avocat montréalais Julius Grey, dont les honoraires furent payés par nos taxes, via les octrois à Alliance Québec. Eh bien, la Cour suprême du Canada a aussi émis un jugement **contre** la loi 101, cette ignoble loi qui, selon ses dires, portait atteinte d'une façon irresponsable aux droits de la communauté anglophone... D'où, l'amendement « 86 » !

C'est François Lemieux, président de la Société Saint-Jean-Baptiste de Montréal qui a émis la meilleure perle au sujet de la loi 101, lors d'une émission de *Droit de parole* à Radio-Québec. « ... En tout cas, disait-il, la loi 101 est devenue tellement diluée, que plusieurs Anglais qui se voulaient **contre** au début, sont maintenant devenus **pour**! »

À noter que la loi 101 n'a pas été conçue pour protéger la langue anglaise au Québec. Elle a été conçue pour protéger la langue **française** au Québec... Car c'est cette dernière qui était menacée, c'est cette dernière qui se devait d'être protégée, et non pas la langue anglaise qui se porte bien... De toute façon, si nos amis anglophones ne pouvaient pas s'y faire, il leur restait toujours 9 provinces canadiennes, 2 territoires canadiens et 52 États américains pour aller séjourner ou vivre en anglais en toute quiétude... sans mentionner les châteaux forts de Westmount et du West Island. Nous les Québécois francophones, nous n'avons pas cette option... à moins, bien sûr, que nous décidions d'aller séjourner en France (quoiqu'un billet d'avion pour la France, c'est un peu plus dispendieux que le coût d'une journée à la plage du lac Champlain à Plattsburgh)... à moins que nous, les Québécois francophones, décidions d'aller **vivre** en France et travailler pour l'institut Louis-Pasteur à Paris !

Parmi les amendements qu'on y a apportés, il y avait ceux garantissant à nos cohabitants anglophones l'accès aux services hospitaliers et sociaux en anglais... C'était correct ! Mais dans **tous** les établissements de la province ? Oui, messieurs-dames ! C'est ça que nos compatriotes ont réussi à obtenir. C'mon ! ... Là, même où il y a faiblesse marquée d'une clientèle réelle ou potentielle anglophone ? Oui, messieurs-dames ! Mais c'est sans bons sens! ... C'mon encore ! (Foglia va m'avoir là !) À La Sarre, par exemple, là où la population d'expression française est à 99,99999% francophone, au CLSC et au Centre hospitalier local, on doit avoir du personnel pouvant offrir des services en anglais. Absolument ridicule ! Encore une fois, lorsque ce n'est pas nous qui imposons notre langue, c'est nous qui nous faisons imposer l'anglais. En voilà donc un autre bel exemple. On aurait quand même pu ajouter la clause « là ou le nombre le justifie », à l'instar de celle existant dans certaines provinces anglophones pour ce qui est de la création d'écoles d'expression française... Et ce «nombre justifié», à ma connaissance, se traduit par au moins 10% de la population totale.

Pensez-vous qu'avec tout ça, Mordecai Richler commencera à nous aimer un peu? Pensez-vous qu'avec tout ça, Mordecai Richler mettra de côté son vitriol habituel à notre égard? Pensez-vous qu'il discernera une certaine «bonne volonté» chez nous? Ou pourra-t-il confirmer cette immense faiblesse que nous avons concernant le respect de notre langue, faiblesse qui se traduit par l'obligation de s'en remettre à une loi pour protéger notre langue?... Comme si l'on devait s'en remettre immédiatement à une loi pour prévenir le cambriolage dans nos maisons... Comme si l'on devait d'abord et immédiatement et uniquement appeler la police lorsqu'un ennemi attaque notre bras, notre visage, notre être... Y a-t-il une loi 101 en Alberta? Oui, il y en a une! ... Elle est non écrite, toutefois. Pas besoin de l'écrire. Elle est bien inscrite dans le cœur et dans le sang de tous les bons Albertains. À preuve, essayez d'afficher en français à Medicine Hat! Essayez d'afficher «à la bilingue» à Lethbridge! (Fin de la parenthèse impromptue)... Une faiblesse, disais-je, que Mordecai Richler continuera à exploiter pour vendre encore davantage ses vidanges empoisonnées à notre égard...

Croyez-vous que, devant tout notre à-plat-ventrisme, devant tout cet à-plat-ventrisme «à la lige», Mordecai Richler abandonnera son Coca-Cola pour se désaltérer avec du Pepsi? J'ai lieu de croire qu'il s'en remettra à de l'acide sulfurique avant... Question de mieux nourrir son cancer!

Permettez-moi une parenthèse. Je connais très bien la situation scolaire des francophones hors Québec, je suis très au courant de leurs luttes, pour pouvoir affirmer que la création d'écoles françaises, là où même le nombre le justifiait (et amplement à part ça), n'a pas été chose facile. On a dû en entreprendre des guerres, des batailles non subventionnées par Alliance Québec. Il n'y avait pas de richissime Alliance Ontario à l'époque du Règlement 17 dans cet ancien Haut-Canada... Et dans certaines provinces (non plus l'Ontario et le Nouveau-Brunswick, enfin!), on doit encore se livrer aux pires démêlées, pour pouvoir éduquer les enfants issus de parents d'expression française, **en français**... Dites! nos amis anglo-québécois ont-ils eu à lutter comme ça pour obtenir leurs écoles anglaises au Québec ? Et ces derniers se plaignent ? Monsieur Tremblay, Madame Larouche, donnez-moi du vocabulaire pour exprimer mon désespoir !... Vous ne voulez pas, madame Larouche, monsieur Tremblay ? Je vous ai trop convaincus dans mes scènes précédentes ? Correct d'abord ! Vaut mieux respecter cette noble conversion du siècle. Tiens, tiens ! Plume !... Plume Latraverse !... Pourriez-vous me passer, pour quelques instants, trois ou quatre expressions colorées de votre vocabulaire choyé ?... S'il vous plaît, monsieur Plume !

Et qui encore s'est opposé à la loi 101 ? Qui en était mal à l'aise ? Eh bien, eh bien malheureusement, il y avait tous ces pepsis complexés, pour qui défendre le français était quétaine, pour ne pas dire honteux... Oui ! ces mêmes pepsis qui chantaient parfois, et bien aveuglément, ces paroles de Yves Duteil : «... C'est une langue belle à qui sait la défendre... »

Oui ! ces tristes pepsis qui se sentent tellement coupables d'imposer le français au Québec.

... À ce sujet, j'aimerais m'en remettre à un texte qui est paru dans le quotidien *Le Devoir* il y a quelques années, sous le titre de « Réflexions éthiques sur la loi 101 »... L'auteur, professeur de morale sociale à l'université McGill, y disait, entre autres : « *Le visage français que la loi donne au Québec, par ses dispositions sur l'affichage, adresse un message important à ceux qui ont passé leur vie ici de même qu'aux nouveaux arrivants. Cependant, de ce point, la langue du travail a encore plus de poids, à mon sens, que celle de l'affichage, et à cet égard la loi n'est guère exigeante. À mon avis, les Québécois d'origine française sont bien trop sensibles à l'attitude négative de la presse et de l'opinion publique du Canada anglais relativement à la question linguistique. À cause du caractère asymétrique de la confédération canadienne, d'un mépris et d'une hostilité héréditaires et du fait qu'ils n'ont jamais eu besoin d'institutions pour protéger leur langue, les anglophones du Canada, même les mieux intentionnés, sont généralement incapables de comprendre la situation du Québec et l'importance de la Charte de la langue française. S'ils devaient se laisser culpabiliser par cette attitude négative, les Québécois feraient preuve d'une irrationalité qui pourrait même compromettre l'avenir de leur culture.* »[1]

Petit renseignement des plus intéressant, enfin... Qui était l'auteur de ce texte ?... Qui était ce professeur de morale sociale à l'université McGill ?...Tenez-vous bien, Mordecai, il s'appelle Gregory Baum ! Oui ! Gregory BAUM... Pas tellement de résonance avec, disons... Tancrède Tranchemontagne, hein, monsieur Richler !

Il est évident que nos amis les anglophones ne peuvent aucunement accepter que nous ne pliions pas l'échine devant sa majesté la langue anglaise. Après tout, ils sont toujours bien chez eux, dans leur langue, à Oslo, Hong Kong, Copenhague, Paris... et aux îles Mouc-Mouc en plus ! *« Pour quisquis prend le Québec ? »* C'est pour ça que l'on proteste tant devant les lois linguistiques du Québec ! C'est pour ça qu'on nous traite de « racistes ». C'est pour ça que l'on est prêt à tout faire pour les mettre à l'épreuve, pour contester ces consignes. Mais c'est d'abord et avant tout l'orgueil abusif anglo-saxon que nos lois linguistiques ont mis à l'épreuve. Elles ont mis à l'épreuve l'outrecuidance et l'arrogance de nos oppresseurs. C'est ça qui leur fait mal. « Imaginez, se disent-ils, ceux que l'on a conquis, petit peuple qu'ils sont, veulent nous empêcher d'afficher dans notre langue, chez eux ! *Pour quisquis prennent, ces Québécois ?* ... Imagine ! These pea soups are going to tell us to talk French ! They're going to **impose** their language on US ! ... The nerve ! ... The *fucking* nerve ! »

Prenez le temps, chers lecteurs, de regarder les mots « impérialisme » et « orgueil » dans le dictionnaire. Prenez même le temps de retrouver les mots « imperialism » et « haughtiness » dans un dictionnaire de langue anglaise. Après quoi, vous allez en comprendre des choses... Enfin ! Vous aussi, Mme Gagnon !

Il y a toutes sortes de journaux au Québec : des journaux à la pensée éditoriale fédéraliste et libérale, des

---

[1] J'ai communiqué à deux reprises avec *Le Devoir*, dont une fois, directement auprès de Mme Bissonnette, pour en connaître davantage sur ce texte, pour discuter avec l'auteur afin de lui faire part de mon livre et d'obtenir certaines permissions. Je n'ai malheureusement reçu aucun suivi du *Devoir*... pas même un accusé !

journaux (du moins un, très bon quand même !) à la pensée nationaliste (et ces derniers temps, des plus souverainiste), des journaux à sensation, des journaux quétaines, des feuilles de choux, des saloperies et, enfin, des journaux qui ne le sont pas. Jamais, mais bien jamais, n'ai-je lu dans seul d'entre eux, des écrits diffamatoires aussi anti-anglais ou des écrits aussi anti-Canada anglais que les propos anti-Québec et anti-Québécois que tiennent régulièrement les *Toronto* et *Ottawa Sun*, les *Calgary Herald*, les *Winnipeg Free Press*, les *Cornwall « Froghaters »*, ainsi que les autres torchons du genre. Et c'est de ça dont s'alimente le Canada anglais (ainsi que les Canadiens français d'outre-frontières) au sujet du Québec, au sujet de ce que nous sommes. Et c'est avec ça que l'on nourrit ces préjugés. Enfin, quand on n'est pas sûr, eh bien on consultera *The Gazette* de Montréal pour venir mettre la cerise sur la gibelotte.

Me vient à l'esprit cette ignoble caricature ridiculisant Lucien Bouchard, que publiait l'*Ottawa Sun* au lendemain du référendum du 30 octobre 1995... Absolument dégueulasse !... Mais on nous aime[1] !... Hypocrisie collective !

Toujours dans le même sens... Une voiture aux plaques matricules de l'Ontario, de l'Alberta ou de Prince Edward Island passe bien inaperçue au Québec. Pour nous, ça fait partie du décor. Or combien de Québécois en ont à raconter sur des gestes et sur des incidents disgracieux subis sous l'attirance de leur « Je me souviens », en circulant ou en stationnant à certains endroits au Canada anglais ! C'est tout un amour qu'on a à notre égard, n'est-ce pas ? Peut-on comprendre notre dédain lorsque Chrétien vient nous chanter les beautés de **ses** Rocheuses ?

Mais quelle ironie est le fait suivant ! Le monde anglo-saxon, parmi d'autres, a bien aimé le film *E.T.* du cinéaste américain Steven Spielberg. A-t-on bien perçu le message de ce film, c'est-à-dire que ce qui est différent de nous, n'est pas nécessairement méchant ou mauvais, en dépit toujours de sa distinction, en dépit de son unicité ? Ne se souvenait-on pas comment le cinéma américain représentait habituellement des êtres étrangers, extraterrestres ou encore des bébites étrangères ? Comme des monstres à dynamiter !

---

[1] On devrait certes lire Erich Fromm, ou encore Leo Buscaglia !

Mais pour ce qui est de ce fameux *E.T.* (Extra Terrestrial), on pouvait même apprendre à l'aimer. Le film, avec son message, était quand même assez bon pour faire monter les larmes... Mais que les larmes ont vite séché à la sortie de la salle noire du cinéma, alors que l'on aurait dû, bien normalement, appliquer cette même leçon à ses confrères, les Québécois, à cette province du Québec, avec sa langue et sa culture distinctes. Distinctions qui se voulaient d'être ainsi officiellement reconnues... Cette province et ce peuple qui se devaient de prendre les moyens pour consolider cette distinction. Distinction qui se devait d'avoir les moyens pour assurer sa floraison. « Pas de passe-droits, a-t-on dit, tout l'monde pareil ! » Fallait s'y attendre, on ne tolérait même pas des « hyphenated Canadians », alors aurait-on toléré un Québec français appuyé par une loi 101 ? Pourtant, cette langue et cette culture ont été ce qu'il y avait de plus distinct et de plus authentique dans tout le Canada, voire dans toute la partie nord de l'Amérique du Nord. Mais on a tout simplement balayé cette distinction, en l'ignorant totalement, pour embrasser, à grands becs d'« english »[1], la culture américaine. Alors ce sont QUI, les véritables séparatistes ?

* * *

Jean-Paul Desbiens, alias le Frère Untel, demeurera toujours le roi des rois pour ce qui est du meilleur argument justifiant une loi 101 au Québec... du meilleur argument justifiant une loi 101 forte et dentée. « N'a-t-on pas des lois, disait-il, pour protéger notre morue, nos castors et nos bisons ? Pourquoi pas alors, une loi pour devoir protéger notre langue ? »

... Suis sûr que si le ministère de l'Environnement du Canada (surtout lorsque Mme Sheila Copps y était à la barre)... suis sûr que si leurs experts avaient découvert que la population de maringouins et de mouches noires serait en voie de disparition au Québec, dans les dix prochaines années, eh bien, le Parlement du Canada, appuyé à l'unanimité par tous les sénateurs présents en assemblée spéciale... que le Parlement du Canada, dans

---

[1] Jamais n'aurait-on osé lui donner des « frenchs » !

un geste des plus efficace, aurait tout de go voté une loi pour protéger les maringouins et les mouches noires au Québec... Le Parlement du Canada aurait voté une telle loi, peu importe ce qu'en auraient dit les pêcheurs de la fin d'semaine de la fête de la Reine, qui auraient pu, pour une première fois de leur sainte vie, se promener sur les rives de leurs lacs préférés, sans se faire dévorer tout ronds... Suis sûr !

Enfin, à chacune de ces interventions, à chacune de ces victoires touchant le démantèlement de la loi 101, Alliance Québec et compagnie recevaient leurs toniques nécessaires pour continuer... en plus, bien sûr, des généreuses subventions du Secrétariat d'État du gouvernement du Canada... en plus, en plus, des sommes reçues du gouvernement du Québec pour payer les frais d'un certain nombre de leurs avocats... Monsieur Tremblay, madame Larouche, au secours ! ... Radio-Canada, remontrez-moi quelques épisodes de *Lance et compte* ! J'ai besoin de mots pour exprimer mes maux !

*   *   *

Je frémis lorsque je me rends à la banque et que j'aperçois le gros camion blindé Sécur à côté duquel se trouve un gardien aux yeux fureteurs, qui, carabine chargée et aux aguets, surveille le porteur de l'argent, au sortir de la chambre forte. On peut à peine trembler intérieurement, mais personne ne bronche, personne ne se plaint, même pas Alliance Québec. L'exercice est bien dans l'ordre, tout est beau. Voilà ce que l'on protège sans hésitation aucune dans notre société. Voilà où se trouvent les véritables valeurs dans notre monde.

On n'hésite aucunement à embaucher des polices armées pour protéger son argent, pour protéger l'image de la Reine, pour protéger nos avoirs. Mais lorsqu'il s'agit de protéger sa langue, son héritage culturel, lorsqu'il s'agit de protéger l'élément le plus marquant et le plus vital de son identité, lorsqu'il s'agit de protéger son être, une protection musclée ne se justifierait pas ? Mais voyons donc !

L'expression «polices de la langue» (language cops) n'est pas de la Ministre responsable de la langue française, ni de l'OLF. Elle nous a été carabinée par Alliance Québec et les éditorialistes des torchons anglophones dans le but de nous énerver, dans le but de piquer notre sensibilité, voire notre complexe. Elle nous a tout simplement été crachée dans le but enfin de nous culpabiliser. Et ça fonctionne ! Lorsque madame Beaudoin annonça en juin 1996, que l'Office de la protection de la langue française renaîtrait, les chefs de file anglos ont vite repris leurs tirs habituels... Suivis d'un appui indirect de la part de nos Giroux (*Le Soleil*) et de nos Gruda (*La Presse*) qui, pour d'autres raisons camouflant leur névrose (en psychologie, ça s'appelle de la rationalisation), se sont joints à l'opposition. Voilà la solidarité québécoise ! Alliance Québec n'a pas tellement la tâche si difficile, en fait. Des complices parmi les nôtres, il en mouille... Des nouilles, il en mouille !

Les anglophones ne nous dominent pas parce qu'ils sont forts, ils nous dominent tout simplement parce que nous sommes faibles. Parfois je me dis que ce n'est pas sirop d'érable qui devrait nous représenter mais plutôt la mélasse !

Ah ! ils sont bien d'accord à ce que nous protégions notre langue, mais il ne faut absolument pas que cette « protection » les brime dans les moindres détails... En d'autres mots, ils sont tous pour la sauvegarde du français au Québec, mais à la condition qu'on leur laisse, comme depuis toujours, nous imposer l'anglais... Et les libéraux, avec Daniel Johnson à leur tête, empruntent exactement le même discours, nous parfument du même chloroforme.

C'est pour cette raison d'ailleurs que monsieur Claude Ryan, alors ministre responsable de l'application de la loi 101, a aboli son Office de protection. D'ailleurs, monsieur Ryan n'est pas un « homme-à-la-police », un homme aux armes. On l'a trop vu lors de l'été des Mohawks, lorsqu'il était à la barre de la Sécurité publique du Québec. Alors, suivant la philosophie de ce dernier, si jamais vous apercevez des cambrioleurs dans votre maison, surtout n'appelez jamais les gendarmes ! Plutôt, formez immédiatement une table de concertation avec vos intrus... et négociez ! Vous risquez fort que tous les éditorialistes du pays, autant francophones qu'anglophones vous appuient. ... Et monsieur Ryan aura mérité 300, voire 3 000 jours d'indulgences plénières de plus pour pouvoir entrer dans son ciel. Vous, vous n'aurez probablement plus de meubles ni d'appareils ménagers, mais monsieur Ryan et ses semblables auront réussi à vous convaincre de leur saint discours... Alléluia !

*   *   *

Non, je ne vous parlerai pas des propos de Serge Ménard (péquiste !), au lendemain de sa nomination au portefeuille de ministre d'État à la métropole... Je ne vous parlerai pas du coup de pouce, de cet LSD qu'il a encore une fois donné à nos compatriotes montréalais... Je ne vous parlerai pas de l'espoir qu'il a encore une fois créé auprès de cette communauté, dont certains membres commençaient enfin à s'y faire. Je ne vous parlerai pas des attentes qu'il a semées auprès de cette communauté. Dites ! Monsieur Ménard venait-il d'être nommé ministre responsable de « Ce-qui-reste-de-la-loi-101 » ?... Non !... Cette personne était Mme Louise Beaudoin... Je ne sais pas ce qui s'est passé par la suite dans les coulisses du Cabinet (secrets mieux gardés encore que l'intronisation à la franc-maçonnerie), mais j'espère que la belle petite madame a pu sortir de ses gonds, a pu faire jaillir tout son fiel, pour lui en faire voir toute une cramoisie. Elle aurait fort pu à la place, se rendre à Montréal, convoquer une conférence de presse et annoncer à toute la population de là-bas que son gouvernement cesserait immédiatement de payer sa part de la dette du stade. « ... Tiens, mon Serge, prends ça ! »

*   *   *

Un bon nationaliste me disait : « La meilleure protection que pourra avoir la langue française au Québec sera l'indépendance... sera la souveraineté pure et nette du Québec ! » J'en frissonne de hâte... Mais j'en tremble de scepticisme. On aura toujours besoin d'une loi 101. On aura toujours besoin d'une Charte de la langue française, dépolluée, reconstituée, pour protéger le français au Québec. On en aura toujours besoin pour garantir son épanouissement... Pareille loi s'avérera toujours nécessaire pour le Québec, tant que nous serons entourés par cette réalité culturelle et sociale qui nous pèse dessus. C'est l'écrivain québécois Yves Beauchemin qui en traduit l'image la plus éloquente : « La langue française au Québec, explique-t-il, c'est un peu comme un carré de sucre tout blanc. À côté de ce carré de sucre se trouve une théière pleine de breuvage tout chaud, tout appétissant. Que se passera-t-il si l'on trempe la moindre extrémité de ce carré de sucre d'une minime goûte de thé ? » C'est-y assez clair ?

Et puis, il ne faut pas croire qu'Alliance Québec va cesser d'exister dans un Québec souverain. Il ne faut pas croire qu'Alliance Québec disparaîtra comme par enchantement. Alliance Québec continuera à recevoir de généreuses subventions du ministère des Affaires extérieures de ce qui restera du Canada. Ou encore, des subventions bien discrètes des « Canadian Information Services », ancienne aile de la GRC... Et certains anglophones, quand même trop bien au Québec pour vouloir déménager, continueront à se plaindre dans les médias anglophones du monde entier de ce raciste pays du Québec. Ces derniers continueront à se plaindre dans les médias anglophones du monde entier des injustices qu'ils auront subies depuis que le Québec sera devenu un pays. Et ce, en dépit de leurs écoles qui leur resteront toujours garanties, en dépit des services hospitaliers et sociaux qui leur seront offerts – **là où leurs nombres le justifieront** –, en dépit de leurs 63 canaux de télévision anglophones par l'entremise desquels ils pourront continuer à se soustraire de *La Soirée du hockey* en français, en dépit de leurs postes de radio anglophones qui demeureront eux aussi, et en dépit des milliers de kiosques à journaux au Québec qui offriront comme toujours, *Time*[1], *MacLean*, *The Gazette*, *Playboy*, *Penthouse*, *The Financial Post* et le *Toronto Sun*... entre autres ! ... À Calgary, d'ailleurs, on pourra, comme toujours, se procurer aussi facilement un exemplaire du *Devoir*

---

[1] À mon avis, il vaut la peine d'apprendre l'anglais uniquement pour lire la revue *Time*. Son courrier du lecteur, dans lequel je plonge à chaque réception, courrier qui fait toujours suite aux articles précédents, démontre d'une façon intéressante et étonnante, les nombreuses facettes d'une question, tout en faisant état de la liberté de pensée. Telle motivation s'avère beaucoup plus juste et de mise que de simplement vouloir éviter de se faire botter l'c... !

ou encore une version anglaise de *Les Belles-Sœurs* de Michel Tremblay[1]. Ces anglophones pourront même, dans un Québec souverain, continuer à fréquenter les restaurants de la chaîne *La Cage aux sports* et revoir en toute quiétude les serveurs et serveuses qui porteront toujours leurs gaminets avec leurs insignes unilingues «staff»... De crainte que ces Anglos essaient de commander leur eau Perrier à partir de la machine à maïs soufflé ?

*   *   *

La loi 101 se retrouve à l'ordre du jour. Je suppose qu'elle le sera toujours. Monsieur Lucien Bouchard l'a inscrite à son agenda. Des études ont d'ailleurs déjà été entreprises. En 1996, on aura découvert que même la fonction publique du Québec ne s'y conforme pas. À preuve, que l'on appelle la Régie de l'assurance-maladie du Québec (RAMQ) !... On sait que, depuis longtemps, des centaines et des centaines de petits commerçants s'en moquent. Pourquoi pas ? Monsieur Ryan a mis ses méchants limiers au rancart... Promenez-vous et regardez aux abords de la route 101 entre Laniel et Témiscaming... Promenez-vous et regardez aux abords de la route 105 entre Maniwaki et La Pêche ou Chelsea... Promenez-vous et regardez à partir de l'ouest de la rue University à Montréal... Je vous inviterais à continuer ce voyage, mais au risque hélas de rendre Petro-Canada trop riche... Arrêtez-vous simplement au West Island. Vous en aurez assez ? Monsieur Bouchard fera-t-il jaillir la couleur de son sang du Saguenay–Lac-Saint-Jean ou tentera-t-il encore une fois de réparer la gaffe de monsieur Parizeau le soir du 30 octobre ?... Question de montrer notre grande tolérance... Question d'aller chercher quelques pourcentages de votes de plus pour atteindre les 175 % de majorité requis, exigés par le gouvernement Chrétien pour faire reconnaître le OUI au prochain référendum... Référendum qui sera peut-être, pancanadien... Qu'on s'en aille donc tout seuls, avant qu'ils nous mettent à la porte, de grâce !

---

[1] Un génie ce monsieur !... Deux phrases, une phrase, quelques mots seulement de sa plume, peuvent contenir toute la saveur et l'unicité, bonne ou mauvaise, de notre distinction.

Oui, il faut revoir la loi l01 ! Lui redonner son esprit Laurin. Il faut qu'au Québec ce soit en français et seulement en français que les choses se passent !

* * *

Pour ce qui est de certains détails concernant la proclamation et la mise en œuvre de la loi 101 renouvelée et rafraîchie, je vous inviterais à lire à l'annexe 3 le texte du mémoire que je présentais à la commission Bélanger-Campeau, alors qu'elle siégeait à Val-d'Or le 5 décembre 1990. Je reconnais que ce document date maintenant de plusieurs années et que certains passages s'avèrent peut-être moins pertinents, ou peut-être, plus pertinents encore. Parmi les grandes lignes :

> • affichage unilingue français partout au Québec :
> circulation, commerces et autres entreprises ;
> • affichage unilingue français à l'intérieur :
> moyennes et grandes entreprises, panneaux-réclames
> unilingues français partout au Québec ;
> • affichage bilingue, avec le français en deuxième
> lieu :
> organismes à caractères sociaux ou humanitaires,
> de langue anglaise ou autres, sans but lucratif ;
> • services unilingues français dans tous les ministères
> gouvernementaux ;
> • le français, langue de travail :
> dans toutes les entreprises du Québec, avec
> exceptions évidentes : journaux anglophones, etc. ;
> • services aux anglophones dans les CLSC et dans
> les centres hospitaliers :
> là où le nombre le justifie (10%+ de la population ;
> etc.

Et voilà, le Québec sera aussi français qu'est anglaise la Saskatchewan... Le Québec tentera d'assimiler (un peu plus) les ethnies et les anglophones, aussi bien que le Manitoba a réussi à assimiler les francophones, les métis et les ethnies... C'est quoi le problème, messieurs les grands coupables d'une loi 101 au Québec ? En avez-vous

163

pour longtemps encore à souffrir de cette culpabilité, de cette névrose ? Ça se soigne, des bébites comme ça, vous savez !

Ces éléments ne touchent que la partie de la loi se rapportant à la langue française. Pour ce qui est des écoles, de la fréquentation à l'école anglaise, veuillez lire ce qui suit. Ces lignes seront, elles aussi, appuyées par le texte de ma présentation à la commission Bélanger-Campeau. Mais là, je vous préviens, je risque de me faire traiter de tous les maux et mots, par bon nombre d'entre vous... Je risque de me faire dire que je ne suis pas cohérent dans mes idées... que je suis un traître, etc. Oui, je risque ça... Oui, je risquerai ça... Allons-y, quand même !

* * *

Alors, au risque de tout ce qui précède, voici... C'est mon conflit interne qui recommence à m'obséder encore une fois, ce conflit de valeurs entre ma passion pour le respect de ma langue, et mes principes pédagogiques... La chicane est à nouveau prise dans mes tripes... Quoi faire ? Je me serre un peu les fesses et je me permets de vous présenter mon point de vue concernant certains autres aspects de la loi 101, c'est-à-dire, ceux touchant la fréquentation obligatoire de l'école française par les enfants d'immigrants (j'ai bien dit « immigrants », là !), à savoir, des « locuteurs anglais » et dont les enfants évidemment, parlent l'anglais aussi... Et aussi, les éléments touchant la fréquentation de l'école anglaise pour ceux dont les parents peuvent faire la preuve qu'ils ont fréquenté eux-mêmes une école de langue anglaise au pays.

Pour ce qui est des premiers, ils maîtrisent déjà la langue anglaise. Advenant que certains arrivent, par exemple, à l'âge de dix ans, ils doivent se diriger en 4e année, à l'école française. Principe : on ne va pas à l'école française d'abord pour apprendre le français, mais on y va pour apprendre **en** français ! ... La langue est conséquemment **l'outil** par lequel on apprend. La langue est le véhicule par lequel cet apprentissage se fait. On ne doit pas les envoyer à l'école française, ces frimousses, mais bien à l'école d'expression anglaise. C'est là leur place... et non à l'école française, puisqu'ils ont déjà une maîtrise du véhicule d'apprentissage. Attention là ! J'ai parlé des enfants « parlant déjà anglais » ! Je n'ai pas parlé des Italiens, des Grecs et des Chinois, qui ne seraient pas plus avantagés en fréquentant l'école anglophone. Ces derniers, c'est à l'école **française** qu'ils devraient continuer à s'inscrire... obligatoirement !

Pour ce qui est des cas d'élèves en provenance du Canada anglais (le pays d'à côté !) et dont les parents fréquentaient l'école anglaise, la loi dit (ou disait) que les enfants peuvent fréquenter eux aussi l'école anglaise (même en maternelle) si leurs parents peuvent faire la preuve qu'ils ont été, durant leur jeunesse, éduqués en anglais. C'est la « clause Canada »... Principe : l'école qu'ont fréquentée leurs parents n'a rien à voir dans cette prise de décision. L'université Laval n'accepte pas que les inscriptions des postulants en médecine, dont les parents sont médecins ! (Quoique ça aide !) Les études des parents n'y sont pour rien ! L'école n'est pas faite d'abord et avant tout pour les parents, elle est instituée pour les enfants ! C'est donc en fonction de la langue des enfants que la décision, quant à l'école québécoise qui devra les recevoir, devra se faire. Si ces enfants ont 5 ans ou 6 ans, ils devraient aller à l'école française, comme tous les bons immigrants des autres pays. Au diable l'école des parents ! ... Dans certains cas, ces enfants sont au Québec depuis quelque temps. Ils ont donc une certaine connaissance du français, meilleure que celle du néerlandais quand même, ayant forcément évolué dans un milieu si intensément français... À l'école française donc ! Pour ce qui est des autres, nouvellement arrivés « from Canada » et devant s'inscrire, disons en 5e année, c'est l'école anglaise qui devrait les accueillir. C'est l'école anglaise qui saura le mieux répondre à leurs besoins, c'est-à-dire : c'est l'école anglaise qui saura le mieux les faire « apprendre » et ce, par l'entremise d'une langue dont les rudiments leurs sont déjà acquis.

Grosse mise en garde encore... TRÈS GROSSE mise en garde à part ça ! L'école québécoise de langue française a été créée d'abord et avant tout pour répondre aux besoins des petits Québécois francophones, vivant dans un Québec français, mais dans un Québec situé dans le monde, tel

que défini par Marshall McLuhan... dans un village, dit
« global ». Et dans ce village global, l'anglais a une prédo-
minance sans équivoque... L'école d'expression française,
et non l'école anglaise, se devra de bien répondre aux
besoins des Québécois francophones pour ce qui est de
l'apprentissage de l'anglais langue seconde. Besoins qui
seront quand même nuancés, en fonction de la situation
géographique de l'école, en fonction de la région géographique du conseil scolaire. J'espère seulement qu'on leur
apprendra itou qu'on ne perd pas sa langue maternelle
pour autant, qu'on ne changera pas pour autant la couleur
de son sang, qu'on ne se laissera jamais pour autant,
dominer par la langue anglaise, au Québec, lorsque l'on
apprend l'anglais... Et dans cette optique donc : Vive les
Québécois bilingues !

Idem mais réciproquement, pour ce qui est du rôle de
l'école anglaise en ce qui a trait à son mandat de répondre
aux besoins des petits Anglo-Québécois, vivant dans un
Québec français, aussi pure laine que possible. Les
finissants des écoles anglaises (secondaire V) devraient
donc être aussi compétents en français que le sont ou le
seront les Québécois francophones. Ils devraient se soumettre aux même examens de français finaux du ministère
de l'Éducation que les Québécois francophones, pour
obtenir leur diplôme d'études secondaires (DES)... Sans
quoi, pas de DES du Québec ! Pas de DES du Québec
français ! C'est drôle quand même que monsieur Claude
Ryan, alias rédacteur en chef du *Devoir*, alias ministre de
l'Éducation, alias responsable du respect de la Charte de la
langue française, n'ait pas pensé à ça ! Bien sûr qu'il y a
pensé, ce monsieur Ryan ! Ce n'est quand même pas un
inconscient, pas à ce point en tout cas ! Il a tout simplement pris le temps de bien comptabiliser les gains et les
pertes de votes que telle visée lui aurait apportés... Il a
sûrement pensé à un dessein comme celui-là, monsieur
Ryan... Pas fou quand même monsieur Ryan ! ... Un fin
politicien, ce monsieur Ryan !

Si nous ne sommes pas prêts à adopter telle mission
pour ce qui est de la responsabilité de l'école anglaise,
aussi bien en ce qui a trait aux élèves qu'elle pourra
admettre que pour celle se rapportant à l'enseignement du
français en ses murs, eh bien, abolissons tout simplement

l'école anglaise au Québec[1]... D'ailleurs, c'est ce que feront réciproquement assurément les provinces — car certaines de ces provinces du Canada anglais y auront pensé depuis longtemps, pour ce qui est de la disparition de leurs mini-réseaux d'écoles d'expression française (l'Ontario et le Nouveau-Brunswick exclus), écoles dont l'assentiment fut jadis donné avec tellement d'amertume... C'est ce qu'elles feront, je vous le jure, une fois que le Québec sera devenu souverain.

Certains Québécois (francophones) ont une peur bleue devant la possibilité que les étudiants, concitoyens anglophones, viennent à en connaître autant qu'eux en français. Certains Québécois francophones ont une peur bleue devant la possibilité que les anglophones viennent aussi bons qu'eux en français... « Ils vont tous conséquemment nous voler nos "jobs", disent-ils ! »... Pas trop fort comme argument quand même, de quoi cacher sa propre faiblesse en français... « Et ils seront plus bilingues que nous à part ça ! »... Chers lecteurs, la compétition, la saine concurrence, c'est une bonne chose. La compétition, la saine concurrence, c'est une excellente chose ! J'oserais même dire qu'elle est vitale ! À preuve, que fait-on dans nos passe-temps ?

... D'autres problèmes ?

« Hé ! monsieur André ? Vous aviez un dessin sur la couverture de votre premier livre, montrant une petite enseigne "Don't touch à la loi 101" ! Kossé ça veut dire ? Vous êtes pas toujours honnête avec vous-même, monsieur André ! » Hélas non ! Mais d'autres l'ont charcutée bien avant moi, la loi 101. Hélas ! Hélas ! Moi, je ne veux que mettre les choses à leur place... des choses basées sur le grand bon sens. Je ne veux que lui donner sa marque de noblesse, digne du peuple québécois... digne d'un futur pays... d'un futur pays français et juste !

*   *   *

---

[1] Moi, bien personnellement, j'espère qu'on n'abolisse pas l'école de langue anglaise au Québec... J'espère qu'on la maintiendra... J'espère qu'elle sera maintenue.

Puis-je vous inviter, avant même de devoir vous traîner la patte jusqu'à la prochaine scène... vous inviter à lire illico l'annexe 3 du présent ouvrage (pp. 226-238), contenant le mot à mot de ma présentation à la Commission Bélanger-Campeau, siégeant à Val-d'Or, au Québec, le 5 décembre 1990... Allez-y!... Vite!... Après, la scène 10!

Scène 10

LE PLUS GRAND DÉFAUT...

L e plus grand défaut des Québécois, c'est le manque d'amour propre à l'endroit de ce qu'ils sont. C'est le manque flagrant de fierté... Le plus grand défaut à nous les Québécois, c'est le manque d'amour propre à l'endroit de ce que nous sommes. C'est notre manque flagrant de fierté. Excusez bien le paradoxe mais on devait avoir honte de ne pas être fiers de nous !

* * *

Durant l'été de 1978, j'ai eu l'occasion de suivre un cours à l'université Notre Dame, aux États-Unis... Vous avez certainement entendu parler de cette institution, avec son nom prononcé à l'américaine et telle qu'elle est reconnue là-bas : Noturr Daime ! Elle se situe près de la petite ville de South Bend en Indiana, à quelque 200 kilomètres à l'ouest de Chicago. Il s'agit d'une université catholique, de souche « irlandaise » catholique, de souche très très très « irlandaise » catholique... On a sûrement entendu parler de sa célèbre équipe de football, les « Fighting Irish » de Notre Dame... Ça vous place ?

Quel impressionnant campus ! ... Un campus d'environ la même superficie que la petite ville de Cadillac, en Abitibi. Un magnifique campus, avec des édifices, anciens et modernes, aux lierres pendants, dégoulinant de leurs façades. Un campus avec son édifice central, chapeauté d'un captivant dôme couleur or... pour le distinguer. Un campus avec des gigantesques ormes et chênes, ornant les abords des trottoirs sillonnant ses nombreux parcs. Un campus des plus beau et des plus impressionnant... pleinement conçu pour les études, pour les bonnes études sérieuses. ... Mais avec ses à-côtés quand même ! Un campus où le clocher d'une modeste église s'étire vers le ciel... d'une modeste église pouvant faire très bonne concurrence à la cathédrale d'Amos en Abitibi ! Un campus où se retrouve un hôtel (appartenant toujours à l'université Notre Dame).

Un campus avec son propre terrain de golf, à même ses alentours. Et enfin, un campus avec un stade de football de quelque 59 000 sièges ! Ce dernier en est presque l'étoile de Bethléem ! Quand on se retrouve sur ce campus... qu'on s'y retrouve inscrit à un de ses cours, si « mini » soit-il, eh bien, on est fier ! Le sens de l'appartenance nous sort des veines très rapidement.

... Le cours, en passant, était superbe... Il touchait le domaine de la psychologie... Bon ! Ce livre ne se voulant aucunement de traiter de psychologie, je ne m'y attarderai pas davantage. Mais j'ose vous le répéter, le cours... il était bon !

... Sur ce même campus toujours, en plus de tout le reste, il y avait un magasin... un magasin où l'on vendait des livres ayant un lien avec les excellents cours dispensés à l'Université... Il y avait aussi des crayons, des plumes, du papier, des règles, du ruban gommé, etc. Mais la grande partie de ce matériel, la grande partie de ces aides didactiques, c'est au **deuxième** étage qu'on les retrouvait ... comme si c'étaient des produits **moins** importants... de second ordre. Au premier, au rez-de-chaussée, c'est-à-dire **directement** en entrant, que voyions-nous donc ? Des rayons et des rayons de blousons, des centaines et des centaines de gaminets, de toutes les grandeurs et de toutes les couleurs, des drapeaux, des fanions (... je n'en ai pas vu mais j'ai lieu de croire qu'il y avait des oriflammes étalées quelque part), des casquettes à palettes, des casquettes sans palettes, des galurins, des statues, des statues de la Sainte Vierge, des médailles, des chapelets, des myriades de bibelots de toutes sortes, etc. ! Et sur chacun de ces articles, sur chacun de ces produits, sur chacun de ces bataclans, se retrouvait le logo « NOTRE DAME ». Parfois, on y trouvait les mentions : « UNIVERSITY OF NOTRE DAME », « FIGHTING IRISH », « GOD MADE NOTRE DAME # 1 », etc. Et tout ça, chers lecteurs, s'étendait sur une surface pouvant rendre jaloux, les gérants expérimentés de tous les Zellers du Québec. (J'exagère un peu sur ce dernier point, mais enfin... vous saisissez l'image ?)

Lorsqu'on devait aller au deuxième étage pour se procurer un manuel, l'enclos était presque vide... Une dizaine de personnes tout au plus ! Mais pour y arriver toutefois, il fallait se rendre à l'extrémité du rez-de-chaussée et emprunter l'escalier. Voilà bien le problème. Voilà bien le défi. (Dieu merci, comme au football, on avait trois essais pour y arriver.) Il fallait se faufiler à gauche, à droite, à côté... pour ne pas dire, par-dessus... les foules et les foules de gens... par-dessus les foules d'acheteurs enivrés, se ruant sur tout ce qui se vendait avec le logo de NOTRE DAME... Aucune exagération là-dessus, je vous l'jure ! Et lorsque l'on réussissait à empiler toute la marchandise publicitaire que l'on tenait à s'acheter, eh bien, il fallait faire la queue aux caisses. Ces caisses, il y en avait deux... et les deux marchaient à la planche, même si c'était un jour de semaine, même si ce n'était que l'été, même si ce n'était pas pendant l'automne, la saison fiévreuse du football « Notre Dame » !

Tout en se promenant en vadrouille sur les trottoirs de ce fameux campus, on y rencontrait évidement du monde. Du monde sérieux, du monde souriant. Des Irlandais essentiellement et sans doute ?... Pas du tout ! Des Africains... des Africains noirs et des Africains blancs, des Orientaux, des Latino-Américains, des Américains non irlandais blancs, des Américains noirs. J'ai même ouï dire qu'il s'y trouvait des Canadiens, voire même un vrai Québécois indépendantiste. Qu'avaient en commun la grande majorité de ces passants ? Les falbalas, chers amis ! ... Le port des falbalas NOTRE DAME. On y voyait des gens, aussi irlandais que Mao Tsé-Toung, le sourire jusqu'aux oreilles, portant un petit coupe-vent nylon affichant « FIGHTING IRISH »... On y voyait des gens, aussi catholiques que Mordecai Richler, portant de façon tellement altière, un gilet flambant rouge, au message « GOD MADE NOTRE DAME # 1 » !

Ces derniers étaient **fiers** de s'identifier à tout ce qui goûtait ou sentait « Notre Dame ». Tous les gens des alentours, même les résidants des petites villes banlieusardes de South Bend et de Mishawaka, se voulaient des plus fiers de s'associer aux messages « Notre Dame » !

... Et moi aussi, j'en ai acheté de cet attirail.

En sortant du magasin, la caissière ajouta dans mon sac... pour ne pas dire « dans **mes** sacs », et dans les sacs de tous les autres consommateurs « Notre Dame », des petits catalogues titrés « Notre Dame Bookstore » au cas

171

ou l'on déciderait de commander plus tard d'autres articles au logo de NOTRE DAME... des articles pas plus essentiels que nécessaires...

Transposons ce phénomène à présent au Québec. Que portons-nous, nous les Québécois ? Que portons-nous avec une certaine fierté, si minime soit-elle ? Des patati-patata...« Québec » ? Des... « Québec, je t'aime » ? Des « Vive le Québec français » ? Des « Morasse Poutine » ?... Ou serait-ce plutôt des gaminets, des gilets et des casquettes à palettes aux mentions, slogans, logos et sigles : Nike, Boca, Authentic, Gilbey's Dry Gin, Tigers, Quaker State, Caterpillar, Prescott Ontario, Black, Esso, Radio Shack, SeaBreeze, King Kong, Happy Halloween, Giants, Merry Christmas, Stars, Reebok, Go Habs Go, Coca-Cola, Rock'n'Roll, Heavy Metal, Hairdressers suck, Super Bowl XXII, Sexy, Good Nite, Toronto Maple Leafs, Superstar, Notre Dame, Go-Go Dancers, Miami, Proud Smoker, Florida, Made in Japan, Eskimos, Calvin Klein, Cute, See-Jay-Emm-Emm Ruwen-Noranda, Peter Jackson, Molson Dry, Born in the USA, Arafat for president of the USA, Go Yasser, Go, etc., etc., etc., etc., etc., etc., etc., etc. ? Enfin !

Parfois quand même, certains des nôtres oseront répéter, tout en les fredonnant le cœur plein de tendresse, ces mots si poignants de Yves Duteil : « ...C'est une langue belle à l'autre bout du monde / Une bulle de France au nord d'un continent / Sertie dans un étau mais pourtant si féconde / Enfermée dans les glaces au sommet d'un volcan... »

Dans le pays rêvé de Trudeau, j'aurais aimé rêver à mon tour et voir sur la rue Sainte-Catherine à Montréal, à l'ouest de la rue University, un bon et sympathique Anglo bilingue, portant avec une fierté quelque peu retenue, le jour de la Saint-Jean, un gaminet blanc à la fleur de lys bleue... Hélas, je n'en ai jamais vu... Jamais vu un seul. Mais sapristi ! J'avais peine à voir, toujours sur la rue Sainte-Catherine à Montréal, à l'ouest de la rue University, le jour de la Saint-Jean à part ça, un bon et sympathique Franco-Québécois, unilingue, portant avec un peu de fierté d'occasion, un modeste gaminet avec une petite fleur de lys bleue presque camouflée par sa manche gauche. Saudit, nous les Franco-Québécois, nous avons peine à organiser un rassemblement communautaire « subventionné »... avec « hot dog all dress' et Pepsi gratuit », le jour du 24 juin, le jour de notre fête nationale !

Et pourtant, nous au Québec, avons beaucoup plus de raisons d'être fiers qu'en ont les Irlandais de Notre Dame ! Nous avons beaucoup plus au Québec qu'une simple mais bonne équipe de football. Et même si nous en avions une celle-ci perdait probablement tout le tout le temps ! Et nous au Québec, avons beaucoup plus à nos calendriers d'activités québécoises... que le 17 mars !

Si nous au Québec, si nous, les Franco-Québécois, avions un dixième de la fierté qu'ont les Irlandais de Notre Dame... Si nous au Québec, si nous les Québécois, avions un minime cinquante-deuxième de cette **fierté** qu'ont les Américains à l'endroit de leur pays... Y aurait-il un problème de langue au Québec ?... Vous les avez vus, les Américains, entonner leur « Oh-oh say can you see... », avec leur main droite solidement engluée sur leur cœur ? Vous les avez vus, les Américains, capoter « ben raide » en entendant leur Kate Smith chanter avec tellement de vibrations *God Bless America* ? Vous avez saisi le pouls de leur âme ? Vous avez goûté, jusque dans vos globules rouges, l'intensité de leur passion ? Vous avez déjà visité les « States » le 4 juillet ? (Et lorsque nous, les automobilistes québécois, y allons pour circuler sur les routes américaines, nous les respectons, leurs lois ?... Nous les respectons, leurs lois écrites et appliquées **en anglais seulement** ?... Nous les respectons, leurs lois consignées sans pictogrammes, **sans dessins** ?)...Vous avez regardé la veille, à la télé américaine, une de leurs célébrations ?... Eh bien alors, chers compatriotes, si nous avions un peu de leur fierté, un peu de leur fierté d'être... Si nous en avions le moindre germe, il n'y en aurait pas de « problème québécois » ! Il n'y en aurait jamais eu de « problème québécois » ! Il n'y aurait même pas eu de Pierre Elliott Trudeau ou de Jean Chrétien pour nous embêter au fédéral. Ces derniers auraient été de fervents souverainistes, siégeant orgueilleusement et fermement à l'Assemblée nationale du Québec. Si nous étions dotés du moindre de ce glorieux virus qu'ont les Américains, il n'y aurait jamais eu besoin de vouloir faire enchâsser dans la constitution du Canada, ou dans le livre des records

Guinness, l'expression « Québec, société distincte » ! ... Il n'y aurait même pas eu de référendums québécois ! ... À la rigueur, il n'y en aurait eu **qu'un**... Qu'un seul !

J'ai profité d'un voyage de camping aux États-Unis, à l'été de 1988, soit quelque dix années plus tard, pour revisiter le campus de l'université Notre Dame avec mon épouse Lilianne. J'ai partagé avec elle la réalité des images dont je lui avais parlé. La réalité des édifices, de la « chapelle » (hum ! hum !), de l'hôtel, du terrain de golf, du stade hélas vide, **du magasin-à-souvenirs**... et non moindrement, des nombreux passants de toutes les couleurs, avec larges sourires aux lèvres, qui passaient dans les parages... Des nombreux passants « affichés » ! ... J'ai vu les mêmes images. Ma femme Lilianne, en état de baptême, aussi ! J'ai ressenti les mêmes émotions... Mon épouse Lilianne, en état de baptême, aussi ! Ma douce moitié me remercia de ce détour vacancier que nous avons pris, lui ayant permis de visiter... pour ne pas dire de « saisir »... le campus de « The University of Notre Dame », en Indiana, près de South Bend « in the United States of America » ! [1]

« God bless America ! »

Depuis ce deuxième voyage, se trouve dans l'enceinte de cet édifice particulier, à la façade à la mosaïque de Jésus-Christ ressuscité... de cet édifice abritant la gigantesque bibliothèque de « The University of Notre Dame », **un exemplaire** de *Les Insolences du bilinguisme*, publié au Québec en 1987, par un petit Franco-Ontarien de rien du tout, devenu fier Québécois par adoption. Allez-y pour vérifier, si vous le voulez... Le livre s'y trouve vraiment.

Corollaire :
• Que j'aimerais donc voir un jour, les Montréalais témoigner autant de fierté et d'admiration pour le Québec, qu'ils en ont témoigné pour Maurice Richard, lors du dernier match au vieux Forum ;

---

[1] Peut-être ce chapitre aurait-il dû être mon « premier ». Peut-être que ma première scène aurait dû s'intituler « Le plus grand défaut »... Peut-être que... Je m'en excuse ! ... Je vous l'ai dit que j'en faisais, moi itou, des fautes... *Mea culpa, mea culpa, mea maxima culpa !*

- Que j'aimerais donc voir un jour, les Montréalais témoigner autant de fierté et d'admiration pour le Québec qu'ils en ont témoigné pour leur ancien Forum ;

- Que j'aimerais donc voir un jour, les Montréalais témoigner autant de fierté et d'admiration pour le Québec qu'ils en ont témoigné pour leur nouveau Forum ;

- Que j'aimerais donc voir un jour, les Montréalais témoigner autant de fierté et d'admiration pour la langue française qu'ils en ont témoigné pour leur ancien Forum ;

- Que j'aimerais donc voir un jour, les Montréalais témoigner autant de fierté et d'admiration pour la langue française, soit pour **leur** propre langue, qu'ils en ont témoigné pour leur nouveau Forum ;

- Que j'aimerais donc voir un jour, les Montréalais témoigner autant de fierté et d'admiration pour la fleur de lys, qu'ils en témoignent pour le club de hockey Canadien, même perdant ;

- Que j'aimerais donc voir un jour, les Montréalais témoigner autant de fierté et d'admiration pour la fleur de lys, qu'ils en ont témoigné et qu'ils en témoignent encore pour le sigle composé d'un grand **C** et d'un petit **H** ;

- Que j'aimerais donc voir un jour, les Montréalais témoigner autant de fierté et d'admiration pour leur pays du Québec qu'ils en ont témoigné et qu'ils en témoignent encore pour le sigle composé d'un grand **C** et d'un petit **H**.

... Hélas, il n'y a pas que Pierre Elliott Trudeau qui rêve !

*   *   *

Fin de la scène ! ... Donnez-vous, de grâce, le loisir de lire mon dernier chapitre.
Mais avant...

175

TROIS P'TITES « VITES » AVANT LA FIN...

La première

Une des préposées d'une société d'affaires d'envergure, ici, à Rouyn-Noranda, venait de faire « clic » lorsque... fougueux et « vendeur » comme toujours, je lui avais parlé des phénomènes de l'assimilation psychologique et culturelle des Franco-Ontariens qui hélas étaient des phénomènes fort bien ancrés ici même au Québec. Elle a cliqué. Son « clic » a même voyagé sitôt de Montréal à Rouyn-Noranda. Son « clic », en fait, c'était un « clic-clic » et il s'est même rendu jusque dans sa propre boîte, jusque dans son propre bureau. « Clic-clic-clic » !

— Monsieur Richard, me dit-elle, vous seriez renversé par le nombre de nos clients, bien francophones (Rouyn-Noranda, c'est quand même d'expression française à 96,2%) qui **exigent** que toute notre facturation, que toute notre documentation, nos explications, nos polices, nos contrats, etc. soient en **anglais** ! ... Des **francophones**, monsieur Richard ! ... Et le nom de notre compagnie c'est « LaRaison & Trépider » !

— Vous avez bien dit « exigent », Mme Milard ?

— Oui ! monsieur Richard... Ils insistent !

— Et vous les servez ainsi, Mme Milard ?

— Évidemment, monsieur Richard ! Nous nous faisons un « honneur » et un plaisir de bien servir notre clientèle, monsieur Richard.

— Vous pouvez me donner leurs noms, à certaines de ces gens, Mme Milard ?

— ... Malheureusement non, monsieur Richard, question d'éthique professionnelle, savez ! Mais, à bien y penser, monsieur Richard... c'est scandaleux !

Je lui ai juré fidélité.

Ceux qui d'entre vous me connaissent... Ceux qui d'entre vous m'ont déjà vu la face ou le portrait quelque part... Ceux qui d'entre vous ont particulièrement remarqué la couleur distincte de ma chevelure. Eh bien, ceux-là ... Ceux-là ne savent toujours pas qu'avant d'arriver ici au Québec en 1981... mes cheveux, ils étaient **bleus**. Ils étaient **bleu royal** ! ... Et j'en étais fier !

La deuxième

M. Lucien Bouchard, nouveau premier ministre du Québec... nouveau premier ministre quasiment adulé au Québec... notre messie, quoi ! convoqua une importante réunion... Monsieur Bouchard devait réagir au dilemme : le déficit économique face à la relance de l'emploi. Il a réuni, lors d'une rencontre spéciale, les grands manitous « éconos » du Québec. Cette rencontre s'appelait une conférence socio-économique. Notre premier ministre proposait bien solennellement un plan qui malheureusement devait faire mal quelque part. Une méchante pilule, quoi !

Vous avez entendu les réactions virulentes des Gérald Larose, Lorraine Pagé, Ghislain Dufour et compagnie ?

— Oui, d'accord ! ... mais **pas dans ma cour** ! Oui pour la pilule, mais pas dans ma gorge...Y'en a d'autres gosiers au Québec, non ? ... Ça n'a pas de maudit bon sens, monsieur Bouchard, vous voulez annuler le déficit dans **quatre** ans !

... Et de répondre monsieur Bouchard :

— Vous me faites penser à ce patient qui veut se faire arracher une dent par son dentiste... Enlevez-la ! ... Mais enlevez-la **lentement** !

Ils n'ont rien compris ! ... Rien compris!!!!! Vous connaissez le principe du « pas dans ma cour » ? Ces vives réactions sont venues de la part des plus grands et des plus convaincus Québécois de la planète. Pensez-vous que cette logique a su freiner la gueule à Larose ? Croyez-vous que ce grand bon sens a su dilater le bec pincé de Lorraine Pagé ? Un seul de nos chefs de file économique a appuyé son premier ministre parmi les autres. Un seul ! Un seul, à ce que je sache, était prêt à faire sa part de sacrifice pour son pays. Il s'appelle Pierre Peladeau ! Oui ! PELADEAU ! Dieu merci, il y en a probablement eu d'autres... Plus discrets peut-être, mais il y en a sûrement eu d'autres.

Dites donc chers lecteurs ! C'est qui cette espèce de fou, cette espèce de « maudit Irlandais catholique » qui disait : « Ask not what your country can do for you, but ask what YOU can do for your country» ?

C'est qui ce malade qui a dit ça ? C'est qui ce nouveau Hitler ? Il s'appelait JOHN FITZGELRALD KENNEDY ! ... Dieu merci, on l'a tué ! Dieu merci, on s'en est débarrassé ! Imaginez-vous ? Être pris au Québec avec un cinglé comme ça, un couailleux qui rêvait de faire des petits *dodosdamours* avec Marilyn Monroe ! (Et puis après ? Son éminence Claude l'était aussi!)

J'éviterai de parler des nombreuses grèves abusives et spontanées (en plus des nombreuses pratiques malhonnêtes, croches, illicites et illégales) ayant eu lieu lors des dernières semaines de la construction du stade pour les Jeux olympiques de 1976. J'éviterai aussi de vous parler du saccage de la baie James. Je ne vous parlerai même pas de cette grève (à l'été 1996), déclenchée par les employés du nouveau Casino de Montréal, une fois qu'ils eurent réalisé que cet établissement était devenu très rentable pour le gouvernement du Québec... Je ne dirai mot de ces mêmes employés qui, à peine quelques mois auparavant, avaient fait la queue pendant toute un nuit, pour décrocher un emploi... pour ravoir leur dignité de travailleur... Pas un mot à ce sujet, je vous le promets ! C'est juré craché !

Oui, chers lecteurs... on va en bâtir tout un pays avec des gens de cette trempe !

... et la troisième

La Fédération des communautés francophones et acadiennes du Canada (FCFAC), voulant profiter du brillant élan amorcé par les « galganoviens » de Montréal en ce qui a trait à l'affichage bilingue, menacèrent les commerçants d'Ottawa de manifestations similaires s'ils n'ajoutaient pas du français sur leurs panneaux et leurs réclames... « Après tout, nous sommes dans la **capitale** de ce pays bilingue, proclamèrent-ils ! » « Nyet ! dirent les commerçants. Bilingualism is for Quebec ! »

Et alors que Galganov, encouragé par les propos de Serge Ménard, poursuivait avec succès sa piteuse campagne pour convaincre, sous peine de boycottage, plusieurs maisons d'affaires anglophones et francophones de Montréal et des environs à afficher « à la bilingue » (et ce, selon les dispositions de la loi 86 du Québec), le Canada anglais, même à Ottawa, demeurait farouchement unilingue anglais.

Plusieurs Franco-Ontariens d'ailleurs, interviewés à ce sujet, ne soutenaient aucunement cette campagne, s'accommodant très bien du statu quo... « Anglais, français, ça ne me fait aucune différence, dit l'un, moi je comprends les deux ! » Sans doute, hélas, plusieurs Franco-Québécois, membres à vie aussi de l'ordre des chocs-de-lin, pensent-ils de la même façon.

Enfin, s'il y avait affichage en français dans les commerces d'Ottawa, de Cornwall, de Sudbury, de Sault-Sainte-Marie, de Winnipeg ou d'ailleurs au Canada anglais, les conjonctures ne devraient pas être considérées comme parallèles ou plutôt réciproques à celles du Québec. De un, l'anglais n'est aucunement menacé dans les provinces anglophones, tandis que le français doit être protégé et valorisé chez nous. De deux, un anglophone peut et pourra toujours se faire servir dans sa langue dans la majorité des établissements commerciaux du Québec, mais aucune réciprocité de ce genre n'existe dans les commerces hors de nos frontières.

— Ah ben, v'limeux ! Ils nous ont eu encore une fois ! Pas grave, on est habitués ! Nous sommes les colonisés, **nous** !

... Ne montons pas sur nos grands chevaux, quand même. « Wo les moteurs ! » comme diront certains... J'ai ouï dire que dans un geste de réciprocité... toujours dans le cadre de ce « Canada bilingue », toujours dans le cadre de ce sincère « We love you Quebec ! »... Dans un digne geste d'un véritable solidarité canadienne... Pour la reine d'Angleterre, parbleu ! ... Les dirigeants des Maple Leafs de Toronto, sous les pressions et les interventions politiques acérées d'Alliance Québec, appuyés par leurs avocats Julius Grey et Guy Bertrand en plus, étaient en train de penser à **changer** le nom de leur club de hockey pour qu'il devienne les « MAPLE FEUILLES »[1] de Toronto !

---

[1] Cela équilibrera les choses devant les aveugles « Roadrunners » de Montréal, pour ne pas mentionner les « Jets » de Laval et les « Devils » de Saint-Timonthée ! ... Vive la société distincte !

Et ils devront beaucoup plus qu'y penser... J'ai eu vent, bien confidentiellement comme ça, d'une certaine pétition qui circulerait partout en Ontario, appuyant avec force et véhémence cette noble et brillante idée. Et cette bouleversante pétition avait déjà plus de **2,5 millions de signatures à son actif**! Et elle ne circulait que depuis 5 jours à peine à part ça!

— Alors, allez-vous enfin vous calmer, bande de « séparatisses »? Allez-vous vous la fermer une fois pour toutes, non?... « We **love you** Quebec!... Just count the ways[1]!»

Et vous savez où elle a été lancée, cette convaincante pétition? Vous ne le savez pas? Eh bien, je vais vous le dire. Elle a été lancée par... **les membres du Conseil de ville de Sault-Sainte-Marie!... en Ontario!**

Alors! Quand monsieur Chrétien dit qu'il **va la renouveler** la maudite constitution du Canada un jour... quand monsieur Chrétien dit que le Canada anglais va le reconnaître, le Québec, comme société distincte, pourquoi vous énerver? Pourquoi **tant** vous énerver, bande de saints Thomas?

---

[1] Nos compatriotes ont tous lu, assurément, ce poème magistral de Elizabeth Barrett Browning, tiré de *Sonnets from the Portuguese*, à savoir : « How do I love thee, let me count the ways »... pour en appliquer les nombreux « moyens » au Québec... Sans doute !

POURQUOI LE QUÉBEC ?

Pourquoi, alors, tout cet amour pour le Québec ?
Pourquoi, alors, tout cet espoir envers le Québec ?...
Parce que le Québec, c'est MA province. Parce que
le Québec, c'est MON pays. Parce que le Québec a toujours été mon pays, même en le désignant « province ».
Parce que le Québec l'a toujours été, mon pays, mon seul
pays, même sous le joug du gouvernement du Canada...

J'ai vécu pendant quarante-cinq ans de ma vie en
Ontario, à Ottawa, la capitale de ce pays dit bilingue et en
partie « biculturel ». Jamais, durant ces quarante-cinq
années, ne me suis-je senti chez moi dans ce pays. Jamais,
dans ces quarante-cinq années, malgré ses commissions
Laurendeau-Dunton, malgré ses lois sur les langues officielles, jamais n'ai-je eu l'espoir même que je me sentirais
chez moi un jour. Je n'avais que 8 ans et, devant les
autres, devant mes voisins (j'habitais le « west end »...
rue Gladstone à Ottawa), j'étais un frog parce je parlais
français. J'étais un pepsi, parce que ma langue maternelle
était le français... Et ce, nonobstant le fait qu'à l'âge même
de 8 ans, j'étais parfaitement bilingue. Car en Ontario, car
à Ottawa, au sortir même du seuil de sa maison, l'anglais
est aussi nécessaire, l'anglais est aussi obligatoire que le
sont mes pieds, mes yeux et mes oreilles... Même pour me
rendre de l'autre côté de la rue... Même chez nous, dans
notre maison, l'anglais m'était imposé lorsque venait de la
visite anglophone. L'anglais m'était imposé lorsque le
préposé de « High-dro Ontayrio » venait pour lire notre
compteur d'électricité. L'anglais m'était imposé lorsque
venait la livraison d'un colis de Postes Canada Post...
Non, chers Québécois, le Canada, ça n'a jamais été mon
pays et ça ne le sera jamais.

Je ne suis pas le seul à le dire d'ailleurs, je ne suis pas
le seul à l'avoir constaté. C'est le chansonnier québécois
Raymond Lévesque, n'est-ce pas, qui a fredonné de plein
coeur :

Mais c'est alors que j'ai compris
Que l'Québec c'est mon pays![1]

... Et ce n'est pas en Alberta que je vivais, ce n'est pas à Paincourt que j'avais grandi, c'est à Ottawa... rue Gladstone pour une partie, Britannia Heights pour une autre, à Vanier pour une troisième et enfin, à Gloucester pour une dernière... Jusqu'au jour où, en réponse à une simple question («Pourquoi, monsieur, vos annonces ne sont-elles pas bilingues?»), je me suis fait dire par un marchand d'Orléans, par un commerçant bien francophone dont les annonces à l'intérieur du commerce étaient unilingues anglaises (alors que j'y croyais dur comme fer au «bilinguisme à Trudeau»): «Écoute, esti, si tu veux du français, va-t'en au Québec!»

... Et ce, dans une charcuterie d'Orléans, en banlieue est d'Ottawa, avec une raison sociale à l'image d'un «Trudeau Meat Market»! À Orléans dans les années 70, alors que le pourcentage de sa population d'expression française était d'environ 70%. Vous voudriez en connaître davantage sur ces incidents, sur ces incidents d'espoir au pot à lait de Perrette? Mettez la main sur mes *Insolences du bilinguisme* de 1987... Vous en aurez à la tonne, des images qui seront absolument nécessaires si les photos du présent bouquin ne sont pas assez claires, si ses illustrations ne sont pas assez convaincantes.

À Ottawa, tout appartenait aux Anglais. Il fallait avoir recours à eux pour tout. Il fallait toujours les convaincre, eux, pour pouvoir les obtenir... Il fallait même s'agenouiller devant eux, pour obtenir un droit, un privilège, une faveur. Il fallait mendier! ... Dans notre pays! Et quels étaient ces droits, ces privilèges, ces faveurs?... Des chèques du gouvernement fédéral, bilingues! ... De meilleures possibilités d'entrée dans la fonction publique du fédéral pour les Canadiens français! ... La possibilité de travailler en français, dans la fonction publique «bilingue» du gouvernement fédéral! ... Question de rentabiliser en partie, le français appris à l'école. Quels étaient ces droits encore, ces privilèges, ces faveurs?... La possibilité

---

[1] Non Jocelyne, je n'irai pas en France! Je continuerai à me battre, ici au Québec... et ce, jusqu'à mon dernier souffle, pour moi et pour toi, Félix. Et phoque les lâches qui ne veulent pas embarquer!

d'avoir nos écoles, nos propres écoles. À Ottawa, à Vanier, à Hawkesbury, à Sudbury... là où la population le justifiait, on les a enfin obtenues – et il fallait, je vous l'assure, se prouver. Prouver et non seulement démontrer son existence. Il fallait se justifier à plus de 10% de la population totale ! On les a eues « nos » écoles et ce, grâce à des luttes et à des NON, grâce à d'autres luttes et à d'autres NON encore, grâce à une relève qui croyait en cette devise du quotidien *LeDroit* d'Ottawa qui proclamait : « L'avenir est à ceux qui luttent ! » (Pour ce qui est de cette relève, de cette nécessaire relève, Dieu merci, la pilule n'était pas encore inventée durant les années 20, 30, 40 et 50... on n'aurait jamais pu se rendre jusqu'au bout, jusqu'aux mini-victoires, jusqu'aux concessions !) Trente ans ! C'est à peu près le temps que cette guerre a duré... Et on a trouvé longues, la Première et la Deuxième Guerre mondiale ? Oui, on les a eues « nos » écoles. Mais était-ce vraiment NOS écoles ? En avions-nous la gestion ? On ne pouvait pas les appeler « françaises ». Tel nom humiliait beaucoup trop nos seigneurs. Tel nom nous aurait donné beaucoup trop de place à leurs yeux. Tel nom aurait fait état d'un équilibre, d'une égalité... Et tel nom hélas (école française), quel horreur ! Pourquoi pas, écoles pepsies ? « École française » gênait même beaucoup trop certains des nôtres. Tel nom avait beaucoup trop l'air pepsi... Il fallait donc les appeler « bilingues » nos écoles. Oui, des écoles « bilingues » pour les francophones et des « anglaises » pour les anglophones. De cette façon, ça risquait d'être moins dérangeant. L'unilingue de la première était toujours protégé par le bilinguisme de l'autre.

Une autre raison pour ne pas les appeler « françaises », ces institutions ? Les francophones, dans le cadre d'écoles bilingues, **devaient** apprendre l'anglais... même si ce n'était que comme langue seconde. Le « curriculum branch » du « Department of Education of Ontario » pouvait donc imposer son programme d'études, exigeant que l'anglais y soit aussi enseigné, même s'il n'y était qu'à titre de langue seconde. Mais, avec tous les autres moyens qu'on avait à sa disposition, avec tout son arsenal, le maître avait réussi à se mettre le pied dans la porte de NOS écoles... Et c'est tout ce dont il avait besoin ... Du moins pour l'instant... Et avec l'anglais, langue obligatoire de travail partout en Ontario, qui osait s'y opposer ? Qui ? Les Canadiens français ? Jamais ! Ces derniers n'auraient même pas eu le soupçon d'y penser, même si le Saint-Esprit leur avait donné la plus passagère, mais puissante, des grâces.

... Vint par après le gouvernement Trudeau qui nous a vendu le « Baked Alaska » du bilinguisme officiel... Et il en avait de l'argent, ce monsieur Trudeau, pour nous vendre sa salade !

Pour en revenir à nos écoles, l'anglais nous était imposé comme il l'était dans la rue, même si c'était dans NOS écoles. Alors, à Ottawa, il y avait d'une part les écoles « anglaises », là où l'apprentissage du français était peut-être disponible mais aucunement obligatoire... et les écoles « bilingues », où l'apprentissage de l'anglais **était** assurément disponible **mais** bien obligatoire en plus. Et tout ça s'avérait bien normal, alors qu'au Québec, une petite blanc-bec de 16 ans, arrivée ici depuis 5 ans et travaillant dans une beignerie d'Aylmer, ne sait guère ou ne veut guère parler français à un client ! Qui est le plus en faute ? Elle ? Ses parents ? Le système d'éducation du Québec ? Ou encore tout ce troupeau de Québécois des plus foireux qui l'ont conditionnée à agir ainsi et à s'en sauver, en faisant une minable héroïne en plus ?

Vous connaissez des ressortissants des écoles « bilingues » (maintenant « françaises »... enfin) de l'Ontario ? Ils sont tous parfaitement bilingues, d'accord ! Vous connaissez des ressortissants de l'école « anglaise » de l'Ontario ?... Peuvent-ils entretenir une conversation française quelconque avec un bon Québécois... ou encore avec un Franco-Ontarien ? **Doivent-ils** entretenir une conversation en français avec un bon Québécois... ou avec un Franco-Ontarien ? Peuvent-ils comprendre sur la partie **française** d'un menu de restaurant de Rouyn-Noranda, les mots « hot chicken », « chicken fried rice », « hot dog », « hamburger », « club sandwich », soupe aux tomates, Pepsi ? Absolument pas ! Il faut les leur **traduire**. On se sent **obligé** de les leur traduire... (M. Tremblay, s'il vous plaît, des idées de mots !) Il nous **faut** ajouter une section **anglaise** à nos menus. Nous, il faut avoir des menus **bilingues**, ici au Québec... M. Tremblay, Mme Larouche, Plume, s'il vous plaît, aidez-moi encore une fois, donnez-moi des mots me permettant de mieux exprimer mes maux. Veuillez, s'il vous plaît, inscrire les jurons suggérés, ici :

Vous ne voulez pas ?... Vous n'osez plus après avoir lu et relu ma scène 8 ? OK d'abord ! Je vais m'en remettre au mien : Phoque ! ... Merci quand même !

... Et s'ils n'obtiennent pas, ces menus **bilingues**, eh bien, on crie au racisme ! Alliance Québec prend l'affaire en main ! Alliance Québec a les **moyens** de prendre charge de cette « fanatique injustice » à son égard. Alliance Québec (avec l'aide de l'avocat Julius Grey et de l'acide nitrique de Mordecai Richler, avec en plus les imbécillités de nos Claude Ryan et compagnie... et des subventions puisées à même nos taxes) prend les **moyens** pour **bilinguiser** nos menus... tous les **moyens** pour voir à ce que le Québec demeure **bilingue**... que notre identité se dilue... que le **Québec demeure bilingue de façon à ne jamais se plier ou s'humilier en devenant dépendant de notre français.** Et ce, pour toujours pouvoir vivre au Québec ! Pour vivre en ce Québec, **notre pays**, majoritairement français !

Cela dit, il n'y a aucun espoir à tirer de ce « Canada bilingue ». En Ontario, l'assimilation dévastatrice des francophones ne laisse aucune trace de lueur, ni à long, ni à moyen terme. L'ACFO peut bien se dire représentative de 100 000 Ontarois, il n'y en a pas 10 000 qui connaissent cet organisme et probablement 90 000 qui la connaissent peu ou prou, ou qui s'en foutent comme de l'an 40 ! ... Idem pour ce qui est de Mike Harris. Qu'on me montre le nombre de militants franco-manitobains, fransaskois, voire acadiens... fraternellement sympathiques aux aspirations du Québec, ayant constaté que ce n'est que par un Québec **fort** et **français**, que leur légitime cause a ou aura du sens et de la valeur ! Hélas, combien de ceux-là se sont montrés et se montrent toujours, souvent, aussi anti-Québec qu'un Mordecai Richler en état d'antirut ?... Qu'on leur demande à ceux-là jusqu'à quel point ils ont savouré ce *Semblant de rien* de Linda Lemay ?... Ou encore, s'ils ont aimé ou pas le premier Robert Lepage ? Ou s'ils ont tout simplement préféré le dernier Robert Ménard ?

187

Évidemment ils ont lu le dernier Bissonnette ? Par contre, qu'on leur demande jusqu'à quel point ils ont ri de cette bassesse du *Ottawa Sun* à l'endroit de Lucien Bouchard ? Sinon, combien de lettres de protestation (en français) ont-ils expédié à ce *Ottawa Sun* (« ovabitch ! »)... via ces poubelles rouges du fédéral ?

On nous accuse d'être responsables du « possible breakup of Canada » ! Comme si le « non breakup of Canada » était une valeur en soi ! Un petit effort intellectuel et on constatera que ce non-démembrement n'est certes pas une fin, pour apprécier que le « non breakup of Canada » n'est qu'un moyen ! On l'a quand même fondé ce Canada avec un but que l'on se proposait de réaliser. N'était-ce pas celui d'un heureux mariage entre deux peuples ? Ce mariage a-t-il été consommé ? A-t-il été heureux ? Or cette formule n'a pas fonctionné pour le Québec. Le Québec a, entre autres, refusé de signer l'entente constitutionnelle. Et combien d'expériences passées et présentes nous le démontrent encore. Un mariage où le mandat de l'un est de mettre l'autre à sa place peut-il subsister, peut-il continuer ?... Pas pour nous au Québec en tout cas ! ... Pas pour nous, peuple québécois !

On se souviendra de cette fameuse rengaine chantée par le Canada anglais lors du référendum de 1980 : « What does Quebec want ? » Eh bien, à présent qu'on le leur a dit, on nous traite de « chialeux », de chialeux perpétuels. C'est même un « écrivain » franco-ontarien qui nous l'a dit (Daniel Poliquin, pour ne pas le nommer), la langue pleine de venin... Et ses amis et collègues nous ont dit NON ! sur toute la ligne. Alors vous autres, on ira les chercher ces 51,6% de Québécois qui ont eux aussi dit NON, on va les convaincre, Lucien Bouchard va les convaincre et on **l'aura** notre pays un jour !

Voir une barricade
Et la vouloir défendre
Voir périr l'embuscade
Et puis ne pas se rendre...[1]

---

[1] Jacques Brel, *Voir*. Quelques lignes plus loin, le poète belge dit : « Voir la peur inutile, la laisser aux crapauds... » Doit-on traduire ces lignes en anglais, pour reconnaître que Brel faisait peut-être allusion à nous ?

*   *   *

«... Écoute, esti, si tu veux du français, va-t'en au Québec !» Oui ! Ici au Québec, malgré les frustrations, malgré les injustices, malgré la trop grande indifférence collective, malgré les « français ou anglais, quelle différence, nous on est "bilingues" ! », malgré les libéraux, malgré la peste du choc-de-lin, il y a quand même de l'espoir. Il y aura **toujours** de l'espoir. Il y a un pays à faire renaître. Il y a un pays à bâtir. C'est pour ici la devise « L'avenir est à ceux qui luttent »... Le Québec bilingue ? JAMAIS ! Et c'est pour du français au Québec que je me battrai... Pour du français sans traduction. C'est ici mon pays. On ne naît pas séparatiste, on le devient. On le devient par la simple force des choses... C'est une simple question de survivance, une simple question de vouloir ÊTRE !

Enfin, «... Écoutez monsieur, si vous voulez du français, allez-vous-en en France ! » Non ! « Écoutez, madame, si **vous**, vous y tenez tant à l'anglais, eh bien VOUS, madame, allez-vous-en en France ! » Vous y serez des plus heureuse. Vous pourrez entre autres aller travailler sans contraintes dans leurs Mcdo avec leurs « Children's menu » et leurs « Quarter Pounder ». Il y en a plusieurs d'entre nous, ici au Québec, qui tiennent à leur chanson d'expression française, à leurs « services au volant », à leurs « cinéparcs », à leurs « guichets automatiques », à leurs « arrêts », à leurs « magasinages », à leurs « fins d'semaines », à leurs « microbrasseries », voire à leurs « gaminets »... à leurs gaminets aux inscriptions **en français** (pour ne pas dire, à leurs gaminets « Adidas ») !

*   *   *

Mais enfin, suis-je vraiment heureux ici au Québec avec toutes ces frustrations, avec toutes ces luttes, passées, présentes et à venir ? Il semble bien que j'en veuille à beaucoup de gens, à beaucoup de choses. Il semble que j'en aie beaucoup sur le cœur. C'est vrai !

Mais la vie, n'est-elle pas un combat ? Celui-ci c'est le mien. Mon histoire l'explique. De toute façon, si ce n'était pas celui-ci, ce serait un autre. Or, je sais bien qu'il n'y a rien de plus accidentel que l'existence. Si on attaquait les gens aux yeux bleus ou à la chevelure rouge, j'entreprendrais le combat pour défendre l'honneur et la dignité des gens aux yeux bleus ou à la chevelure rouge. Je suis, donc je me bats! Si j'étais né en Chine, soit que j'aurais été un ardent communiste ou un insoumis, voire un révolté à la place T'ien an Men. Mohawk de naissance? J'aurais fondé l'Association pour mettre en lumière les bons, sobres et honnêtes Mohawks (A.P.M.L.B.S.H.M.)! Mais je suis né Canadien français. Dans ce cadre, j'y ai donné, pendant plus de 40 ans, « my best shots »! Pas d'espoir dans ce carcan cependant. Je suis donc devenu QUÉBÉCOIS[1]!

C'est vrai! Je suis un dérangeur, je suis un emmerdeur. Je suis même un pepsi! Quand je ne fais rien, quand je laisse passer des choses, je m'en mords les pouces. Quand je ne fais rien, j'en ai mal jusque dans les tripes. En plus, il me sort des boutons... partout! Et quand j'ai le cœur à une cause (celle du français n'est pas la seule[2]), lorsque j'ai vraiment le coeur à LA cause, eh bien, « je veux sauter les ponts, les murs et les faux-bords; je veux briser les rangs, les cadres et les fenêtres; je veux mourir ma vie et non vivre ma mort »[3]!

Et j'aime le Québec. Pas nécessairement parce que c'est le plus beau ou le plus parfait des pays, mais parce que c'est le mien. J'aime le français, non parce que c'est la plus belle langue du monde, mais parce que c'est la mienne. C'est celle que mes parents m'ont transmise. C'est un héritage, un précieux héritage. C'est cette langue qui se veut aussi porteuse des richesses de générations et de générations derrière moi... Alors, quand je vois que nos ados ne connaissent même pas Félix Leclerc, dois-je m'attendre à ce qu'ils puissent goûter à Brel aussi? Et à

---

[1] Il me semble que monsieur Lucien Bouchard pourrait se faire aussi l'auteur de cette avant-dernière ligne.

[2] Même si un des miens, une certaine pâte alimentaire, bien baveuse à ses moments d'érection, m'a formellement accusé (par écrit) d'un manque de loyauté et de n'être qu'un simple vendeur de livres. Vive la solidarité et l'esprit d'entraide des Québécois! ... Enfin, quand on se sent menacé... quand sa propre lâcheté est mise en évidence, tous les moyens sont bons, n'est-ce pas?

[3] Jean-Pierre Ferland, *Avant de m'assagir...* On devrait montrer ce chant à tous les esprits rebelles dans nos écoles. À la rigueur, on leur montrerait que quelqu'un les comprend!

Ronsard ? Mais quelle anémie ! Cette langue, elle fait partie de moi comme mon bras en fait partie, comme mes yeux en font partie. Si on attaque mon corps, je me défends. Si on attaque ma langue, je me défends aussi. Je continuerai donc à me défendre lorsque je la verrai souillée, ridiculisée, menacée, amoindrie. Je continuerai à me défendre lorsque je verrai ma langue perdre de sa valeur ou attaquée dans sa raison d'être... dans mon pays... dans son pays[1] ! Lorsque ma langue perd de sa valeur, c'est moi par extension qui perds de ma valeur. Lorsque ma langue est attaquée dans sa raison d'être, c'est moi par extension aussi qui suis attaqué dans ma raison d'être... Dans mon pays... dans son pays !

Il est vrai qu'au Québec, tout n'est nécessairement pas rose. Tout ne baigne pas dans l'huile. C'est aussi vrai que je n'aime absolument pas : André Arthur[2], André Ouellet[3], Claude Ryan[4], Daniel Johnson[5], Gérald Larose, Ghislain Dufour, Guy Bertrand[6], Bertrand, Guy[7], Jean-Louis Roux[8], Jean-Marc Parent[9], John Ciaccia[10], Jojo, Lysiane Gagnon[11], Marcel Béliveau, Normand Brathwaite, Patsy

---

[1] Galganov, Eaton... prenez garde ! Attendez que je vous tombe dessus ! (Demandez-le à « la pâte » !)

[2] ... Me fait penser à Raspoutine... un grand malade !

[3] Voilà ! Ce n'est plus un secret.

[4] Vous vous en doutiez ?

[5] Synonyme de « André Ouellet ».

[6] Synonyme de « Benedict Arnold ».

[7] Ti-Guy est, à mon avis, aussi « québécois » que Claude Ryan est « protestant » ou que André Ouellet est « intelligent ».

[8] ... un précieux vendu !

[9] Personnage dégueulasse ! Au diable le « phénomène » ! (Relire section sur le relativisme culturel)

[10] Ce monsieur s'oppose farouchement, m'a-t-on dit, aux propos de ma sixième scène et, malgré ses efforts pour me comprendre, demeure en total désaccord avec mon point de vue. Apparemment, il préfère demeurer avec ce religieux penchant pour les personnes masquées et tient mordicus à ce que son pet se fasse valoir plus d'une fois par année.

[11] Mme Gagnon aurait demandé à *La Presse* de changer la photo utilisée dans sa rubrique, pour une autre, prise lors de sa première communion... Pour l'avoir moi-même vue si souvent à la télé, Mme Gagnon se présente beaucoup plus fripée que sur son immaculée photo. Mais quand on a de l'assurance, enfin !

Gallant [1], Pierre Elliott Trudeau [2], Rock & Belles Oreilles, ni Mordecai Richler (assurément)[3] !

C'est vrai aussi que je n'aime plus tellement : Alain Dubuc, Brian Mulroney[4], Celine Dion, Claire Lamarche[5], Claire Pimparé[6], Claude Morin, Guy Lafleur[7], le mouvement Desjardins[8], Michèle Ouimet, Patrick Roy[9], Pierre Dufault[10], Stéphan Bureau et Yvon Deschamps.

---

[1] Elle parle « à la française » à présent mais n'est pas devenue plus intelligente pour autant.

[2] Aurait ces derniers temps, et selon certaines rumeurs, les yeux sur la secrétaire de Gary Filmon pour pouvoir entre autres se libérer un peu de la blonde de Elijah Harper.

[3] Se propose d'avoir recours aux services de Guy Bertrand, si jamais Revenu Québec découvrait qu'il triche depuis belle lurette (uniquement sur ses impôts du Québec toutefois)... à s'en tordre de rire. (Guy se serait déjà offert bénévolement... apparemment !)

[4] Il demeure que lorsqu'il était à la barre du « pays », cet époux de « Madame Garde-Robes » avait beaucoup plus à cœur le bien-être du Québec, que certains de ses anciens et futurs rivaux libéraux.

[5] Elle n'avait pas besoin de se baigner dans les pires quétaineries ni patauger dans les bassesses lorsqu'elle était à Radio-Québec. Ah, l'argent !

[6] Uniquement depuis qu'elle a laissé de côté son bel accent québécois, qu'elle a mis de côté son allure québécoise, qu'elle a perdu sa fraîcheur d'antan... pour emprunter des manières qui ne sont ni les siennes ni les nôtres. On dirait que la pureté de son image, voire celle de cette belle âme de chez nous, n'y est plus. Dommage !

[7] Lorsque que sa présente chevelure tombera, il se propose, pour continuer à gagner sa vie, de donner des cours à l'Université de Lévis (campus de Lauzon) en Droit constitutionnel.

[8] Pauvre Alphonse, s'il pouvait donc ressusciter ! Mais qu'a-t-on fait de grâce de son idéal ? Peut-être Guy Chevrette pourrait-il un jour remettre un peu d'ordre et de bon sens dans cette boîte.

[9] Exemple typique d'un « parvenu » (personne dont la richesse soudaine, en argent, est beaucoup trop grande pour le niveau de son intelligence, de son éducation et de sa culture).

[10] ... Comme les Stallone et compagnie, se regarde dans une glace et érige.

Et que Christiane Charette, Charles Tisseyre[1], Dan Bigras[2], Gaétan Girouard[3] Gilles Proulx[4], Jean-Luc Mongrain[5], Michèle Richard[6], Mitsou[7], Pierre Lalonde[8], René-Daniel Dubois[9] et Roger D. Landry me laissent plutôt indifférents.

Par contre, j'aime bien Aline Desjardins, André Lefebvre, Andrée Ruffo[10], Bernard Derome, Bernard Landry, Charlotte Boisjoli, Claude Masson, Claude Quenneville, Conrad Sioui, Danièle Bombardier, Diane Wilhelmy[11], Denis Bouchard[12], Denise Filiatrault, Dominique Payette, Francine Raymond, Francine Ruel, François Morency, Gérald LeBlanc, Ghislaine Bouffard, Gilles Baril, Gilles Payette[13], Gilles Tremblay, Grégory Charles, Guy Bouthillier, Jacques Godbout, Jacques Parizeau, Janette Bertrand, Jean Bédard, Jean Garon[14], Jean Paré, Jean-Paul L'Allier, Jean-Pierre Coallier, Jim Corcoran,

---

[1] ... Mais c'est uniquement à cause de sa « mére » !

[2] Celui-ci devrait faire des annonces commerciales pour des produits antisudorifiques. Hiver comme été, il est toujours prêt à en dégager les odeurs !

[3] Depuis ses tartufferies et ses fausses dévotions à *Caméra X* ! ... Peu impressionnantes ! ... Et bon débarras pour sa complice !

[4] ... devrait lire Thomas Gordon.

[5] C'est davantage du théâtre qu'il fait.

[6] ... Aucun lien, Dieu merci !

[7] ... sauf pour ses « affaires à mites » !

[8] ... Un Pierrelalondepetermartin qui parle et qui chante en français. Donnez-moi Jim Corcoran n'importe quel temps ! ... Au moins lui, il est authentique.

[9] Une espèce de gros tata énervé qui tape plus sur les nerfs qu'autre chose.

[10] ... jusqu'au jour où j'ai réalisé combien me coûtaient, en tant que contribuable, ses nombreuses sagas juridiques... Assez c'est assez, Mme Ruffo !

[11] On devrait changer le nom du Pont de Québec au sien... Une véritable héroïne qui a su suivre la dictée de sa conscience.

[12] ... sauf pour sa très mauvaise caricature de not' Ti-Poil !

[13] Il est tellement drôle celui-là, peut-être dû en partie au fait qu'il ne le sait aucunement.

[14] Comme bon Québécois : oui ! Comme ministre de l'Agriculture : oui ! ... Mais comme ministre de l'Éducation : absolument pas ! ... Une université à Lévis ?... Quand même !

Joan Fraser, Jocelyne[1], Jocelyne Cazin, Jocelyne Galipeau, Johanne Blouin, John Honderich, Josée Blanchette, Joyce Napier, Julie Masse, Lara Fabian, les employés de la Caisse populaire de Rouyn-Noranda, Lise Payette, Liza Frulla[2], Louise Cousineau, Louise Forestier, Luc Plamondon, Luce Dufault, Marie-Soleil Tougas, Mario Tremblay, Marjo, Martin Larocque, Martine Biron, Martine deFoy, Martine Rouzier[3], Michaëlle Jean, Michel Jean, Michel Gauthier, Michel Venne, Nanette Workman, Pascale Nadeau, Patrice Lécuyer, Patricia Nolin, Peter Blaikie, Philippe Schnobb, Pierre Curzy, Pierre Brien, Pierre Légaré, Pierre Maisonneuve, Raymond Lévesque, Richard Séguin, Serge Meunier, Serge Turgeon, Simon Durivage, Solveig Miller, Sonia Benezra[4], Sophie Lorain, Suzanne Landry, Suzanne Lévesque, Sylvain Simard, Terry Mosher, Véronique Béliveau[5], Yves Beauchemin et Yves Thériault (l'auteur du grand classique *Agaguk* et non celui dont on parle à la page 31).

Et que par-dessus tout, j'adore : André Gagnon, André Lejeune[6], André-Philippe Gagnon, Beau Dommage, Benoît Brière[7], Bill Clennett, Caroline Claveau, Céline

---

[1] Bien sûr que je l'aime bien cette Jocelyne. Je sais fortement que c'est du bon monde dans l'fond. Je lui pardonne sans hésitation sa gaffe. En fait, devant une tornade, on se défend du mieux que l'on peut. D'ailleurs, je pense en avoir fait de bien pires que ça des gaffes... Et moi qui éprouve tellement de difficultés à me les pardonner !

[2] ... Et dire que son collègue John Ciaccia ne se permet de la zieuter que lorsqu'elle porte un masque... Vraiment pas brillant ce monsieur !

[3] Mais avec quelle classe nous donnait-elle son temps ! Voir aussi note sur Chantal L.

[4] C'est surtout parce qu'elle adore tout l'monde ! ... J'cours donc une chance !

[5] À mon avis, sa plus belle chanson était celle promouvant Radio-Québec.

[6] *Près de mon église, Dans le village où je suis né, À celui qui en veut, À toutes choses heureuses...* Mais que l'on devrait donc rééditer ces chansons !

[7] Apparemment qu'il est en quête d'un cercueil en forme de téléphone... pour son repos éternel éventuel.

Dion, Chantal Hébert, Chantal Lacroix[1], Claude Charron, Claude Dubois, Claude Gauthier, Claude Léveillée, Claude Piché, Clémence, Daniel Latouche, Daniel Pinard, Denise Bombardier, Diane Dufresne, Diane Tell, Dominique Michel, Edith Butler, Fabienne Thibeault, Falardeau, Pierre[2], feu Alphonse Desjardins[3], feu Gérald Godin, feu René Lévesque, France D'Amour, France Zobda[4], Franco Nuovo, François Gendron, Gilbert Sicotte, Gilles Gagnon, Gilles Gougeon, Gilles Lesage, Gilles Pelletier, Gilles Vigneault, Ginette Reno, Guy Ghevrette, Guy Mongrain, Guy Provost, Hélène Laurendeau, Hélène Loiselle, I Musici, Isabelle Maréchal, Jacques Brassard, Jean Besré, Jean Dion, Jean Lapointe, Jean-François Lépine, Jean-François Lisée, Jean-Guy Moreau, Jean-Paul Perreault, Jean-Pierre Ferland, Jean-V. Dufresne, Jeanne Blackburn, Josée Legault, Judy Richards, Julie Miville-Dechêne, Julie Snyder, Kashtin, la chorale V'la l'bon vent de la ville de Québec, la chorale Les Baladins de Rouyn-Noranda, l'émission *Droit de parole*, l'émission *Les Grands Reportages*, l'émission *Omertà*, l'émission *Sous un ciel variable*, l'émission *Urgence*, La Bottine souriante, le Cirque du soleil, le supermarché Métro Tremblay de Rouyn-Noranda, *Les Beaux Dimanches*, les *Bye-Bye*, Les Foubracs... Les Foubracs encore, Linda Lemay, Lise Bissonnette[5], Louise Harel, Lucien Bouchard, Madeleine Poulin, Marc Messier, Marcel Tessier, Marie Laberge, Marie Tifo, Marie-Carmen, Marie-Claire Séguin, Marie-Denise Pelletier, Marie-France Bazzo, Marina Orsini,

---

[1] Comment pourrait-on s'en remettre à Jocelyne B. après avoir savouré les petits reportages de ce petit bijou ?... ZAP !

[2] ... malgré son allure « Gainsbourg ».

[3] ... pour avoir eu un si beau rêve, un si noble idéal. Dommage que... Tandis que j'y suis, chers lecteurs : Dans mes prochaines *Insolences III*, je me propose, entre autres, de vous parler des Caisses Desjardins, de Visa-Desjardins et des Assurances-vie Desjardins, ce qui expliquera (en partie) pourquoi j'ai maintenant une MasterCard Gold ! ...Vous pouvez commencer à saliver, ça ne coûte pas cher !

[4] Si le bon Dieu avait fait de plus yeux, il les aurait certes donnés à Golda... Sauf que l'attirance aurait été trop forte pour notre pauvre Joseph. Ç'aurait gâché hélas toute l'histoire !

[5] ... comme rédactrice et analyste politique et culturelle seulement !

195

Mario Jean[1], Marjo, Martin Drainville, Martine St-Clair, Macha Grenon, Michel Barrette, Michel Forget, Michel Hannequart, Michel Labrecque, Michel Rivard, Michel Tremblay, Michel Vastel, Michel Viens, Michèle Viroly, Myriam Bédard, Neil Bissoondath, Nicole Martin, notre Roi heureux, Pascale Bussières, Pascale Montpetit, Paul Piché[2], Pauline Julien, Pauline Marois, Pauline Martin, Pierre Bourgault, Pierre Falardeau[3], Pierre Nadeau, Réal V. Benoît[4], Richard Desjardins, Richard Garneau, Rita Lafontaine[5], Robert Guy Scully[6], Robert Toupin, Roger Léger, Roland Jomphe[7], Serge Chapleau, Sœur Chantal s.d.l.c., Solange Chaput-Rolland, Suzanne Guy, Sylvie Bernier, Sylvie Tremblay et Yvan Ducharme... entre autres !

* * *

Tout psychologue sait bien, en plus de toute personne ayant un secondaire V ou l'équivalent, que si l'on veut s'épanouir, si l'on veut être, eh bien, on ne met pas sa vie, encore moins son destin, entre les mains des autres. On se souviendra trop hélas, de ces Clyde Wells et de ces Elijah Harper qui ont pu, à eux seuls, mettre à la poubelle quelques brins d'espoir (si peu fussent-ils) pour le Québec au sein de la Confédération canadienne... Au printemps de 1996, ce fut au tour d'un Stéphane Dion, sous les ordres de Jean Chrétien[8], qui consulta les premiers ministres des

---

[1] Sa blague au sujet du nombre d'anglophones qui quitteraient le Québec advenant... est une classique.

[2] ... et davantage lorsque ses chansons n'étaient pas « enrockées ».

[3] ... Ses écrits ne sont certes pas du yogourt.

[4] Les Montréalais sont malheureument trop centrés sur eux-mêmes, pour avoir pu connaître et apprécier ce talent abitibien.

[5] Mais quelle belle performance dans *Un homme de rêve* ! ... Et quel bon film !

[6] ... dépasse Mongrain d'un gigamètre. (Voir section portant sur le relativisme culturel)

[7] Ses poèmes devraient être enseignés dans toutes les écoles du Québec... et du Canada français... De véritable bijoux ! Mais quel talent cet autodidacte !

[8] N'y a-t-il rien comme des Canadiens français pour fesser sur des Québécois !

provinces anglophones afin de trouver une expression acceptable (pour eux) pour remplacer la très agaçante et menaçante (pour eux) « société distincte ». Sarcastiquement, j'aurais eu le goût de leur en suggérer quelques-unes, plus acceptables (pour eux), à savoir :

- Québec - société toujours fonctionnellement bilingue !
- Québec - société diluée !
- Québec - société délavée !
- Québec - société stérilisée !
- Québec - société expurgée !
- Québec - société passée à l'eau de javel !
- Québec - société écrasée !
- Québec - société colonisée !
- Québec - société assimilable !
- Québec - société « phoque-all » !
- Territoire - divisible !
- Espaces toujours annexables au Labrador !
- Bande de terre - tolérée !
- Arpents de neige - fondants ou gelés !
- Presqu'île intégrable !
- Peuple de chialeux !

En parlant de Stéphane Dion, pour ne pas mentionner son essaim (avec ses espèces de sans d...) et du concept de la divisibilité, il ne faut surtout pas se surprendre de ses dégueulasses menaces comme celles de vouloir balkaniser notre pays. Que pensez-vous qu'ils nous ont fait avec le Labrador ? En effet, c'était bel et bien à nous, ce Labrador. Il l'était depuis l'Acte de Québec en 1774... En 1927 cependant, à la suite d'une décision unilatérale du Conseil privé de Londres, le Québec a perdu ce territoire en faveur de Terre-Neuve... petit incitatif, sans doute, pour qu'elle se joigne un jour au mariage confédé... au mariage qu'on fait des ravages ! En effet, le gouvernement de Londres, enivré par ce **fair play** britannique, fut à la fois juge et partie. Le Québec, en fait, s'y était opposé par le biais de lois, mais ces lois n'ont jamais été respectées. « ... Tiens-toé, ti-cul, prends ça ! »... Et « Stephy-baby » de dire exactement la même chose ! ... Territoire amputé, conséquences économiques. « ... Hey you there, small ass, take that ! »

Et depuis ce matin du 13 septembre 1759, alors que Montcalm succomba en disant avec ses derniers soupirs

« Je meurs content car je ne verrai pas les Anglais entrer dans Québec »... nous, on les a vus, les Anglais. Ils nous ont contrôlés, enchaînés depuis tout ce temps. Et ce, avec la complicité des Dion, Trudeau, Chrétien, Robillard, Johnson, Ryan et compagnie. Les Anglais nous ont donc eus physiquement, et ils nous ont non moindrement eus psychologiquement, grâce à ce complexe d'infériorité que l'on traîne depuis... Mais on va-t-y s'en sortir, un jour ?

Je le répète : Tout psychologue sait bien, en plus de toute personne ayant à peu près un secondaire V (ou l'équivalent, monsieur Ryan), que si l'on veut s'épanouir, si l'on veut ÊTRE, on ne met tout simplement pas sa vie, encore moins son destin, entre les mains des autres.

Pour Félix Leclerc, ce n'est pas un pont, ni une île qu'il voulait, c'était un PAYS. Permettez-moi, cher Félix, d'aller un peu plus loin en disant tout simplement que par ce pays, c'est notre DIGNITÉ que nous voulons.

A-t-on compris le sens de *L'Île d'Orléans*, son chef-d'œuvre, quand il dit : « On veut la mettre en minijupe *and* speak English » ?... Faire ça à elle, l'île d'Orléans ! D'une part, c'est un texte collé au réel, une référence à un lopin de terre que certains bonzes (probablement des hommes d'affaires libéraux) voulaient transformer en un parc d'amusement à la DisneyWorld !... Faire ça à elle, l'île d'Orléans ! ... D'autre part, c'est un texte rempli de symbolisme, d'histoire, d'espoir puisque l'île d'Orléans, c'est le Québec ! ... Tu l'auras ton rêve, un jour, Félix. Tu l'auras... Moi je ferai ma part en tout cas, si humble et si modeste soit elle ! Je ne te vais pas à la cheville, mon cher ami, mais j'y contribuerai quand même... à ma façon ! Moi, petit mais fier pepsi, jadis de l'Ontario !

* * *

J'ai toujours aimé les Québécois. Et ce en dépit de leurs défauts. (De toute façon, j'en avais et j'en ai encore une tonne.) C'est vrai qu'un trop grand nombre de Québécois conduisent mal, qu'ils sont irrespectueux des consignes, qu'ils flanchent trop souvent dans le domaine de la conscience sociale. C'est vrai que le mot « discipline » évoque chez eux des mauvais catéchismes d'antan, des soumissions humiliantes à la domination... évoque chez eux la

198

tyrannie. Phénomènes regrettables et vrais ! Et même s'ils s'expliquent, ils ne les justifient pas nécessairement... Mais les Québécois ont aussi les qualités de leurs défauts.

Les Québécois, pour la plupart, savent quand même bien prendre les choses. Ils savent comment bien prendre la vie. Ce qui explique leur sens de l'humour. Combien de leurs émissions de télévision sont de style « humoristique » ? C'est un peu beaucoup pourquoi je me plais tant au Québec. Mais que les blagues et les boutades sortent vite chez plusieurs ! Mais que leur débit est drôle et à point ! Dieu sait qu'ils savent rapidement saisir la plaisanterie, pour la discerner du sérieux, tout en l'y entremêlant... Une fois, en sortant par la caisse de chez Kinidzen Taher, la préposée, une pure inconnue, après avoir comptabilisé la note sur ma carte MasterCard, me demanda mon numéro de téléphone. « ... Chut, lui dis-je, en lui pointant discrètement du doigt avec l'air inquiet, la présence de la femme à mes côtés... C'est ma blonde ! » « Y'est-y toujours comme ça vot' chum ? » lui adressa-t-elle vitement en riant... « Jamais ! C'est la première fois que je le découvre comme ça ! », lui répondit-elle... On essaiera ça dans un Canadian Tire à Kitchener-Waterloo... en Ontario ! ... Non ! Non ! pas en français, en anglais... en anglais !

Un jour, j'entrais dans l'édifice des Postes lorsque j'aperçus deux ados en train de faire du rouli-roulant[1] sur le trottoir. « Y'a pas d'école aujourd'hui ? » leur demandai-je. « Ah ! On a *skippé* des cours ! » me dirent-ils spontanément et sans culpabilité aucune. Reprenant mon allure de directeur d'école d'antan, je me suis permis de leur glisser : « À quarante ans, les amis, vous allez trouver ça plate de n'avoir autre chose à faire que du rouli-roulant ! »

---

[1] J'avais vu aussi de ces jeunes se livrant à une activité similaire, près du Palais de Chaillot à Paris. « Dites les amis, comment vous appelez ça, ces planchettes ? » leur demandais-je. « ... "Skète borde" ! » me répondirent-ils. J'ai trouvé ça très drôle... et regrettable, le jour où j'ai appris que des jeunes de ma rue préféraient dire « skate board » eux aussi. Quoique connaissant l'expression « rouli-roulant », ils m'ont dit que c'était plus le « fun » de le dire en anglais. Prof de français : l'enseignement de la langue, c'est d'abord et avant tout des **attitudes** et des **valeurs** à développer. Si j'avais à évaluer ces derniers, ce serait « échec » dans tous les cas.

Puis, je suis entré dans le bureau des Postes[1]. En sortant, les voyant toujours aussi joyeux avec leurs planchettes, j'ai repris : « Pourquoi pensez-vous que je vous ai dit ça ? » « ... Parce que vous *skippiez* vous aussi quand vous étiez jeune, je suppose ! » Rapidement, je me suis penché la tête, ne voulant pas trop qu'ils me voient riant et un peu gêné en même temps... et je quittai. Elle était bonne leur réplique ! ... Mauditement bonne !

Et les expressions des Québécois ! Je me suis acheté une voiture neuve dernièrement. Le manuel spécifiait un certain niveau d'octane pour le carburant. Au premier remplissage (Petro-Canada toujours... en Cadillac, cette fois), je demandai au jeune pompiste : « Quel est l'indice d'octane de votre essence ordinaire ? » « C'est quoi ça, me demanda-t-il ? » Je le lui expliquai brièvement et il me dit : « Je vais aller chercher mon patron, moi je ne connais pas ça. » Ce dernier sortit, retourna chercher un document et me donna la cote d'octane antidétonante pour chacun de ses trois carburants. « ... Eh ben, reprit l'ados... à soir là, j'vas m'coucher beaucoup moins niaiseux ! »... Elle était bonne elle itou ! ... Et cet ami Gilbert de Québec, parent avec Martine de trois beaux Québécois, qui me disait, après s'être abandonné à une vasectomie, qu'il venait de faire changer sa familiale pour une sportive ! ... Sublime, n'est-ce pas ?

On a dû quand même hérité notre penchant pour la bonne blague, des ancêtres immédiats des Gaulois :

Québécois à Paris : « Hé monsieur, vous avez-t'y du ruban à... verge ? »

Commis parisien : « Mais monsieur, je ne serais pas si coquet [2] ! »

... Est bonne, est bonne, est bonne!

---

[1] Apparemment que d'ici bientôt, toutes les succursales du Québec demeureront ouvertes le 1er juillet... Yé !

[2] Peut-être le Québécois s'est-il dit en sortant : « J'me d'mande ben c'est quoi qui voulait dire c'maudit Français-là ! » Dois-je expliquer pourquoi je déteste tant de morpion de Jean-Marc Parent ? Les personnes handicapées dont il se moque ont-elles le choix de ne pas rire ? Que ne ferait-on pas pour se faire accepter ?... Surtout quand on est si différent. L'espèce de *guibou*, de son côté, a beau couvrir ses vulgarités comme il le voudra, on peut rationaliser n'importe quoi pour faire une *piasse*... Rapace !

Oh ! que j'en aurais d'autres à vous transmettre ! ... Et des répliques des plus sucrées, venues de la bouche de copains que je taquinais. Mais hélas, mon livre prendrait une tout autre tournure (il se vendrait peut-être plus ?) et Mgr Jean-Guy Hamelin refuserait carrément de le lire... Phoque ! ... Redevenons donc sérieux.

* * *

Je trouve néanmoins les Québécois naïfs. Je les trouve purs, peut-être un peu trop. Certains les diront même tolérants. Je préférerais de beaucoup « bonasses » (pour ne pas dire « mous »), du moins par moments. Combien ne peuvent pas imaginer comme étant vrai, très grave même, cet incident de Brockville en Ontario où quelques salopards pilotèrent en grande pompe sur notre drapeau ? Combien d'oreilles de Québécois ont toujours refusé d'entendre leur langue conspuée lorsqu'on a osé en prononcer quelques syllabes dans les puissantes enceintes des stades Ivor Wynn et Skydome... entre autres ? Hélas, peut-être ne suis-je pas encore assez Québécois, car moi, ça m'a fait mal en tout cas. Très mal, en fait. Moi, le cœur m'a pincé, les muscles m'ont raidi, la face m'a rougi... C'est d'ailleurs cette naïveté, voire cette pureté chez mes confrères, lesquelles je vois exploiter à outrance sous le masque de l'humour par cette espèce de grand niaiseux qu'est Marcel Béliveau, qui me la fait voir tellement vulnérable. Je m'en balance de son histoire à ce grand tarla, j'aurais même le goût d'en rire. Mais non... quand même ! (Ne vous faites pas d'illusion, chers lecteurs, il n'est pas un Allen Funt ! Ce dernier était doué d'esprit, d'humour et de sagesse, l'autre, d'impéritie !) Mais quand je vois ses victimes obligées rire elles aussi, de crainte de passer pour vieux jeux, de crainte de passer pour récalcitrants ! Et combien d'autres de ces saints innocents se soumettent forcément à ses impertinentes moqueries de peur de ternir leur propre réputation d'amuseurs publics à leur tour, quoique d'un autre genre et d'un autre ordre ?... Et dire que ça le paye ! ... Que ça le paye énormément. Un Jojo moustaché ! A vrai dire, il pourra rationaliser son affaire en pleurant tout le long du chemin allant à la banque pour y déposer son argent. Exploiter ainsi la bonté, voire la beauté d'âme de ses pairs ! J'aurais le goût de l'envoyer à Brockville, ce Marcel Béliveau, afin qu'il se fasse marcher dessus d'une autre façon ! Je m'en roulerais à terre en tout cas.

D'autre part, c'est peut-être pour ça que j'ai tant aimé et que j'aime toujours autant *Sous un ciel variable*, ayant comme **auteurs** le tandem Boyer-d'Astous. (Excusez-moi Radio-Canada, mais c'est de mise !) Cette fois-ci, on a exploité à bon escient la pureté et la beauté des personnages québécois... avec leurs qualités et leurs défauts. Après chaque épisode, je me disais : « Mais celle-ci fut sans contredit la meilleure ! »... Surtout celle du mariage d'Adrienne et de Benjamin, avec cette touchante réconciliation d'Allan... Et la semaine suivante, une meilleure vint encore. Et les semaines suivantes, les... !

Dire qu'au Canada anglais, nos concitoyens qui nous aiment tant, ne connaissent même pas ça ! Ils ne connaissent essentiellement que... et préfèrent de beaucoup leurs émissions[1] *Days of Our Lives*, *The Young and the Restless*, *The Price Is Right* ou pire encore, leur Povitch et ses semblables... Encore une fois, ce sont **nous**, dites-vous, les séparatistes ?

Il ne faudrait pas que nos concitoyens croient qu'il s'agit de notre seule œuvre de valeur, à l'écran. Je ne les ai pas toutes vues, mais combien de mes amis m'ont parlé de *Zap*, de *Chambres en ville*, parmi d'autres ? Malgré les apparences, je ne passe pas mon temps devant la télé. Ce livre ne s'est quand même pas écrit tout seul, savez !

Dommage aussi que nos amis de France ne regardent pas, mais surtout n'écoutent pas la présentation de nos matchs de hockey. Il est vrai que nous avons beaucoup à apprendre de nos cousins d'Europe... et nous en apprenons beaucoup et nous en jouissons. Mais Dieu sait qu'ils auraient eu du bon vocabulaire à apprendre de nos Lecavalier, de nos Garneau et de nos Quenneville... Beaucoup trop orgueilleux, eux aussi !

Enfin, y a-t-il une seule province au Canada anglais qui ait développé autant de talent artistique d'une telle unicité ? Y a-t-il une seule province au Canada anglais s'étant forgé une âme comparable à la nôtre ? Le Canada

---

[1] En anglais, ils disent « crap » !

anglais, dans son entité a-t-il développé une âme réciproque ? Ce que l'on appelle « culture » au Canada anglais n'est habituellement qu'un calque de la pizza américaine. Oui, nous somme distincts ! C'était nous les véritables Canadiens ! Qu'on le veuille ou non, nous demeurerons distincts. Uniquement Québécois nous serons !

* * *

... Mais c'est lorsque j'entends ces accusations de « racistes » à l'endroit des Québécois, lorsque j'entends ces insinuations de « société raciste » à l'endroit du Québec, que j'éclate... Quelle autre belle façon « à la Béliveau » d'exploiter un de nos points sensibles ! Et lorsque je vois les Québécois se sentir tellement coupables d'être ainsi amputés et agir encore plus fort dans le sens contraire ! ... Quand je vois le gouvernement avoir tellement peur de mettre des dents à la loi 101, pour les mêmes raisons !

Racisme au Québec ? Absolument pas ! Il y a eu et il aura toujours malheureusement, des **actes** racistes, mais cela ne rend pas tout le Québec raciste pour autant. Que Mordecai Richler m'en veuille pour les propos de mon livre ne le rend pas nécessairement raciste, mais qu'il emploie un langage si virulent à l'endroit de tous les Québécois, parlant français, ou à l'endroit de toute la société québécoise en général... ça c'est du racisme ! D'ailleurs, si nous étions racistes, il y a longtemps que son confortable domaine aurait sauté à la dynamite ! C'est un peu comme si George Wallace était allé habiter Harlem pour afficher à sa demeure une pancarte : « Niggers go home! » Vous pouvez vous imaginer ?

Tristement, il y eut toute cette influence antisémite d'il n'y a pas assez longtemps, découlant des propos d'un Adrien Arcand... et des autres malades du genre. Il y a aussi malheureusement ces blagues plates que l'on entend trop souvent, ridiculisant les personnes de race noire... celles-ci servant toutefois beaucoup plus à faire reluire la chandelle du raconteur souffrant sans doute inconsciemment d'un certain complexe d'infériorité... Mais quand même ! Ça s'explique mais ça ne justifie pas ! Et puis, il y a eu ce renversant incident que Benoît Séguin raconte à la page 174 de son excellent ouvrage *Pour en finir avec l'école sacrifiée...* À vrai dire, je n'en croyais pas mes yeux. Je pense que la lecture de ce passage m'a fait presque aussi mal que l'incident de notre drapeau à Brockville... Mais quand même !

Les nombreuses bannières vertes ambulantes pavoisant la rue Sainte-Catherine lors du défilé annuel de la Saint-Patrick sont-elles englouties par des canonnades de tomates en provenance des *séparatisses* ? Mordecai Richler peut-il aller magasiner en paix, dans sa langue, chez Eaton ? Les réponses répétitives de « Sorry I don't speak French », à nos accueils et à nos interrogations, s'attirent-elles nos litanies de sacres ? Les braquages de micros unilingues anglais sous nos mentons se voient-ils repoussés par des « Parle blanc... sti » ?

Quelle province canadienne aurait donné un coup de pouce à ses Kashtin, comme l'a fait et comme le fait encore le Québec français ?... Même durant ce fameux été des Indiens ! Quelle province les aurait accueillis comme nous les avons accueillis ? Nous les avons acceptés, encouragés et aimés ainsi parce qu'ils sont premièrement doués, sympathiques et aussi parce que nous les considérons des nôtres. Ah, si seulement les Mohawks parlaient français et savaient chanter ! J'ai lieu de croire que nous leur aurions **donné** le *crisse* de pont Mercier !

Et lorsque l'on veut apporter un contrôle aux lois et aux règlements que l'on adopte pour protéger notre langue (que valent une loi et un règlement sans contrôle ?) on, l'*Ottawa Sun* en tête, nous traite de fascistes. (Fascisme : système hitlérien ! Le jour où l'on aura mis à mort 60 000 Anglos, soit 1% du nombre de Juifs que les nazis ont tués dans leurs chambres à gaz, eh bien **là**, on pourra nous traiter de fascistes !) La raison pour laquelle il n'y a pas de réciprocité à notre loi 101 dans l'environnement des quotidiens *Sun*, est la même que celle voulant qu'il n'y ait pas de loi bannissant le nudisme en plein cœur de leurs propres villes, au beau milieu de janvier.

Enfin, les communautés culturelles sont, règle générale, très bien accueillies ici. Combien de cents dépense la CECM annuellement pour leur donner un enseignement linguistique et une éducation générale, à leur portée ?... Et d'où vient cet argent ?... De votre poche et de la mienne ! Et on ne s'en plaint aucunement... sauf en des occasions où certains des leurs crient au « racisme » pour se protéger des conséquences d'un ou de plusieurs manques de respect à l'endroit de nos lois. Enfin, combien des leurs ont quand même vite appris à bien profiter du système ?... Et pourquoi pas, vu que nous, nous en profitons aussi !

Le témoignage même d'un immigrant ne serait-il pas alors plus convaincant ?... Voici ce que publiait *Le Devoir* en janvier 1996, après les propos regrettables de vous-savez-qui :

Noyer le chien francophone

Bernard Landry qualifie d'« odieuse », une nouvelle accusation de racisme portée contre les Québécois (Le Devoir, 17 janvier 1996).

L'article du Devoir montre le vice-premier ministre du Québec défendant les Québécois avec des arguments probants.

Cependant, l'erreur grave de Bernard Landry est de rester sur la défensive, au lieu de passer à l'attaque en montrant la véritable nature et les véritables mobiles de ceux qui, par intérêt politique, calomnient systématiquement les Québécois.

Immigré de vieille date, je sais très bien que les Québécois ne sont pas des racistes : les rarissimes exceptions ne sont là que pour confirmer la règle.

Chose étrange, quand je suis arrivé dans la colonie britannique appelée Canada, on accusait les Québécois de bien des choses mais jamais de racisme.

À l'époque, Montréal n'était rien d'autre qu'un immense village habité par une main-d'œuvre francophone nombreuse, docile et bon marché, dominée par les colonisateurs anglophones de Westmount. Les anglophones dominaient, les francophones rampaient : c'était vraiment le paradis sur terre !

Or, subitement, dès que les Québécois ont commencé à vouloir vivre debout et non plus à quatre pattes, les accusations de racisme se sont mises à pleuvoir...

Un proverbe explique ce phénomène : « Lorsque le paysan veut noyer son chien, il l'accuse d'avoir la rage. »

Les accusations de racisme font partie des innombrables agressions dont les Québécois sont les victimes parce qu'ils ne sont plus aussi colonisés que dans le passé.

Voilà pourquoi il ne faut pas se demander si les vrais racistes ne sont pas précisément les calomniateurs qui accusent les Québécois d'être racistes.

Jean-Marie Gaul
Outremont, 24 janvier 1996

J'ai communiqué avec monsieur Gaul pour obtenir la permission de reproduire son texte. Celui-ci acquiesça bien humblement en ajoutant une autre lettre d'un certain Théo Kessaris, immigrant hellénique cette fois, qui disait entre autres : « ... J'ai d'abord vécu en Ontario puis émigré au Québec où j'ai décidé de rester, la société québécoise étant la plus généreuse, accueillante et ouverte de toutes celles que j'ai connues en exil. »

Finalement, j'en avais une autre... d'un certain Muhammed Richler de la Syrie, mais je la retiens, de crainte que l'on m'accuse d'avoir monté toute l'affaire... Tandis que j'y suis, quelqu'un pourrait-il rappeler à ce Mordecai que notre saint patron, eh bien, c'est un Juif ! Ça contrebalancera peut-être le fait que le sien, c'est probablement saint Ti-Guy !

* * *

Mais que ce serait terrible de ne rien dire sur la pensée créatrice des Québécois... sur le génie québécois et non moindrement, sur les beautés les plus frappantes du Québec.

Vous avez vu ce « clip » saisissant que la télévision de Radio-Canada nous présentait afin de mettre en lumière son téléjournal ? Vous avez vu ces images saisissantes, images qui nous éclatent sous le thème de cette chanson de Georges Moustaki, *Il y a un jardin que l'on appelait la terre* ! Bouleversant, n'est-ce pas ? Production géniale !

Et cette promotion que l'on faisait pour encourager le port de la ceinture de sécurité, lorsque ce port devint obligatoire ? Message qui disait : « Tout le monde s'attache au Québec. » Absolument génial ça aussi ! ... Apparemment que l'idée fut d'origine crie ! J'peux savoir pourquoi, quand même !

Une des nombreuses campagnes annuelles de Centraide affichait trois petites cloches à gauche de chaque réclame avec le message « Digne d'un don ! » comme slogan...

Brillant, non ? Les responsables du « Red Feather Campaign » à Red Deer en Alberta auraient tenté d'imiter cette vignette publicitaire en reproduisant les trois mêmes cloches, agrémentées du message anglais « Ding dong ! »... Dommage... ça n'a pas marché !

L'histoire du bon père Bombardier avec la création du premier skidou n'est-elle pas émouvante au point de nous rendre tellement fiers d'être Québécois ?

Il m'est impossible de passer sous silence, les prouesses de ce père de famille frustré de Trois-Rivières, qui a voulu faire part de ses doléances auprès du ministre de la Justice du Québec. En effet, celui-ci a pris en otage plusieurs milliers d'automobilistes sur le pont enjambant notre seul et unique fleuve, en y installant une banderole portant l'inscription : « Les enfants du divorce méritent mieux que des mères et des guichets automatiques. » Notre désespéré voulait en fait nous sensibiliser tous aux droits moraux et financiers des pères divorcés face à leurs enfants... Fallait l'faire ! A mon avis, Normand Levasseur de Trois-Rivières mérite bien d'être ainsi noté. (Toutefois, j'aimerais bien connaître sa description d'une « mère automatique » !)

Et le majestueux château Frontenac, tout en haut des falaises, surplombant ce même fleuve tout en permettant d'un même coup d'œil de mirer au loin cette île d'Orléans à l'âme de Félix ! Comme le dit un vieil adage, rien n'est si beau que le Québec !

J'aurais aimé ajouter l'histoire des fameux Nordiques qui se voulaient l'espoir des partisans de la Vieille Capitale, pour ne pas dire des Québécois ayant eu leur voyage des Glorieux. Histoire qui m'aurait sûrement mérité comme boni, l'achat de quelques centaines d'exemplaires de mon livre par Marcel Aubut lui-même, mais[1]... De toute façon,

---

[1] ... Faut quand même que j'vous raconte... Lorsque mon premier bouquin fut publié en 1987, le ministère de l'Éducation de l'Ontario, pour qui j'ai œuvré pendant un certain temps, en acheta deux caisses (80 exemplaires) chez mon éditeur à Hull. Le ministère de l'Éducation du Québec, de son côté, pour lequel je travaillais au moment de sa parution et de sa mise en marché, en a acheté une ! Pas « caisse », mais bien « copie ». Hélas, nul n'est prophète dans son pays, du moins pas au début, n'est-ce pas Félix ? C'est vous qui le savez, non ?

il n'en aurait pas eu les moyens. Ça coûte cher des livres, savez !

Hé les Montréalais, êtes-vous tannés d'aller sur les bords pollués du lac Champlain ou encore sur les plages surexploitées mais *bikinisées* de Old Orchard ?... Venez vivre une aventure nouvelle (camping, canotage, randonnées pédestres) dans le parc d'Aiguebelle en Abitibi. Vous auriez cru que ce n'est qu'aux États que l'on pouvait trouver de tels sites... Surprise ! L'ouverture sur le monde, c'est par le Québec que ça doit se faire !

Je me suis une fois imaginé l'entrée en trombe d'un jeune zélé professionnel dans un des bureaux d'un ingénieur cadre d'Hydro-Québec, quelque temps avant le début des années soixante-dix. Gigantesques parchemins roulés sous une aisselle, il se serait exclamé ainsi :

— Hé patron, j'ai une idée !... Une maudite bonne idée ! (il déroule un de ses nombreux parchemins et montre la carte d'une section de la région de la baie James). Regarde bien (en haletant) cette rivière-ci, patron, moi je voudrais la déménager. On pourrait la déplacer complètement et la mettre là... à la place ! Par conséquent, on pourrait faire un immense barrage, inondant d'ici jusque-là, sur un rayon d'environ 50 kilomètres. Puis, patron, le barrage, on ne le ferait pas avec du béton mais bien avec des roches, des petites et puis des grosses. Ce sera moins beau pour les photos mais ça coûtera beaucoup moins cher. Ensuite, on creuserait l'intérieur de cette montagne-ci, dans le roc, pour y aménager une gigantesque salle, presque aussi grande que Place Versailles, pour y installer une série de turbines, juste au-dessus des vannes, qui seraient actionnées à partir de Montréal. Le personnel sur place serait réduit au minimum. D'autre part, la crue des eaux enverrait un jet... mais un jet d'eau, allant d'ici jusque-là ! Regarde bien la carte, patron ! Ce serait beau en v'limeux, savez ! On pourrait faire toute notre publicité à partir d'une telle photo. Enfin, l'entrée de la caverne serait digne d'un véritable film de James Bond ! J'entreverrais même, monsieur, que Gilbert Bécaud lui-même puisse un jour, placer son piano sur un pic, drette-là-là, pour donner un concert. Un concert que tout le Québec, et peut-être même que la France entière, regarderait. Qu'en pensez-vous de mon idée, patron ?... Bonne, hein ?

Et le patron de le regarder d'un air perplexe et inquiet.

— Mais t'es-tu fou, tabarnak ? Reviens sur terre, ou simplement... change de religion, sti. On t'en proposera d'ailleurs une nouvelle d'ici quelques années ! Dans l'entre-temps, retourne vérifier nos compteurs à Kanesatake tabar...! Oublie pas tes bébelles, là !

... Caricature à part, c'est exactement ce que l'on a fait ! Mais c'est exactement ce que l'une de nos propres société a réalisé. Vous le saviez ? Je vous comprends quand même un peu. Les journaux anglophones du pays ont beaucoup plus parlé des gaffes du Stade olympique que de la réussite de cette réalisation. Réalisation faite par une société québécoise, avec de la main-d'œuvre **québécoise**. Un projet qui s'est réalisé **en français** et rien qu'en français ! Ça ne s'est pas effondré pour autant. Et ça s'appelle LG-2 ! ... Deuxième barrage sur la rivière La Grande. Pas nécessaire de s'appeler « Power Association » ou « Spread on the Map » pour se faire valoir. « El-gé-deux ! » Enfin, une société, malgré ses défauts, sans complexes. Sans honte de s'afficher francophone !

Mais LG-2, faut voir ça ! Tout bon Québécois devrait apprécier ça ! DisneyWorld, c'est fascinant mais... Charité bien ordonnée... Si ce projet avait été créé et accompli aux États-Unis, il y aurait encore beaucoup plus d'autobus nolisés pour s'y rendre, en provenance de Montréal, que ceux amenant chaque semaine les religieux adeptes du bingo chez les Indiens de l' « Upper New York State » ! ... Ok, Ok ! Peut-être pas plus, mais presque !

Soit dit en passant, nos amis les Cris ont été très bien compensés pour les terres inondées, sauf qu'il ne leur reste à présent qu'environ 211 000 km carrés pour pêcher et faire la chasse, au lieu des 237 000 km carrés comme ils avaient auparavant. Ils sont quand même 6 137, selon leur dernier recensement. Il faut leur laisser de la place ! Dommage toutefois que l'argent reçu ne soit pas allé directement chez chacun d'eux. Ce sont plutôt les conseil de bandes qui ont accaparé cet argent en l'administrant elles-mêmes et en faisant, entre autres, des placements songés ici et là, en partie aux États-Unis et, en plus, en finançant Matthew Coon Come qui se doit de poursuivre, en vrai mission-naire, sa diatribe à l'endroit de ce pays qui a si bien nanti, lui et les siens.

Mais LG-2, faut y aller ! Ça actionne la fierté... La fierté d'être Québécois. Et comme on a besoin de ce genre d'adrénaline !

... Bien sûr qu'il y a une route ! Rendez-vous à Amos ou jusqu'à Matagami et, ensuite, vous pourrez décarboniser le moteur de votre voiture, pendant quelque 600 kilomètres. Vous n'oublierez pas d'arrêter à Radisson. Vous serez tout près. Et vous ne serez toujours qu'à mi-chemin entre l'extrémité sud et l'extrémité nord de votre Québec. Vous le saviez ?

Comme je le disais, je suis pratiquant, mais hélas pratiquant à « gros grains » comme on dit. Je crois en plusieurs choses, mais pas en tout. Sur d'autres points, disons que je suis plutôt sceptique. L'histoire de la multiplication des pains et des poissons en est unes de ces choses. Comment, en toute réalité, serait-on venu à bout de nourrir tant de gens, alors qu'on n'était prêt que pour quelques-uns ? Pourtant...

Je suis entré à maintes reprises dans des familles québécoises... des familles qui sont devenues « carrefours » pour tous leurs descendants, et j'ai été sidéré en étant témoin de leur organisation, pour ne pas dire leur débrouillardise nourricière. J'y vois habituellement la mère, ou la maîtresse de la maison, devant la cuisinière, qui, tout en placotant avec la visite attendue et impromptue, brasse à l'occasion le contenu de quelques chaudrons... Tout le monde est toujours invité à manger. Qu'il y en ait deux ou quatre, qu'il en arrive quatre, six ou sept autres, eh bien miracle ! Il y aura toujours assez de nourriture... Et jamais trop ! On fera, selon les besoins, une tablée, deux tablées ou trois tablées. Tout l'monde mangera à satiété. Et ce, même si nous n'avions été que deux, même phénomène... sans restants!

Depuis ces premières expériences absolument étonnantes et gratifiantes, j'admets y croire un peu plus à cet évangile du chapitre XIV de saint Mathieu.

Et moi qui deviens tout *phoqué* lorsque ma visite arrive à déjeuner avec fiston, alors que j'avais planifié pour deux... depuis trois jours !

Le Festival du film de l'Abitibi-Témiscamingue, c'est quelque chose... Un événement pour moi, comme pour plusieurs, à ne pas manquer. Pendant cinq jours, une pluie de bons films, essentiellement français, du midi jusque tard dans la soirée. Un apaisement sur cette indigestion coutumière à la Schwarzenegger ! Malheureusement toutefois, on n'a pas eu le temps de digérer toute la saveur de l'un qu'un suivant sitôt recommence. Parfois, immédiatement après une projection, on peut échanger avec le réalisateur même, pour lui demander pourquoi il a voulu finir telle scène d'une certaine façon plutôt que d'une autre. Et tout spontanément, il ou elle nous répondra, tout bonnement à l'improviste. C'est là que j'ai vu *Le Visiteur*, *Le Confessionnal*, *Fortune Express*, *Aux yeux du monde*, *Pas d'amitié à moitié*, *Les rendez-vous de Paris*, *67 Bis, boulevard Lannes*, *La Demoiselle Sauvage*, entre autres... films qui ne sont jamais malheureusement présentés à notre seul cinéma Paramount, parce que les gens, apparemment, n'aiment pas ça les films français. Vous avez vu, durant la dernière année, *La Cérémonie* ? Probablement que non, c'était un film français. Vous auriez vu *Le Ballon Blanc* ? (Mais quelle performance ici de la petite Razieh !)... Moins de chance pour ce dernier encore, c'était un film iranien... Dommage pour vous !

Et le Québec, c'est d'abord et avant tout, ce pays aux gens de causerie. Ce pays aux gens qui parlent pour s'entendre. Vous êtes-vous donné la peine de les écouter ? ... D'écouter leurs parlures ? Vous êtes-vous donné la peine de saisir leur bonheur à travers leurs misères, entremêlées à leurs plaisirs ?... Mais que faites-vous ? Vous n'étiez pas sur les perrons de maisons, pour les entendre placoter ? Peut-être aviez-vous eu peur de les entendre parler de liberté ? Peut-être encore vous êtes-vous sentis menacés de les entendre souhaiter la liberté ?... Dommage encore !

Mais qu'il est beau le Québec, à travers ces gens de mon pays !

* * *

Tous ces gens, tous ces artistes, tous ces politiciens et autres que je nommais en véritable litanie tantôt, eux aussi ce sont ces gens de mon pays. Bien oui... même ceux que j'aimais moins, même ceux que j'n'aimais pas. Rares sont ceux, en fait, que je connais vraiment. À part quelques

exceptions, mon contact avec eux fut et est d'ordre médiatique... Mais il y en a d'autres... de ces gens de mon
pays. Ceux-là, je les connais mieux... Ceux-là, je les
connais vraiment.

Les gens de mon pays... c'est d'abord Lilianne, mon
épouse. Elle aime son *chum*, son *chum* l'aime ; ils vivent
ensemble parce qu'ils s'aiment ! Excellente institutrice de
français, elle en a mis au monde des Louis Caron, durant
sa carrière. Et comme elle a travaillé fort et d'une façon
continue pour le faire aimer ce français ! Comme tant
d'autres de son époque, elle a été marquée par Félix
Leclerc. Comme tant d'autres de son temps, elle a savouré
ses textes et goûté à ses chansons dès son bas âge.
Aujourd'hui, ceux-ci font toujours partie de son héritage.
Elle s'en rafraîchit régulièrement. Fière Saguenéenne, elle
s'obstine toujours à demeurer unilingue française, au
risque même de freiner certaines possibilités. C'est elle
enfin qui m'a fait découvrir la simplicité et le bien-être du
camping, c'est moi par contre qui lui ai fait apprécier le
bon côté des Américains et le beau côté des États-Unis
d'Amérique. Mais c'est en complémentarité que nous avons
découvert et que nous découvrons toujours le Québec. Le
Québec que nous aimons d'abord et avant tout ! ... Que
Dieu te bénisse, Lilianne... Et que le Québec te bénisse,
aussi !

Les gens de mon pays... c'est Pierre P., mon voisin,
avec son épouse, Louise. Lui, il est parqueteur, alors que
sa douce moitié le seconde dans le commerce florissant
qu'il a fondé. Il me touche tellement lorsque je le vois
patiemment enseigner les techniques de son métier à son
fils, Francis, tout en mettant bien naturellement l'accent
sur les attitudes connexes que celui-ci devra développer.
Louise, elle, a vu à ce que leur fille, Catherine, poursuive
son piano tout en se préoccupant de ce que leurs deux
enfants puissent continuellement parfaire leur français. Par
ses moments libres, Pierre est entraîneur au hockey pour
les jeunes. Pour lui, cette activité est d'abord et avant tout
un moyen pour inculquer des valeurs s'avérant toujours
des plus importantes à développer chez la génération qui
s'en vient.

Les gens de mon pays... c'est ce Claude B., sexa-
génaire, toujours en train, lorsque je le vois, de préparer

un prochain voyage pour quelque part. L'Égypte sera, cette fois, sa prochaine cible. Il a fait, au cours de ces dernières années, l'Amérique du Sud d'un bout à l'autre, appréciant d'une façon particulière les musées et les sites archéologiques reliés à la civilisation inca et à d'autres cultures indigènes. Doué d'un sens de l'humour exceptionnel, tantôt innocent, tantôt sulfurique, Claude carabine ses blagues et ses tirs d'une façon tellement à point, tellement pertinente, qu'il faut s'y préparer, si l'on veut y survivre. Habituellement, sans bouger ni les dents ni les lèvres... Une conversation entre nous deux s'avère toujours hilarante, du moins pour nous deux... Une mauvaise note à son bilan toutefois : Claude B. demeure toujours fédéraliste malgré, j'en suis sûr, ses hésitations intérieures. Pourtant, il y a une dizaine d'années, il me disait, suite à la réception d'une ristourne d'impôt de Revenu Canada : « J'les haïs tellement ces maudits-là que je leur ai retourné l'chèque ! » Son cheminement se poursuit. Il faut respecter le phénomène du temps... Je devrai hélas bien me préparer, pour ce qui est de sa réplique à ces propos. Elle viendra sans doute comme une flèche de Robin des Bois.

Les gens de mon pays... ce sont les frères et sœurs T., fiers et vaillants quincailliers. On les reconnaît sans doute, l'allure pressée et le pas accéléré, œuvrant dans leur commerce d'Évain, en raison de leurs binettes aux traits communs, bien particulièrement québécois. L'excellence de leur service s'avère leur marque de commerce. Entrer dans leur quincaillerie, ça sent, comme chez les beaux-parents, ça sent l'air de famille. Je demandais une fois à un autre employé s'il était un T. lui aussi ? « Surtout pas, me dit-il, j'ai assez de défauts sans ça ! »... *Crisse* qu'y sont vite !

Les gens de mon pays... c'est Annie S., intelligente et fort compétente notaire, partageant comme adjointe, l'étude réputée de Pierre C. L'honnête et le bon service sont pour eux ce que le soleil et la fleur sont pour le printemps. Annie est nouvellement mère de famille, mère d'une mignonne Québécoise. Cette fonction passe avant tout. Heureux pour l'enfant, heureux donc pour nous ! 1995 a été la dernière année où l'étude C.-S. a emprunté les couleurs de citrouilles et de sorcières aux alentours de la fin octobre. Heureux pour eux, heureux pour nous !

Les gens de mon pays... c'est Louise B., débrouillarde et entreprenante à s'en lécher les doigts. C'est elle qui m'accueilla d'un « Bienvenue au Québec, André ! » lorsque je franchis la première fois le seuil de la DRAT en ce 19 novembre 1981. Louise s'est avérée constamment un véritable rayon de soleil, dans ce bureau gouvernemental. Un jour, voire bientôt j'en suis sûr, Louise sera militante indépendantiste.

Les gens de mon pays... c'est ce sympathique Louis-Philippe. Diplômé de l'Université de Launey en Abitibi, il œuvra à la mine Noranda pendant nombre d'années, s'opposant avec véhémence aux pratiques unilingues anglaises de cette dernière. Plus tard, il devint dynamique directeur de la Société nationale des Québécois ici à Rouyn-Noranda. Dans cette chaise, Louis-Philippe ne cessa jamais de m'encourager, comprenant fort bien l'origine de toute cette douloureuse résistance qui m'opposait. Plusieurs des siens l'auront maintes fois entendu vociférer son fameux « Vive le Quéééé....bec ! »... en crescendo.

Les gens de mon pays... ce sont nos amis plus intimes d'Amos : Gaby et Réjean, Cécile et Jean-Guy, Marie-France et Gilles. L'un est papa et artiste, l'autre papa et professeur d'anglais langue seconde. L'une est cuisinière à la québécoise, l'autre infirmière. L'un croit toujours que le problème de la langue est causé par les Anglais... ou encore qu'il se situe essentiellement à Montréal, l'autre vient tout juste d'intervenir auprès du concessionnaire Volkswagen à Amos, afin que son affichage publicitaire soit en français. Une de ces mêmes travaille à la bibliothèque municipale, là où se trouveront des rayons et des rayons des présentes *Insolences*, l'autre s'occupe de pastorale, dans ses moments libres. Enfin, tous dépensent énormément d'énergie à voir au bien-être de leurs enfants. Nous nous rencontrons à plusieurs reprises au cours d'une année, tantôt chez l'un, tantôt chez l'autre, mais c'est chez Lili et André, que l'on se rencontre annuellement pour fêter la Saint-Jean... Et FÊTE il y a !

Les gens de mon pays... c'est la petite Alexandra de Chibougamau. Sa mère, superbe jeune ménagère (cuisine, couture) et son père, mécanicien hors pair de machines lourdes, voudraient bien que leur petite s'épanouisse dans un « pays » et non dans une « province ». Ils ne voudraient pas voir son sort déterminé par les Harris, Filmon ou Romanow. C'est non moindrement le français que ceux-ci lui ont légué. Il est donc important pour eux et pour le Papie de la petite que cette langue maintienne toute sa valeur... Et plus encore !

Les gens de mon pays... c'est Jean-Louis G., un de mes beaux-frères. Monique, son épouse, et lui sont des personnes aux valeurs familiales. Leurs enfants et leur foyer avant tout ! Habile bricoleur, Jean-Louis s'occupe des toitures chez Alcan, été comme hiver. Il aime son travail, se disant chanceux de pouvoir travailler. Lors des rassemblements de famille, Jean-Louis sort habituellement son accordéon et le fait chanter aux airs, entre autres, que les bons Frères nous ont montré à apprécier. Cette activité en devient aussi une de famille... de grande famille. Un jour, Monique et Jean-Louis se proposent bien de faire chanter certaines gens de l'Abitibi, en s'y rendant.

Les gens de mon pays... c'est Luc L. de Rivière-du-Loup. Diplômé en techniques de loisirs et adorant le sport, il n'a pu malheureusement se trouver du travail dans ce champ d'activités. Ne travaillant qu'à temps partiel à la SAQ, ils a eu toutefois le temps de bien s'adonner avec les enfants de sa fort jolie compagne Francine. Il espère toujours que des meilleurs soleils arriveront à allumer sa carrière. Depuis qu'il a lu les *Insolences du bilinguisme*, il y a déjà presque 10 ans, Luc répond toujours en français à qui que ce soit qui tente de lui imposer la langue du pays d'à côté. « Je suis chez moi ici au Québec, se dit-il ! »

Les gens de mon pays... ce sont Jean-Jacques D. de Laval, Maurice P. et Georges L. de Trois-Rivières, Denis B. de Hull, Laurent F. et Éric B. de Montréal, Jos B. de Rimouski, Roger F. de Sept-Îles, Mario J. du Saguenay–Lac-St-Jean et Jean-Marie M. de Québec... Anciens collègues de travail et responsables régionaux de la formation professionnelle au ministère de l'Éducation... Tout ce beau monde (moi compris !), coordonné par un fougueux, fort capable et très dévoué André L. (sympathisant libéral toutefois mais qui adore Jean Garon !), à l'édifice G et plus tard par un brillant Jacques H., de ce G devenu M-G. Hélas, une vraie compote algébrique, non ? Mais non, quand même ! Un peu de recherche et vous comprendrez ! ... Des copains de travail des plus compétents et des plus sympathiques avec lesquels j'ai eu l'honneur et le très grand plaisir d'œuvrer pendant plusieurs années.

Les gens de mon pays... c'est Alberte D. Directrice d'école ici à Rouyn-Noranda, elle fut ma patronne, après Maurice M., pour un trop court temps, lorsque j'étais à la Direction régionale de l'Abitibi-Témiscamingue. Hélas, elle fut attirée par Québec et Québec l'attira. Comme patronne, je l'ai appréciée parce qu'elle savait prendre des décisions... des décisions habituellement bien respectueuses des professionnels qui, de par leurs fonctions, avaient bien alimenté ses balises. Parfois hélas, elle dû prendre des décisions qui ne faisaient certes pas l'affaire de l'un ni de l'autre (dont la mienne bien souvent), mais son rôle n'était pas de faire nécessairement plaisir à qui que ce soit, mais de diriger. Et «diriger» elle le fit. Et lorsqu'une décision était prise en concertation, elle soutenait honorablement ses subalternes qui se devaient, bien péniblement parfois, de les mettre en œuvre. Un peu trop altière pour certains et quelque peu froide pour d'autres, elle s'imposait d'une façon juste auprès des autres, uniquement par sa présence. Alors que certains éducateurs nous encouragent toujours à voir «grand» lorsque l'on voit «petit» et que d'autres pseudo-éducateurs nous freinent à voir «petit» lorsque l'on voit grand, Alberte de son côté se limitait à nous inciter tout simplement à «voir»... à **bien** voir. De son passe-temps, sa marotte était la cause des femmes, ce qui en a agacé plus d'un. J'ose croire que cette éducatrice du Témiscamingue visait la «sous-ministrerie» mais elle aussi hélas, a dû faire face à certains pseudo-éducateurs. D'autre part, Jacques H. s'y est rendu, lui. Et bravo pour lui, il le méritait. De toute façon, Madame D. s'est actualisée à son plein potentiel dans les nombreuses et différentes assignations qu'on lui confia. Et dans la réalisation de celles-ci, elle a, à l'instar de ce Ronald Duhamel, contribué à ce que d'autres s'épanouissent pleinement aussi. En quittant la direction de notre Direction régionale, c'est en évoquant un «Lâche pas ta fougue, André!» lors de son bien-cuit, qu'elle me disait, à sa façon: «Soit!»

Les gens de mon pays... c'est Evangelos P. qui travaillait au MEQ lui aussi. Il s'occupait du contrôle des clientèles scolaires. C'est lui, entre autres, qui veillait à ce que les commissions scolaires ne créent pas des élèves de papier, des élèves fantômes, pour augmenter leurs revenus Comme si ça se pouvait ! Mais quel dossier compliqué ! Des ententes MEQ / MAS, des situations MEQ / Mess, etc. Ouf ! Papa, comme tout l'monde l'appelait, avait sa pédagogie bien à lui pour nous expliquer des choses bien souvent fort compliquées... Et lorsque l'on ne comprenait toujours pas après un premier tour d'interprétation, il nous répétait mot à mot exactement la même chose... mais beaucoup plus fort ! Dix fois plus fort ! Au téléphone ! Evangelos P. ! Lui aussi... un de ces gens de mon pays... Adorable !

Les gens de mon pays... ce sont Georges L. et Marie-France B. : les deux, à des moments différents, à la barre des Services aux communautés culturelles du MEQ. Le premier était d'origine arabe, l'autre d'origine française. Les deux se sont montrés des plus compétents, alors que l'un penchait davantage pour l'administration et l'autre pour la pédagogie. Ce fut pour moi tout un enrichissement que d'avoir pu contribuer à une autre cause commune avec eux.

Les gens de mon pays... ce sont Gilles G. et Nancy L. de Longueuil. Elle travaille dans une pharmacie locale, lui est technicien en réparation de moteurs d'hélicoptères. Ce dernier a réalisé un cheminement fort enviable. Après une période de sa vie des plus difficile, il fut heureusement « ramassé » par une âme sainte, alors qu'il était sur le point de décrocher sur plusieurs plans. Difficilement, il réorganisa sa vie. Il termina avec acharnement son secondaire V et, plus tard, son cégep. Nancy est parfaite bilingue, alors que Gilles ne s'adonne à l'anglais que pour répondre aux défis de son travail. Aujourd'hui, Gilles et Nancy espèrent mettre au monde un... voire plusieurs petits Québécois... Eux aussi le veulent « libre », leur pays !

Les gens de mon pays... ce sont Jean D. et son épouse, Guylaine T. Elle s'occupe de leur petite Alexane, à plein temps, lui forcément à temps partiel en raison de son travail comme « bolé » en informatique (bolé aussi bien pour le merveilleux Mac que pour les autres). Contrairement à plusieurs autres informaticiens, Jean sait bien nous expliquer « son monde » en simple français, sans prendre de tangentes ni partir en croisière. Brillant scientifique, on retrouvera sa page web quelque part dans le réseau Internet.

Les deux apprécient les « sitcoms » américaines, la belle musique ainsi que les films québécois et français. Ils n'ont depuis toujours aucune hésitation à réclamer le Québec comme leur seul et unique pays.

Les gens de mon pays, ce sont Lysette et Maurice B. d'Aylmer (alias Laker)... Des gens de mon pays, remplis d'espoir à son égard. Lysette est, à la base même, une personne extraordinaire : mère de famille, éducatrice, enseignante, professeure, psychologue et, non moindrement, écrivaine et poète. Maurice, de son côté, plus discret, s'impose à sa façon. Ce bon ami, et jadis collègue de travail, a été durant presque toute sa carrière professionnelle, patient mais compétent directeur d'école, toujours bien apprécié de ses enseignants et de ses élèves... Mais alors ! ... Ces deux copains pour la vie sont tellement fiers et amoureux de leurs enfants : Pierre, Julie et Manon, qu'il est difficile parfois de les entendre parler d'eux-mêmes, leur éblouissement étant habituellement fixé sur les réalisations de l'un puis sur les projets d'un autre, etc. Et comme s'ils n'étaient pas assez vertueux, mentionnons que ces deux tourtereaux, à l'instar de Guylaine et Jean, de Nancy et Gilles, d'Alberte, de Luc, de Réjean et Gaby, de Cécile et Jean Guy, de Louis-Philippe, de Louise B. et de Claude B., aussi, de Annie, de Louise et Pierre, de la petite Alexandra et de certains autres ne fument pas ! ... Un autre point pour lequel on pourra dire que l'avenir est plus prometteur que le passé ! Que ceux-là de l'extérieur qui tentent toujours de nous amoindrir par leurs frogs, pea soups et pepsis rencontrent pendant quelques heures seulement Lysette et Maurice B. ! Et tant qu'à y être, pourquoi pas leurs trois exemplaires enfants en plus ! Ce sont en partie, eux, le Québec ! Sinon, que ceux-là attendent un peu encore, alors que demain nous appartiendra vraiment.

Les gens de mon pays... ce sont Jeannine M. et Jean-Paul M. de Québec. Lui, un fort habile ébéniste, elle, tout simplement une sainte femme. Une mère québécoise, quoi ! Leur demeure s'est avérée et peut-être s'avère-t-elle encore, un véritable carrefour familial. Leurs enfants y ont vu, leurs six enfants y voient probablement encore. Souvent, les visiteurs, membres de la famille, y amenaient leurs amis. Tout l'monde était toujours bienvenu. C'est dans leur demeure d'ailleurs, que j'ai eu la consternation et le plaisir d'être saisi de mes premiers miracles de la multiplication des pains.

Les gens de mon pays... c'est vous, chère lectrice, c'est vous, cher lecteur. Vous avez peut-être été bien choqué par certains de mes propos, ou encore en avez-vous applaudi quelques-uns ?... Juste un petit quelques-uns ? Sûrement toutefois, et je l'espère, ils ne vous auront pas laissés indifférents. Or, j'ai peut-être lieu de croire que ceux qui visaient les autres faisaient habituellement votre affaire alors que ceux qui vous visaient se voulaient pour la plupart, plutôt indigestes. Mon but enfin était d'abord et avant tout de vous ébranler quelque peu, de vous émouvoir un peu beaucoup, de façon à allumer en vous cette lueur québécoise, voire cette chandelle québécoise, afin qu'elle devienne véritable lumière, afin qu'elle devienne véritable phare... Si vous avez quelque réaction à faire, un mot, une phrase, voire même tout un pamphlet, écrivez-moi. Mieux... vous vous ferez (je me fie à vous) un devoir de bien voter OUI au prochain référendum. Ce sera encore une fois, une question d'amour propre, ce sera une question de vouloir ÊTRE ! ... Vous en serez des plus fier le restant de vos jours... Et non moindrement, vos enfants vous béniront ! Notre Histoire vous bénira !

Les gens de mon pays... Les gens de mon pays... Les gens de mon pays...

> *Les gens de mon pays*
> *Ce sont gens de paroles*
> *Et gens de causerie*
> *Qui parlent pour s'entendre* [...]
> *Et j'en ai danse aux pieds*
> *Et musique aux oreilles* [...]
> *Je vous entends demain*
> *Parler de liberté...*[1]

Ô que je regrette de n'avoir la plume, voire la poésie d'un Nelligan ou encore d'un Brel pour pouvoir dire, pour pouvoir exprimer tout ce qui me fait vibrer quand mes oreilles et mon cœur écoutent attentivement cette chanson... Ô si je pouvais traduire tout ce qui me bat au cœur, tout ce qui me circule dans le sang, tout ce qui me fait jaillir, lorsque je déguste ses vers ! ... Lorsque je

---

[1] Gilles Vigneault, *Les Gens de mon pays.*

m'arrête à ses mots ! ... Lorsque je savoure ses expressions ! ... Lorsque m'apparaissent ses images ! ... Enfin, lorsque je me baigne dans sa musique ! ... Ô si je pouvais ! ... Mais je ne peux pas ! ... Je suis Richard et non Vigneault !

Ne me reste donc qu'une chose à faire. Une **seule** chose... Écrire mes *Insolences*. Car, c'est d'abord et avant tout cet amour à la fois tendre et brûlant que j'ai et que j'ai toujours eu pour le Québec, pour **mon** Québec... C'est bel et bien cet **amour** que je veux dire, que je voudrais à mon tour chanter... C'est bel et bien cet amour que je veux d'abord et avant tout, **exprimer**.

Que ceux qui ne l'ont pas vu, m'en excusent. Que ceux qui ne l'ont pas vu, m'en pardonnent... Que ceux qui ne l'ont toujours pas vu, m'en excusent encore une fois.

Vive le Québec! ...
Vive le Québec **libre**![1]

---

[1] Paroles entendues quelque part, au hasard comme ça ! ... Paroles qui se retrouvent chaque jour dans la bouche d'un nombre grandissant de Québécois. Écoutez bien Claude B., vous le constaterez par vous-mêmes !

En guise d'épilogue

Au lendemain de la remise de mon manuscrit à mon éditeur, j'apprenais le décès subit de ma seule et unique fille, France, âgée de 32 ans. Elle était enseignante dans une école française de la région de Toronto... France, la Kitte !... Plus jamais !

Grâce à sa mère, France fut inhumée en terre québécoise, le 24 juin 1996. Pauvre France, la Saint-Jean ne sera plus jamais pareille pour moi, ni pour plusieurs autres !

À l'instar du thème de cette fête, qu'il me soit permis de te dire : « France, il y a longtemps que je t'aime !... Avant même que tu ne viennes au monde. Tu n'auras pas été, ma chère Kitte, le produit d'une insémination artificielle quelconque, mais bien le fruit d'un acte d'amour des plus grand, des plus noble... Le fruit d'une communion des plus intense entre deux êtres qui te voulaient à ce moment même.

« Au moment de l'accouchement, je n'étais pas loin. J'entendais, impuissant, les douleurs de ta mère. Toujours prompt à la culpabilité, je me suis sur le coup demandé si quelques instants de jouissance pour moi pouvaient justifier tant d'heures de labeurs et de souffrance pour l'autre. Lorsqu'on t'a vu le bout du nez, la question ne s'est plus jamais posée. Et que dire lorsqu'on t'a vue grandir, lorsqu'on a apprécié la beauté de ton âme... Mais que tu étais belle, France !

« Oh ! comme je sais que tu as souffert d'affreuses migraines et d'indigestions aiguës, deux, trois fois par semaine, durant les dernières années ! Comme j'aurais voulu les souffrir à ta place, ces affreux malaises ! Mais tu t'en sortais chaque fois avec force et espoir, souvent en fredonnant ces belles chansons québécoises et françaises que je t'envoyais. La dernière dont je me souviens, c'était « Échappé belle » de Beau Dommage. Ironique, non ? »

Merci à tous ceux qui ont contribué à lui donner une famille, malgré les regrettables circonstances de parcours dont elle a été victime : sa mère, son oncle Clément, la famille Marcoux, l'école Ste-Jeanne-d'Arc de Brampton, Ron et l'école René-Lamoureux de Mississauga.

221

Me restent et me resteront toujours les images de sa pureté, de sa jovialité, de sa spontanéité, de son effervescence, de son sens de l'humour, de son amour des enfants et de son vouloir de bonheur. Hélas, comme elle a toujours été fidèle à ses rendez-vous, qu'ils fussent professionnels ou sociaux, celui qu'elle avait avec Dieu ce jour-là a été placé à la une de son quotidien.

Vive France !... Vive France libre !

Son père
96 / 06 / 30

Annexe 1

TEST – ANGLICISMES

Un petit jeu afin que vous puissiez retenir quelque peu le vocabulaire qu'il vous sera bon d'apprendre et de maîtriser. Jumelez les bonnes expressions ou les bons termes avec les anglicismes que vous retrouverez à la page 134 du présent bouquin.

• Les annonceurs de Radio-Canada, de Télé-Métropole et de Quatre-Saisons (entre autres) voudront bien répéter le numéro 4 de ce test, 200 fois.

• Le numéro 37 a été inclus plus spécifiquement pour l'équipe du journal *Le Devoir*.

• Le numéro 22... pour nos snobs cousins de vous savez où.

• Enfin, pour ce qui est de tous les autres numéros, ils ont été ajoutés pour tous les autres.

Bonne chance !

01. admirateur ....
02. affiche publicitaire ....
03. arrêt ....
04. baladeur ....
05. billet ....
06. Bonne nuit, Bonjour ! ....
07. bureau ....
08. but ....
09. cartouche de cigarettes ....
10. casse-croûte ....
11. composer / négocier ....
12. comptant ....
13. coupe-vent / blouson ....
14. croustilles ....
15. dans l'vent ....
16. défi ....
17. emploi / travail ....
18. en attente ....
19. ensemble / jeu de... ....
20. entraîner ....
21. éplingette / broche ....
22. étiquette ....
23. étoile / vedette ....
24. fin d'semaine ....
25. gaminet ....
26. garder le but ....

Annexe 2

LETTRE DE LOUIS...

Jeudi 26 septembre 1991

Bonjour Lilianne sa fait bien lontemp que je tais pas écrire. J'ai sen doute obliler. Met pas aux jourd'hui. J'ai eu des vacanses formidables jai déga 11 ans. Quand tu était à l'école de Bellecombe javais sellement que 8 ans le temp passe vite et jai grandir. Je suis rendu très bon à l'école. Je suis rendu en 5° année mon proffaisseur sapelle Monique Baulé met on va changer de classe parce que on a eu un autre proffaiseur dans l'école. Je marrais avec Luc et je sera en 4° et 5° année. Et toi est-ce-que sa va bien. Est--ce-que tu est encore proffaisseur. Jemerai retourner dans le temp parce que je voudrai revoir mes souvenir

Louis

Annexe 3

Pour un Québec souverain
Pour un Québec français !

Mémoire présenté à la Commission sur l'avenir politique et
constitutionnel du Québec
par André Richard, citoyen du Québec
décembre 1990

Je désire m'inscrire en faveur de la souveraineté du
Québec. Cette souveraineté, à mon avis, s'avère vitale et ce,
autant comme moyen que comme fin. Je désire aussi m'inscrire en faveur d'un Québec français, d'un Québec vraiment
français ! Tout en reconnaissant que l'avenir du Québec
repose d'abord sur des assises d'ordre constitutionnel, politique et économique, la Commission se devra non moindrement d'accorder toute l'importance due à la situation
existante de notre langue, à son statut officiel, à son statut
réel... au statut éventuel de la langue française dans le
Québec de demain. C'est ce sur quoi repose le cœur de ma
présentation.

La souveraineté comme fin...

Le Québec s'est déjà défini comme étant une société
distincte. La pierre d'angle de cette distinction est sans
contredit sa langue et sa culture. Notre langue, la langue
française, est la base même de notre identité, est le véhicule
même de notre culture. Sans la langue française, le Québec
ne serait pas ; sans la langue française, le Québec ne serait
plus ! Aussi, notre société distincte a ses propres frontières,
sa propre économie, une infrastructure administrative et
juridique par lesquelles elle a su se développer à travers les
années pour non seulement se « distinguer » au sein du
Canada, mais pour s'être fait reconnaître à travers le monde.
Le Québec est aussi composé du peuple québécois qui lui
aussi est distinct et veut s'épanouir comme tel... Un peuple
qui veut ÊTRE distinct. La création d'un Québec souverain
est nulle autre que l'aboutissement normal de cette entité
géographique, démographique et socio-économique qui est
la nôtre, laquelle a été conçue et s'est développée à travers
les années pour atteindre la maturité nécessaire pour vouloir
bien normalement « être » toute seule. Tel est le cheminement normal pour ce qui est de l'actualisation de l'être
humain, tel est aussi le cheminement normal de cette nation

qui nous emballe. Non moindrement, en plus, demeure le fait que le Canada anglais a refusé de reconnaître le Québec comme étant une société distincte. Le Canada anglais a refusé de reconnaître notre unicité, a refusé de reconnaître par le fait même notre existence. Le processus par lequel il nous l'a fait n'a pas été la première fois que le Canada anglais nous a ainsi bafoués. Or, nous ne sommes pas moindres pour autant. Si Descartes a pu affirmer son existence en disant : « Je pense donc je suis » et que la parole est issue de la pensée, extrapolons tout simplement en affirmant de même que : « Je parle donc je suis ! »... Collectivement : « Nous parlons donc nous sommes ! » Qu'en est-il donc que de vouloir mettre notre sort et notre destinée entre les mains des autres ? Un être qui se réalise ne se livre pas ainsi. Il s'affirme, il se prend en main, il devient responsable ! Notre souveraineté se voit conséquemment comme étant une finalité qui s'avère conséquente et normale dans l'évolution politique et sociale des choses... Nous sommes ! Soyons-le donc pleinement !

La souveraineté comme moyen...

Le Québec se doit aussi d'aspirer à la souveraineté non seulement comme **fin** mais comme **moyen** en plus. Cette souveraineté s'avère nécessaire pour assurer la survivance de sa distinction linguistique et culturelle et davantage pour assurer son épanouissement le plus total. Ce beau rêve d'un Canada bilingue et biculturel s'est traduit, une fois démaquillé, par l'existence et le maintien clos d'un Canada anglais d'un côté, et d'un Canada bilingue de l'autre, dont le dernier a été, à toutes fins utiles, le Québec - loi 101 comprise. Or ce bilinguisme à sens unique, servant davantage de calmant ou de somnifère pour maintenir le Québec « tranquille » ou « satisfait », a toujours eu comme conséquence de diluer la culture française et d'enlever toute crédibilité à la place que doit occuper cette langue dans son propre milieu. Le Canada anglais a préféré accueillir à bras ouverts la culture américaine, qu'il a essentiellement prise comme sienne, sans ajouter à son menu culturel quelque ingrédient que ce soit de la culture québécoise ou française... Exception faite, bien sûr, de certains cas rarissimes qu'il a voulu accepter en mode « traduction » de chez nous. Pourquoi « apprendre le français » ? Pourquoi même se pencher sur la réalité française si tout ce qui est français est bilingue par surcroît ?

Entouré d'une mer anglophone en plus, le Québec a vu toutes ses tentatives de protéger sa langue et sa culture, de les consolider, de lui donner plus de crédibilité, être incomprises par la masse anglophone et attaquées par la grande majorité des institutions fédérales. Pourtant, il y a toujours eu de la place pour l'anglophonie au Québec alors que la francophonie au Canada anglais a toujours été l'objet d'une résistance farouche. Cette ouverture, parfois naïve de notre part, tout en ne suscitant aucune réciprocité au Canada anglais, a davantage servi à minimiser la valeur de notre langue dans notre propre pays et a servi à refouler notre culture à l'avantage de celle maintes fois reconnue pour son caractère impérialiste.

Assez c'est assez ! Aujourd'hui le Québec se doit de se donner exclusivement tous les instruments pour pouvoir assurer la survivance et l'épanouissement de sa distinction.

Je parle en connaissance de cause...

Je suis Franco-Ontarien de naissance... J'ai vécu les quarante premières années de ma vie en Ontario, tentant en vain, à l'instar d'un grand nombre de mes confrères, d'« être » en français... de faire en français, en Ontario, ce que mes compatriotes anglophones pouvaient depuis toujours y faire, alors qu'on me disait constamment autant « chez moi » qu'eux... de faire en français en Ontario ce que mes compatriotes anglophones pouvaient faire au Québec, soit en y demeurant, ou soit en le visitant tout simplement. J'y ai cru au Canada bilingue, au Canada biculturel... au Canada bilingue et biculturel d'un océan à l'autre - même s'il fallait défendre l'existence et les droits de notre contre-partie française la plupart du temps. Militant franco-ontarien, j'ai été témoin de près ou de loin de toutes ces batailles dont l'objet pouvait se situer au simple niveau de pouvoir le parler, de la mise en œuvre du plus minime geste symbolique (une affiche !), à celui de l'acceptation concrète du principe d'égal à égal. Presque toujours, la contrepartie française de ce pays bilingue a dû emprunter le rôle de mendiant, à la merci des bonnes grâces, voire des bonnes concessions de la majorité anglophone. Et tout ça semblait bien normal ; tout ça semble bien encore dans l'ordre des choses.

Dans ce pays bilingue, mes compatriotes ont-ils eu à s'organiser et à lutter pour avoir des mots anglais sur leurs pièces de monnaie ?... Ou sur les chèques fédéraux ? Ont-ils eu à lutter pour obtenir des hôpitaux pour les soigner dans leur propre langue, des écoles pour éduquer leurs enfants dans la langue qui était celle du foyer ?... Pour avoir des postes de radio ou de télévision pour les divertir à l'image de leur culture ? Mes compatriotes ont-ils eu à lutter pour avoir des services publics dans leur propre langue ?... Ont-ils eu à lutter pour faire atterrir leurs avions ? Ont-ils eu à composer avec la consigne «lorsque le nombre le justifie» pour placer leur chaise, pour hisser leur drapeau, pour prendre racine, pour **être** ?... Mes compatriotes se sont-ils souvent fait dire «Speak white»... en français ? Pourtant, l'anglais n'était pas menacé en Ontario ou au Manitoba, on n'avait pas à le surprotéger... Et toutes les luttes, d'autre part, qu'ont dû entreprendre les francophones pour obtenir ces mêmes droits, pour obtenir ce même respect, se sont bien souvent étalées pendant des années, alors qu'en même temps se cristallisaient les effets de l'assimilation. Certes il y eut des victoires, mais les statistiques sur l'état de la francophonie hors Québec nous ont démontré et nous démontrent toujours que l'assimilation a gagné la course la plupart du temps. C'est alors que moi aussi j'ai inexorablement compris que c'est le Québec qui était mon pays !

Élargissement du fossé entre les deux solitudes...

Aujourd'hui, nos pires ennemis sont souvent ces «assimilés» qui, à l'instar de ce loup qui s'est fait couper la queue, voudraient bien que nous fassions comme lui et que nous nous assimilions à notre tour. Je dis bien «nos pires ennemis» car toutes ces luttes nous ont très peu rapporté si ce n'est que d'avoir essentiellement élargi le fossé entre les deux peuples fondateurs. En effet, les décisions prises par les Sault-Sainte-Marie, Ingersoll et les plus de trente autres municipalités pour ce qui est de la non-reconnaissance d'une reconnaissance qui ne s'était jamais manifestée, n'a été que l'éruption de cette animosité antifrançaise et antiquébécoise qui était, depuis toujours, bien ancrée. On s'est tout simplement servi de nos compatriotes francophones d'outre-frontières comme otages pour servir une bonne gifle au Québec. Parlons bien de nos compatriotes francophones d'outre-frontières qui, eux, ont connu la vraie coercition linguistique, mais qui se sont toujours forcément accommodés à ce bilinguisme compartimenté, à ce bilinguisme «au nombre justifié», voire beaucoup plus à l'unilinguisme anglais intransigeant, pour survivre. Grâce à sa triste loi 178, monsieur Bourassa n'aura créé que le prétexte par excellence pour mettre à la lumière du jour le véritable état d'âme de la société anglo-canadienne. On a eu beau laisser entendre que c'est par principe de justice ou de «fair play» qu'on ne retrouve pas dans les lois au Canada anglais des législations équivalentes aux lois «101» ou «178», la vraie raison se retrouve tout simplement dans cette analogie voulant qu'on n'ait pas non plus de lois prohibant la circulation en chameaux sur les autoroutes. On ne fait des lois que pour répondre à des besoins... à des besoins distincts parfois et non seulement à des besoins universellement reconnus. Donc la sainte vertu n'y était pour rien ! Au Canada anglais, le français, lorsqu'il y était, ne devait déranger personne, n'y était que pour la forme, alors que la langue fonctionnelle, la langue imposée, était et demeurera toujours l'anglais. On s'en est d'ailleurs bien accommodé, on s'y est d'ailleurs bien adapté.

Toujours le Canada anglais et le Canada bilingue...

Je me permets la prochaine parenthèse pour revenir sur cette rencontre des premiers ministres du Canada en cette mémorable soirée du 9 juin dernier où (apparemment) un consensus avait été établi pour reconnaître le Québec comme société distincte... Pour reconnaître n'est-ce pas que le cœur de la contrepartie française du Canada bilingue avait enfin et officiellement sa place au sein de la Confédération. Or, n'est-il pas français ce qui parle français ? N'est-il pas aussi français ce qui exige l'écoute du français ? Sur onze premiers ministres, sept n'ont guère su prononcer un seul mot de français dans leur boniment de « bienvenue » à l'endroit du Québec alors que les quatre autres, y compris celui de la société distincte, se sont assurés de bien répéter en anglais tout ce qu'ils se sont permis de dire en français. Bref, le Canada anglais d'une part et le Canada bilingue de l'autre ! Comme c'est habituellement dans le médium que se retrouve le message, cette superficielle cérémonie me révéla ce que j'avais constaté depuis longtemps, à savoir que le français au Canada n'avait à toutes fins utiles aucune crédibilité et n'y était que pour la forme. Pire encore, le Québec... la société distincte y jouait naïvement le jeu.

Qu'il soit fini ce mariage malheureux ! Que le Canada anglais soit, **en anglais**, et que le Québec soit, **en français** ! « Les bonnes clôtures font les bons voisins ! » de dire un dicton populaire.

Que le Québec soit français, cela va de soi. Dans quelle mesure cependant doit-il être français ? Voilà, selon moi, le cœur du débat, voilà bien l'objet de mes prochaines réflexions.

Le Québec, plus et moins français que...

Tout simplement dit, que le Québec soit aussi français que sont anglais l'Ontario, le Manitoba ou les États-Unis d'Amérique... Mais à vrai dire : plus ou moins ou plutôt,

230

plus **et** moins ! « Moins », bien sûr, en tenant compte de cette réalité que nous sommes entourés de plus de 200 millions d'anglophones d'une part, et tenant compte d'autre part de l'existence de nos concitoyens immédiats qui sont aussi des Québécois et pour qui nous avons maintenu le respect qui leur est dû et à qui nous avons toujours accordé les plus élémentaires des droits. Mais « plus » toutefois, tenant aussi compte de cette même réalité que, dans cette Amérique du Nord, c'est le français qui est menacé et non l'anglais, c'est le français qui est la langue fragile, c'est le français qui est à protéger. On sait bien que le français n'a jamais menacé l'existence ni le rayonnement de l'anglais en Ontario, au Manitoba, encore moins aux États-Unis d'Amérique, alors qu'au Québec, l'anglais a bel et bien réduit le rayonnement et la crédibilité du français, l'anglais ayant maintes fois porté atteinte à la valeur même de notre langue, chez nous.

La meilleure défensive étant l'offensive, le statut et la vitalité du français au Québec devront être tels que son omniprésence sera indubitable. L'usage du français sera donc plus courant et plus dynamique encore, sans quoi ce sera le retour aux éternelles mini-résistances à l'assimilation, sans quoi ce sera l'éternelle lutte à la survivance. Ce principe se traduit, à mon avis, par le phénomène de l'exclusivité... de l'exclusivité du français. En effet, si nous n'imposons pas tout spontanément le français, c'est l'anglais qui nous sera imposé.

Un Québec « aussi français que », mais à vrai dire « plus **et** moins que », se traduira-t-il par l'application d'un concept paradoxal, diffus qui sera essentiellement improvisé au gré du temps et des événements ou par l'application d'un concept bien défini, issu d'une volonté ferme que le Québec devienne sans équivoque un État français ? Je propose que ce dernier devienne le défi à relever dans le cadre d'un nouveau Québec !

Dépréciation continue de la langue...

La crise amérindienne de l'été 1990 nous a montré, sur le plan linguistique, la piètre place qu'occupe notre langue à l'intérieur de notre propre société. Une telle crise en Saskatchewan ou aux États-Unis aurait emprunté les mêmes couleurs langagières. Non seulement tout le Québec est-il devenu, pour le moment du moins, assujetti au bon vouloir d'une minorité en révolte (tout en reconnaissant quand même la légitimité d'un grand nombre de ses aspirations), mais le français, langue officielle du Québec, est lui aussi devenu assujetti aux exigences de la langue minoritaire. Le français est lui aussi devenu assiégé et ce, au même titre que la société qui en est le berceau. Hélas, ce n'aura pas été la première fois puisque, comme on l'a vu trop souvent, c'est le français qui prend son trou devant l'anglais. Et ce, chez lui, dans sa propre maison ! Que dire aussi de ce laxisme gouvernemental des dernières années, du retour au visage et aux allures anglophones d'antan, dans la métropole mont-réalaise ? Le phénomène toujours visible voulant qu'un anglophone ou un immigrant puisse vivre au Québec pendant nombre d'années sans avoir à apprendre un mot de français, remet moins en question, à mon avis, la capacité ou la bonne volonté de ce dernier à apprendre notre langue, que cette réalité socio-québécoise qui lui permet ainsi de le faire. Combien de fois a-t-on vu ces journalistes unilingues anglais capables d'exercer pleinement leur métier au Québec, en communiquant ou en interviewant qui que ce soit dans leur propre langue, grâce à notre pleine complicité ? Tolérance ou subordination spontanée ? Tolérance ou à-plat-ventrisme ? Combien de fois a-t-on vu nos propres journalistes, devant obligatoirement avoir recours à la langue anglaise, pour se voir entre autres contribuer à la propagation de la popularité des vedettes étrangères et de la langue qui les identifie, auprès des nôtres, chez nous ? Que penser, devant un tel phénomène, de l'importance qu'accordera notre relève à la valeur du français à l'intérieur de la société québécoise ?... De la valeur d'apprendre péniblement à conjuguer des verbes en français alors que nos dirigeants et nos vedettes conjuguent en anglais ?

Devant cette peur, devant ce complexe d'imposer notre langue, on se laisse naïvement imposer l'anglais. L'anglais s'impose partout en Amérique du Nord, quel mal de grâce y a-t-il à vouloir imposer le français au Québec - surtout en plus lorsque sa raison d'être et sa vitalité en dépendent ?... Surtout lorsque la raison d'être du Québec en dépend ? Le français n'est-il pas la langue que la majorité des citoyens ont choisie comme langue première pour la transmettre à leurs enfants dans leurs foyers ? Cette langue du foyer n'a-t-elle pas en plus trouvé sa complémentarité dans notre système scolaire public, la majorité de nos écoles y étant la projection, la majorité de nos écoles y assurant le suivi ? L'utilité, l'usage et la crédibilité de cette langue ne doivent-elles pas conséquemment être commanditées par l'État même ? La crédibilité de cette langue ne doit-elle pas conséquemment être assurée par l'usage exclusif qu'en fera cet État ?

Le français, seule langue officielle du Québec...

Le français devra être la seule langue officielle du Québec. Ceci voudra dire, entre autres, que tous les communiqués ministériels et gouvernementaux, toute correspondance sous le sigle du gouvernement, seront en français et seulement en français. Entre autres, la réception d'une lettre en langue étrangère aura comme réponse une lettre en français ! La fonction publique du Québec travaillera en français et seulement en français. L'affichage d'un bout à l'autre du Québec et ce, aussi bien à l'intérieur des commerces qu'à l'extérieur, devra être en français, et en français seulement. Que l'on enterre ce phénomène voulant que son application se traduise par la voie des délateurs pour s'en remettre en bout de ligne à la pratique de la tolérance. Bref, que la loi sur l'affichage ait des dents ! Sur les routes, l'utilisation des pictogrammes ne devra pas être privilégiée au détriment du reflet et du rayonnement de la langue officielle du Québec. Que l'affichage routier soit bien normalement le reflet du dynamisme et de l'importance de notre langue tout en étant le reflet et surtout la projection de celle que nous enseignons à nos enfants dans nos maisons et dans nos écoles. À bien y penser, nos cours de français ne sont pas des cours de conception et de lecture de dessins ! À bas cette ordonnance discrète ou officieuse voulant que le français soit la langue officielle et d'usage au Québec... à la condition que le phénomène ne paraisse pas trop et surtout, et surtout, qu'il ne gêne personne !

La langue de travail pour toute moyenne et grande entreprise devra être le français. On osera bien se préoccuper du sort éventuel du joueur de hockey ou de l'entraîneur sportif professionnel anglo-canadien ou américain œuvrant en anglais au Québec, mais charité bien ordonnée étant... que l'on se préoccupe donc du Québécois qui devrait être capable d'accéder au sport professionnel dans sa langue maternelle, dans son pays natal du Québec. N'y a-t-il pas là un bel exemple démontrant le fait que lorsque nous n'imposons pas notre langue, c'est nous qui nous laissons imposer l'anglais par ricochet. Tout Québécois doit avoir n'est-ce pas le droit fondamental de travailler (ou de jouer) en français n'importe où dans son pays.

... Radical ? Il me semble que c'est à peu près ceci qui existe ailleurs au Canada anglais ou aux États-Unis pour l'anglais, ou encore ce qui existe en Espagne pour la langue espagnole. Nul n'oserait mettre en doute, pour y aller ou pour y vivre, l'importance d'apprendre et de connaître l'anglais en pays anglophone ou d'apprendre l'espagnol en pays espagnol. Aucun citoyen dans ces provinces ou dans ces États n'oserait mettre en question la place que doit occuper la langue de l'État dans les programmes des établissements scolaires publics ou autres. N'est-il pas de mise qu'il en soit réciproquement ainsi au Québec ? Pourtant, plusieurs des nôtres mettent parfois en doute la valeur et l'importance d'apprendre le français ou, à la rigueur, de l'apprendre profondément. Qu'il me soit permis de mentionner, selon mon expérience et de mon engagement à la cause du français, que les phénomènes d'assimilation psychologique et culturelle, préalables à l'assimilation linguistique totale, dont ont été victimes bon nombre de mes confrères d'origine francophone à l'extérieur du Québec, ont déjà hélas bien pris racine chez nous au Québec. Pour ce qui est de nos visiteurs, combien ont à se préoccuper de maîtriser quelque mot de français que ce soit pour venir séjourner chez nous ? Ceci pourrait être bien sûr tout en notre honneur. Mais enfin, quelle crédibilité a donc notre langue ?

Exceptions à l'affichage français...

Pour revenir à l'affichage, à l'affichage français, feront l'objet d'exceptions les institutions anglophones dûment reconnues (écoles, collèges, universités, lieux de culte, centres hospitaliers, journaux, postes de radio et autres), ainsi que les institutions amérindiennes, ou encore celles à caractère ethnique à but non-lucratif qui pourront privilégier l'utilisation de leur propre langue, tout en devant accorder une place, si secondaire soit-elle, au français. Les ministères gouvernementaux continueront aussi à publier tous les documents obligatoires dans d'autres langues que le français, selon les besoins. Notons à titre d'exemples les versions anglaises des programmes d'études scolaires pour les établissements d'expression anglaise.

Le système éducatif...

Le système éducatif sera doté fondamentalement de deux groupes d'institutions, à savoir les institutions de langue française et les institutions de langue anglaise. Il semblerait que cette orientation soit déjà amorcée. L'école française sera toujours l'école majoritaire de l'État et l'école anglaise, de par le respect que nous voulons maintenir à l'endroit de nos concitoyens et de nos engagements historiques à leur égard, de par aussi un acte de réciprocité avec le Canada, continuera à être l'école de la minorité anglophone. La différence fondamentale entre les deux ne se situera pas d'abord ou essentiellement au niveau de la langue que l'on voudra apprendre mais bien au niveau de la langue **par laquelle** on apprendra. Les deux systèmes devant nécessairement préparer leur clientèle à la réalité de la vie, les deux systèmes devront ainsi former leur clientèle à la réalité linguistique du Québec. L'apprentissage du français conséquemment aura donc sa place et non moindrement son importance dans l'école d'expression anglaise comme dans celle d'expression française. L'école française, demeurant toujours la première école de l'État, sera ouverte, selon les modalités de la loi, à **tous**. Grâce à des services particuliers d'accueil ou de francisation, on verra à faciliter l'intégration de tous ceux pour qui la langue française, devenue simultanément outil d'apprentissage et langue à apprendre, ne sera pas suffisamment maîtrisée. L'école anglaise de son côté se devra, à juste titre, de poursuivre son œuvre alors que l'admissibilité (facultative) à cet enseignement continuera d'être conditionnelle. Serait toutefois admissible à fréquenter tout établissement primaire, secondaire ou collégial de langue anglaise, tout élève ou étudiant, peu importe son origine, qui aura préalablement acquis une maîtrise de la langue anglaise d'un niveau équivalent à celui précédant le niveau dans lequel il voudra s'inscrire, lui permettant ainsi de suivre les activités éducatives dans cette langue. L'école anglaise sera donc bien normalement complémentaire à la langue apprise dans les foyers d'expression anglaise. On pourra laisser tomber cette politique « contournante » et parfois injuste, voulant que l'admissibilité à l'école anglaise soit fonction de la langue scolaire de l'un ou l'autre des parents. La fréquentation scolaire ne doit-elle pas se façonner en fonction de la langue transmise au foyer et non en fonction de l'historique scolaire de l'un ou l'autre des parents ? On ne limite pas l'admissibilité à une faculté de médecine uniquement à ceux ou celles dont l'un ou l'autre des parents a été médecin. L'admissibilité à l'école anglaise devra être conséquemment et nécessairement sujette à un contrôle et à une approbation neutre ou désintéressée pour ce qui est de l'évaluation du niveau de connaissance de l'anglais. Ce niveau sera, encore une fois, fonction de l'âge du candidat et proportionnel à l'ordre scolaire dans lequel celui-ci voudra s'inscrire.

Le français à l'école d'expression anglaise...

Les programmes de français à l'école anglaise, tout en étant enseignés selon l'approche pédagogique dite « de langue seconde », seront d'une intensité et d'une rigueur permettant à l'élève anglophone de connaître et de maîtriser autant le français, que son compatriote francophone d'un niveau scolaire équivalent. Pour ce faire, l'enseignement du français sera introduit dès la maternelle. Tout ressortissant du système scolaire anglophone devra posséder, à l'instar de son homologue de l'école française, les quatre facettes de notre langue, c'est-à-dire : savoir parler, savoir écouter, savoir lire et savoir écrire. Les éléments prescriptifs des programmes d'études ainsi que les examens ministériels pour ce qui est de l'accès aux diplômes en assureront respectivement la mise en œuvre et la réalisation. À cette fin aussi, on pourra, au palier secondaire, enseigner d'autres matières que le français, dans la langue du Québec. Demeurera toujours le fait que la vitalité et le dynamisme de la langue française à l'intérieur de la société québécoise seront tels que les promoteurs et les responsables de l'école anglaise, ainsi que les parents anglophones tiendront à ce que l'enseignement du français soit à la hauteur de cette réalité... soit à la hauteur des exigences de la société pour laquelle on préparera leurs effectifs.

... Radical ? Il me semble que c'est à peu près ceci qui existe ailleurs au Canada anglais dans les écoles d'expression française, pour l'anglais.

L'école amérindienne...

L'école amérindienne devra continuer, elle aussi, à vivre et à s'épanouir au sein de l'État pour éduquer sa clientèle selon ses besoins et selon les besoins de la société québécoise. L'enseignement du français devra, là aussi, y prendre justement sa place.

L'anglais dans les écoles françaises...

Pour ce qui est de la place de l'anglais dans les écoles de langue française, son apprentissage ne devra pas pour autant être négligé. Ses rudiments devront être introduits dans les premiers niveaux du cycle primaire. Sa rigueur au sein du système scolaire francophone devra toujours être à la mesure des exigences de la réalité de la vie québécoise et non moindrement, à la mesure de la réalité de ce village global dans lequel le Québec se trouve et se trouvera toujours. Donc pas question de priver nos jeunes d'une connaissance adéquate de l'anglais.

Caractère de l'école française...

Quelques mots bien importants pour dire que l'école française devra être française de cœur, d'âme et d'esprit afin qu'elle ne devienne pas lieu d'assimilation culturelle,

236

psychologique ou autre en faveur de l'anglicisation. Il existe présentement des situations où le francophone n'est plus **chez lui** dans **son** école ; il est temps d'y voir, il est donc temps d'y faire quelque chose. En effet, les forces sociales et culturelles sont telles qu'il se vit des phénomènes de coercition en faveur de la langue et de la culture anglaises qui sont plus subtils encore, sinon plus efficaces, que celui d'« imposer » ouvertement le français comme langue de communication à l'école française. L'enseignement du français en salle de classe, de son côté, ne se limitera pas uniquement à la transmission des connaissances et au développement des habiletés connexes, mais saura de même concrètement provoquer le développement affectif pour ce qui est des valeurs et des attitudes qui y sont inhérentes, comme cela est suggéré dans les programmes d'études existants.

Caractère de l'école anglaise...

L'école d'expression anglaise se devra aussi de demeurer le lieu privilégié de langue et de culture anglaises afin d'assurer la protection et la poursuite des valeurs fondamentales et bien légitimes de nos concitoyens anglophones.

Autres éléments...

Les éléments précités ne couvrent pas assurément tous les aspects d'une société souveraine et française. J'ai confiance en tous les autres experts dans leurs domaines, qui auront aussi à cœur la même volonté d'être et le même amour du Québec, pour les présenter et les analyser à juste titre et pour en approfondir toutes les facettes. La prise en charge de notre immigration sera sans doute une des premières et sans contredit une des plus importantes. On sait trop bien que le Québec de l'an 2000 aura beaucoup pris les lueurs sinon les teintes de l'immigration des jours présents. À noter aussi l'appropriation dans les plus brefs délais de tout ce qui touche les télécommunications et la réglementation reliée aux ondes de radio et de télévision, non pas pour écraser quoi que ce soit de la réalité anglophone mais bien pour s'assurer que l'existence de cette dernière ne se fasse pas au détriment de l'épanouissement de notre propre réalité. Lorsque certaines radios françaises entre autres, issues d'un contingentement en plus, s'étalent aussi anglicisées et anglicisantes que la radio anglaise déjà bien établie, on se doit de se prendre en main et d'y mettre le holà... Ce que le CRTC n'a jamais été capable de faire, ce que le CRTC n'a jamais voulu faire.

Conclusion

Un Québec **souverain**, donc, c'est-à-dire entièrement responsable de toutes les facettes de son entité et de son existence... Un Québec qui, selon le modèle de l'analyse transactionnelle, traitera avec le Canada, «d'adulte à adulte» et non «d'enfant à parent».

Et non moindrement enfin, un Québec français! Un Québec français en cohérence et en pleine harmonie avec la langue de la majorité des foyers québécois, dont la complémentarité sera assurée par son système d'éducation, par son statut comme langue de travail et par son utilisation fonctionnelle par toutes les composantes de son appareil gouvernemental. Cette orientation, ainsi que la législation et la réglementation qui en feront suite, n'assureront pas à eux seuls la sauvegarde et l'épanouissement de la vie française au Québec, car notre pays ne pourra être plus français que le voudra bien la collectivité québécoise. Notre pays ne pourra être plus français que ne le sera le cœur même de chaque Québécois. Le statut de la langue française ne pourra pas, lui non plus, dépasser celui que voudra bien lui donner la collectivité québécoise. Ce statut sera-t-il celui de la simple «langue d'entre nous autres» ou celui de la langue énergique d'un peuple, de la langue énergique d'un pays? La paranoïa inconsciente qui semble innée chez nous pour ce qui est d'exposer l'étranger au français, pour ce qui est de se sentir à l'aise pour toujours adresser la parole en français ne disparaîtra pas du jour au lendemain. Il reste que les actions précitées donneront fortement le ton, le souffle de vie, pour non seulement redonner l'importance à notre langue, mais bien pour redonner l'importance et la valeur **d'être** en français. Et puis, nous serons pour une fois vraiment chez nous. Notre français n'aura plus jamais à prendre son trou, notre français ne sera plus jamais que formalité dans le pays qui l'abrite. Le Québec sera français et il le sera fièrement! ... Le Québec sera enfin notre propre pays!

Vive le Québec!

Je remercie les membres de la Commission de m'avoir accordé l'honneur et le privilège de m'être ainsi exprimé et pour l'attention qu'on aura bien voulu apporter à mes humbles propos.

Annexe 4

JE ME SOUVIENS...

- des propos de Lord Durham au sujet des Canadiens français ;

- de la Loi sur les mesures de guerre que nous a imposée Pierre Elliott Trudeau ;

- du complot des autres provinces et du fédéral contre nous (nuit des longs couteaux) lors des négociations constitutionnelles ;

- du rejet de l'Accord du lac Meech ;

- des promesses de « changements constitutionnels » faites par messieurs Trudeau, Mulroney et Chrétien ;

- de Hart Rouge... de la pendaison de Louis Riel ;

- de l'opposition constante que subissent les francophones hors Québec pour obtenir le moindre droit ;

- du piétinage qu'ont fait sur notre drapeau, un groupe de résidants de la région de Brockville en Ontario ;

- des revers qu'a subis notre loi 101, par la Cour suprême du Canada ;

- de l'accolade de Jean Chrétien et de Clyde Wells, suite au rejet du principe de la « société distincte » ;

- de l'embrassade de Jean Chrétien et de Sharon Carstairs, suite au rejet du principe de la « société distincte » ;

- de l'expulsion de l'Assemblée législative albertaine qu'a déjà essuyée le député francophone Léo Piquette pour avoir osé adresser quelques mots en français à cette Assemblée (il a dû s'excuser par après) ;

- des nombreuses huées qui ont déjà été manifestées par les assistances aux stades de Toronto et de Hamilton en Ontario, en entendant la version bilingue de l'hymne national du Canada ;

- du bannissement de la langue française décrété par les villes de Sault-Sainte-Marie, d'Ingersoll et de Prescott en Ontario, ainsi que par nombreuses autres municipalités canadiennes qui ont suivi le même pas.

Mais, je me souviens aussi...

- du rêve de notre grand poète, Félix Leclerc ;
- du noble projet de société qu'a amorcé René Lévesque ;
- du mien, mon rêve, d'avoir mon propre pays !

> ALORS, JE VOTERAI ENCORE **OUI**
> AU PROCHAIN RÉFÉRENDUM !

Annexe 5

DOCUMENT

Texte intégral de l'illustre discours prononcé par Me Guy Bertrand,
à Rouyn-Noranda, à l'occasion de sa vive participation à la course à la
direction du Parti québécois, en ce magnifique automne de 1985.

Je me demande pourquoi je n'ai rien reçu. Dommage,
car je pense que sa valeur aurait été tout à fait inestimable.
Mais quelle belle annexe ce texte aurait pu faire pour la fin
de ce bouquin ! ... Peut-être ne l'avait-il tout simplement pas
en main ? Je suis sûr qu'il fouillera dans son grenier pour
m'accommoder. Ou encore, il demandera à l'une de ses
secrétaires de balayer ses archives d'un bout à l'autre pour
le retrouver et m'en expédier une copie. J'ai confiance... Cet
homme est trop probe et trop sincère... J'attends patiemment... Oh ! bon saint Jude, faites que Ti-Guy accouche...

Annexe 6

REMERCIEMENTS

Je tiens à bien remercier les personnes suivantes :
Dieu,
Félix,
mon père,
Lilianne,
Alberte Décarie, Annie Simard,
Benoît Harvey,
Diane Filiatreault,
Éric Chaize,
Fabienne Thibeault,
Gaby Caouette, Georges Perreault, Gérald Massicotte,
Gilles Germain, Gilles Vigneault,
Jacqueline Lemay, Jean Ferguson, Jean-Pierre Ferland,
Karine Aubin,
Laurent Isabelle, Léo Dénommée,
les 49,4% de la population québécoise,
Louis Caron, Louis-Philippe Laurendeau,
Louise Lamoureux, Louise Perkins, Lucien Vallières,
Lysette Brochu,
Marc Lemay,
Normand Labonté,
Og Mandino, Oliva Carrier,
Peter Woods,
Réjean Beauvais, Renée Lamontagne, Richard Aubry,
Roland Hamel, Ronald Duhamel,
Vincent Picard,
... et Steve Jobs.
(... pour n'en nommer que quelques-uns)
... qui m'ont aidé, soit directement ou indirectement, ou encore
consciemment ou bien inconsciemment, à réaliser cet ouvrage.

INDEX

Principaux noms propres, mots spéciaux, expressions imagées (en plusieurs langues) et autres qui font vivre le texte d'Insolences II de multiples façons. (Les chiffres en italique renvoient aux notes en bas de pages.)

Bertrand, maître, 55, 243
Bertrand, monsieur, 54
Bell Canada, 64 (voir aussi Cloche Canada)
Belle Rivière, 35 (voir aussi Belle River)
Belle River, 35 (voir aussi Belle Rivière)
Bernier, Sylvie, 74, 116, 196
bêtises (réalité fort répandue de ce côté-ci du paradis ; voir,
    entre autres : Carstairs, Chrétien, Fortier, Johnson,
    Richler, Ryan, Trudeau, Wells, etc. ; à vous de les
    découvrir)
Bissonnette, le dernier, 188
Bissonnette, Lise, 195
Bissonnette, Mme, 135, *155*
Bloc québécois, 12, 51-52, 63
Bombardier, Denise, 43, 86, 195
Bouchard, Lucien, 11, 51, 80, 156, 162, 178, 180, 188, *190*,
    195
Bouchard, monsieur, 45, 51-53, *54*, 80, 162, 178, 180
Bouchard, Roch, 76
Boucher, Ken, 23 (voir aussi Bow-tcher)
Bouchette, 39, 142 (voir aussi Camping Bouchette
    Camping)
Bourassa, le gouvernement, 57, 125, 151
Bourassa, monsieur, 44-45, 230
Bouthillier, Guy, 26, 193
Bow-tcher, 23 (voir aussi Boucher, Ken)
Boxing Day, 137
Boyer-D'Astous, le tandem, 202
Bradham, Caleb, 20
Brel (Jacques), 86, *188*, 190, 220
Brockville, 201-202, 204, 239
Browning, Elizabeth Barrett, *181*
Brown Shoe Company, 151
Burger King, 32, 40, 64 (voir aussi Roi bourgeois)
Buscaglia, Leo, 99, *156*

C
Calgary, 79, 102, 161
Calgary Herald, 156
Cam indicator, 60
Camping Bouchette Camping, 39, 142
Canada anglais, 11, 13-17, 25, 28, 30, 33-34, 37, 39, 52, 54,
    57, 59, 99-100, 102, 106-107, 116, 137, 143, 149, 154,
    156, 165, 167, 180-181, 188, 202-203, 227-230, 233,
    236
Canada biculturel, 57, 228

D

E

F

Table des matières

Achevé d'imprimer sur les presses de l'imprimerie Gagné ltée
à Louiseville (Québec), au mois d'octobre 1996
pour le compte de Lettresplus